U0870877

PUHUA BOOKS

我们一起解决问题

项目管理认证考试系列

PMI-ACP®备考宝典

李建昊◎著

人民邮电出版社
北京

图书在版编目（CIP）数据

PMI-ACP® 备考宝典 / 李建昊著. -- 北京 : 人民邮电出版社, 2022.8
ISBN 978-7-115-59254-5

Ⅰ. ①P… Ⅱ. ①李… Ⅲ. ①项目管理－资格考试－自学参考资料 Ⅳ. ①F224.5

中国版本图书馆CIP数据核字(2022)第085153号

内容提要

随着数字化时代的发展，基于价值驱动的敏捷方法日益深入各种组织中，敏捷管理专业人才已经成为时代迫切需要的人才之一。PMI-ACP® 是目前含金量很高的敏捷管理专业人士资格认证，从事项目管理工作的人员对获得 PMI-ACP® 认证证书的需求与日俱增。

本书作者围绕 PMI-ACP® 认证考试大纲、项目管理知识体系的发展趋势，并结合自己在项目管理领域 20 多年的研究、实践和教学经验，系统梳理了 PMI-ACP® 认证考试的知识点，并将其还原到项目管理的真实场景中解读。本书共三篇：第一篇说明 PMI-ACP® 认证考试的相关内容和注意事项；第二篇基于 PMI-ACP® 认证考试大纲，深入分析了 PMI-ACP® 七大知识领域及其子领域中的敏捷价值观和原则、敏捷方法、敏捷框架、敏捷流程、敏捷工具等；第三篇将理论知识还原到真实的项目实施环境中，帮助备考者熟练掌握 PMI-ACP® 考试题目的典型场景。

本书是参加 PMI-ACP® 认证考试人员的必备参考书，对项目管理人员的工作实践极具参考价值。

◆ 著　李建昊
责任编辑　杨佳凝
责任印制　彭志环

◆ 人民邮电出版社出版发行　　北京市丰台区成寿寺路 11 号
邮编 100164　　电子邮件 315@ptpress.com.cn
网址 https://www.ptpress.com.cn
北京富诚彩色印刷有限公司印刷

◆ 开本：787×1092　1/16
印张：16　　2022 年 8 月第 1 版
字数：260 千字　　2022 年 8 月北京第 1 次印刷

定　价：89.80 元

读者服务热线：（010）81055656　印装质量热线：（010）81055316

反盗版热线：（010）81055315

广告经营许可证：京东市监广登字20170147号

前言

科技飞速发展，社会不断进步，软件作为一种新的“生产力”，在这个时代所起的作用越来越大。软件正在改变世界，创造未来。

软件诞生伊始，人们就开始探索有效的软件开发方法，从最初的作坊型工作方法一路演进，历经预测型、增量型和迭代型方法，一直发展到我们今天所使用的敏捷型工作方法。

与此同时，在项目管理领域，一场演进式的革命正在悄然发生。传统的项目管理流程作为产品研发的主要“生产关系”，已经无法适应数字化时代发展的需要，开始逐步向提升灵活性和适应能力演变，并建立起基于价值驱动的快速交付流程。敏捷方法和项目管理流程二者相互借鉴、相互融合、相互促进，为许多大型组织在日益变化的市场环境下保持竞争优势，提供了一种行之有效的管理和运营模式。

经济学原理告诉我们，“生产力决定生产关系”。当软件作为一种新的“生产力”，以颠覆性创新的方式几乎进入每个行业时，组织就需要应对这种变化，通过检视和调整当前的工作流程，或者建立新的工作流程，形成有效的新型“生产关系”—— 敏捷项目管理。

项目管理协会（PMI）作为全球专业化的项目管理教育和研究组织，对项目管理所需的知识、技能和工具进行了全面和结构化的梳理，出版了《项目管理知识体系指南》（*PMBOK® Guide*）[①] 并持续保持更新。同时，PMI 也提供了 PMP®（Project Management Professional）认证考试，用来检验项目管理从业人员的能力水平。目前，全球 PMP® 持证人数已经超过了 100 万[②]，国内 PMP® 认证考试的报考人数与日俱增，PMI 在项目管理领域取得了巨大的成功。

2011 年，PMI 正式推出 PMI–ACP®（Agile Certified Practitioner）认证。起初，业界很多敏捷专家都不以为意，认为敏捷管理可能会演进成一种轻量级的项目管理知识体系，或者产生一些"小瀑布"式的项目管理流程方法。当时，我已经从传统项目管理的角色（我在 2006 年获得了 PMP® 认证）转型成了敏捷教练，正在企业中带领团队执行敏捷实践，深刻地体会到了传统项目管理和敏捷方法的差异。当我看到 PMI–ACP® 认证时感到有些奇怪 —— PMI 为什么要进入敏捷领域，推出一个看似跟 PMP® 认证有些冲突的 PMI–ACP® 认证呢?

怀着好奇心，我做了一些调查研究，发现早在 2007 年，专家迈克·格里菲斯（Mike Griffiths）就提议 PMI 成立一个专门的敏捷兴趣小组；2008 年，PMI 启动了关于组织敏捷认证的研究；2009 年，敏捷实践社区成立，其愿景是"为 PMI 成员装备敏捷技能和知识"；再后来，PMI 组建了一个专门的 PMI–ACP® 认证考试策划委员会，包括《敏捷软件开发宣言》（以下简称《敏捷宣言》）的签署人阿利斯代尔·科克伯恩（Alistair Cockburn）在内的许多业界敏捷专家都参与其中，经过一段时间的 PMI–ACP® 试点考试、反馈收集和内容优化，2011 年，正式推出了 PMI–ACP® 认证考试，同时提供了 12 本敏捷著作作为参考教材。

纵观 PMI–ACP® 认证的诞生过程，从最初的概念形成，到建立敏捷实践社区，再到由敏捷专家组织成立敏捷小组，讨论和建立 PMI–ACP® 认证的内容，组织 PMI–ACP® 试点考试，收集反馈和定期进行评审，再到最后正式推出，整个过程完

① 1996 年，PMI 发布了第 1 版，此后大概每 4 年更新一版，最新版是 2021 年发布的第 7 版。
② PMI 于 2020 年 1 月公布的数据。

全遵循了敏捷的理念，完全符合用敏捷方法推出一款产品的历程。

由此，我对 PMI–ACP® 认证考试的内容产生了极大的兴趣，在详细阅读了考试大纲和说明后，立即认识到 PMI–ACP® 认证的核心价值不在于认证考试本身，而在于由敏捷专家站在系统思考的角度，对众多的敏捷方法进行体系化的梳理和结构化的呈现，为敏捷从业者的学习和实践指明道路。尤其是对那些已经获得 PMP® 认证的项目管理专业人士来说，他们可以完美地实现与传统项目管理方法的无缝接轨，完成向敏捷管理专业人士的转型。

在认识到了 PMI–ACP® 认证的价值后，我便快速采取行动，结合自己多年的敏捷实践经验，复习了考纲中的相关知识点，阅读了相关的参考书。由于当时 PMI–ACP® 认证还没有被引进我国内地，因此我申请到 PMI 设在我国香港地区的考试中心参加上机考试，而后取得了 PMI–ACP® 认证证书。2013—2014 年，我开发了敏捷项目管理的培训课程，同时也为企业敏捷转型提供咨询服务。

2015 年 3 月，光环国际教育集团（以下简称光环国际）董事长张泽晖先生高屋建瓴，以敏锐的洞察力判断 PMI–ACP® 认证对我国的项目管理从业人员有着巨大的价值，于是他正式邀请我担任主讲老师，一起推动 PMI–ACP® 认证在我国的蓬勃发展。同年 6 月，PMI 宣布 PMI–ACP® 认证正式进入我国内地；7 月，光环国际组织了第一次 PMI–ACP® 认证培训课程；9 月，国家外国专家局培训中心和 PMI 共同举办了我国内地的第一次 PMI–ACP® 认证考试，由此拉开了 PMI–ACP® 认证在我国发展的序幕。

2016 年，光环国际 PMI–ACP® 教研团队负责人董宇玮女士提出建议，在覆盖考纲的基础上，强化敏捷的企业级规模化扩展和应用。于是，我将 PMI–ACP® 认证培训课程进行了全面升级，重新编排了知识点，更加突出敏捷实战应用。2018 年，PMI 和敏捷联盟（Agile Alliance）合作出版了《敏捷实践指南》（*Agile Practice Guide*），该书使用更加通用的语言，针对不同的场景，对多种敏捷方法进行了结构化的梳理，成为学习敏捷项目管理的参考教材。借此契机，我带领光环国际教研团队再次升级了 PMI-ACP® 认证培训课程，逐步形成了基于"敏捷生态圈"的七大模块，包括敏捷核心理念、敏捷产品视角、敏捷项目视角、敏捷运营视角、敏捷组织环境、敏捷人员因素和敏捷应用场景。自此，我们探索出了一条有效学习敏捷项目管理理论和实践的道路，学员既可以快速掌握敏捷精要知识，顺利通过考试，又能将敏捷实践灵活地应用到实际工作中。

2019 年 7 月，我参加了中国国际人才交流基金会举办的敏捷项目管理师资班，与香港 PMI 分会主席，以及全国各地的 PMI-ACP® 认证培训师进行了广泛的交流，共同商讨如何更加有效地推进 PMI-ACP® 认证在我国的发展。

2020 年，一场突如其来的新冠肺炎疫情在世界范围内蔓延，人们更加深切地体会到响应变化的意义。敏捷逐渐突破了软件行业的限制，进入各个行业领域。虽然每个组织所处的行业背景不同、项目类型不同、人员能力不同，但是大家都需要把敏捷作为核心能力来培养。

2021 年，恰逢《敏捷宣言》发表 20 周年，暨 PMI-ACP® 认证进入项目管理领域 10 周年之际，我受人民邮电出版社杨佳凝女士之邀，全面和深入地分析了考试大纲，编写了这本专门针对 PMI-ACP® 认证的备考指南，用更加通俗的语言诠释了敏捷价值观和原则，以帮助众多的项目管理从业人员理解和掌握敏捷项目管理的各种方法、框架、流程、工具等，在顺利通过 PMI-ACP® 认证考试的同时，将理论应用于实践，有效处理现实中存在的问题，从而更加有信心地应对数字化时代所带来的挑战。

本书共三篇：第一篇是敏捷导入篇，从宏观视角切入，带领读者打开敏捷视野，总体说明 PMI-ACP® 认证考试的相关内容和注意事项；第二篇是敏捷理论篇，基于 PMI-ACP® 认证考试大纲，针对 PMI-ACP® 七大知识领域及其子领域进行深入分析，并对其中包含的"知识和技能"与"工具和技术"进行逐一讲解，使读者既见森林又见树木，轻松掌握 PMI-ACP® 的考点；第三篇是敏捷实战篇，我根据自己多年的授课和辅导经验，将理论知识还原到真实的实施环境中，帮助读者熟练掌握

PMI–ACP® 考试题目的典型场景。

衷心地祝愿广大读者，通过阅读本书，获得启发和灵感，深入理解敏捷理念和原则，灵活驾驭敏捷实践，成功通过 PMI–ACP® 认证考试，收获实施敏捷所带来的快乐和价值！

目录

第一篇 敏捷导入篇

第二篇 敏捷理论篇

第一篇

敏捷导入篇

第 1 章

敏捷和 PMI-ACP® 认证考试

1.1 什么是敏捷力

古希腊哲学家赫拉克利特（Herakleitus）曾说，“人不能两次踏进同一条河流”。他强调了运动是绝对的，静止是相对的，世界上万事万物都处于变化之中。

科技革命推动社会向前发展，为人类生活创造价值，同时也给人类社会带来了更多的易变性（Volatility）、不确定性（Uncertainty）、复杂性（Complexity）和模糊性（Ambiguity），这就是著名的“乌卡”（VUCA）环境。“乌卡”最初是一个军事用语，用来描述多边的国际形势，后来引入商界，用以形容快速变化的商业环境。

如果我们以前仅在军事和商业领域才需谈及“乌卡”，那么 2020 年之初的这场突如其来的新冠肺炎疫情，让每个人都更加强烈、深刻地感受到了“乌卡”并不遥远，它就在我们的日常生活中。

那么，如何能够在“乌卡”的环境中响应变化，并处于有利的地位呢？这就需要具备一种核心能力——敏捷力（Agility）。

1968 年，北约会议首次提出了商业环境中的软件工程概念，此后软件行业迅速发展成熟，并从计算机行业中分离出来，成为 20 世纪后期和 21 世纪发展最快的行业。硅谷著名风险投资人马克·安德森（Marc Andreessen）曾说，“软件正在吞噬世界”。众多新兴初创企业正在以软件为基础迅速崛起和扩张，并逐渐成熟，建立起超强的盈利能力，挑战并击败了许多同行业内的传统企业。从这个意义上来说，软件行业是最先需要应变“乌卡”环境的行业。在商业环境中，传统的项目管理方法所面临的典型挑战如下：

- 需求不明确、不完整、不断变更；
- 交付周期长、反馈速度慢，甚至缺乏最终用户的参与和反馈；
- 项目目标与组织目标不一致，甚至缺乏明确的目标；
- 项目管理流程冗余、低效，甚至给研发造成了障碍；
- 成本与进度的估算不清；
- 质量低，经常返工；
- 团队内部责任不清晰，沟通不及时、不规范；
- 团队成员的能力不足、士气不高。

为了应对这些挑战，软件领域的许多专家纷纷开始探索更加有效的软件开发方法，将响应变化的核心能力——敏捷力第一次被引入软件开发领域，并将这种轻量级的软件开发方法命名为“敏捷软件开发”。2001 年，敏捷联盟的成立、《敏捷宣言》的发表，在软件产品开发领域引发了一场革命。20 多年来，敏捷方法帮助众多组织成功地进行产品交付，获得了巨大的成功。

1.2　敏捷的起源和发展

敏捷的萌芽可以追溯到 20 世纪 30 年代，统计学家沃尔特·休哈特（Walter A. Shewhart）提出了以短周期来改进质量的方法。后来，质量学家爱德华兹·戴明（Edwards W. Deming）在此基础上将其发展成为“计划—执行—检查—处理”（Plan-Do-Check-Act，PDCA）的质量持续改进模型，这一模型被称为“戴明环”，它便是通过迭代形成价值闭环的敏捷雏形。

20 世纪 50 年代至 60 年代，美国航天局（NASA）使用了迭代与增量的开发方法（Iterative and Incremental Development，IID），以及时间盒、测试先行等方法，为敏捷实践奠定了基础。

20 世纪 70 年代至 90 年代，敏捷进入了快速发展时期。1970 年，温斯顿·罗伊斯（Winston Royce）在 IEEE 期刊上发表了论文《管理大型软件系统的开发》（*Managing the Development of Large Software Systems*），提出了“瀑布模型”及其存在的问题和风险。1986 年，竹内弘高（Hirotaka Takeuchi）和野中郁次郎（Ikujiro Nonaka）在《哈佛商业评论》上发表了论文《新型新产品开发游戏》（*The New New Product Development Game*），文中第一次提到“Scrum”这一术语，指出团队只有作为一个整体来回传球，完成一场比赛，才能更好地迎合当下的竞争需求。

1993 年，肯·施瓦伯（Ken Schwaber）首次使用了先进开发方法（Advanced Development Methods），杰夫·萨瑟兰（Jeff Sutherland）在 Easel 公司创建了一种类似的方法，并首次将其称为“Scrum”，这或许是第一个 Scrum 项目。后来，他们二人合作进一步规范了 Scrum 框架，并于 1995 年在“面向对象技术的高峰会议”（OOPSLA）上公开发布。

此后，各种敏捷方法如雨后春笋般涌现，包括开放统一过程（Open UP）、快速应用开发（Rapid Application Development，RAD）、动态系统开发方法（Dynamic Systems Development Method，DSDM）、特性驱动开发（Feature Driven Development，FDD）、极限编程（Extreme Programming，XP）、实效编程（Pragmatic Programmer）、适应性软件开发（Adaptive Software Development，ASD）和水晶方法（Crystal Methods）等。

进入 21 世纪，敏捷开始走向成熟阶段。2001 年 2 月，在美国犹他州的雪鸟滑雪胜地，17 位软件行业的思想领袖（包括来自实效编程、水晶方法、XP、Scrum、DSDM、ASD 和 FDD 的代表）举行了一场小型聚会，他们讨论了多种新兴的实践，寻求可以替代重型软件开发过程的方法，彼此分享和交流经验，希望能够就这些方法达成共识。

在会议临近结束时，大家非常兴奋，决定提出一份声明文件，从而使软件业内人士能够在这些新兴的软件开发技术下联合起来。大家将这种新的理念命名为“敏捷”（Agile），并拟订和签署了《敏捷宣言》中的价值观部分。会后，大家又在维基网站上发布了原则部分。

《敏捷宣言》的发表，代表了 21 世纪互联网时代软件开发模式中的一种先进理念和价值观的正式建立，“敏捷”一词在软件领域被赋予了新的含义。

1.3 “敏捷洋葱圈”

在敏捷体系中，敏捷理念位于最中央，敏捷实践在外围，仿佛是一个洋葱圈，从内到外被一圈一圈地扩展。“敏捷洋葱圈”的内圈是核心价值观，中圈是原则，外圈是实践。

在生活中，我们都知道剥洋葱时会流泪，原因是当我们剥开洋葱的表皮时，洋葱分子在空气中弥漫开来，刺激到我们的泪腺。

这就像许多团队在实施敏捷的时候，如果一开始就从外圈的实践入手，他们很快会感到敏捷实践与实际情况不匹配，无法用敏捷方法直接解决当前存在的问题，从而会抛弃敏捷，甚者诋毁敏捷。这就是敏捷实践的“流泪感”。

那么，怎样才能缓解或者避免“流泪感”呢？其实，就像剥洋葱一样，第一种也是最简单的方法，就是把洋葱切开，从内向外剥，这样可以大大缓解流泪感；第二种方法是戴上“护目镜”，这样可以阻挡洋葱分子刺激泪腺；第三种方法是将洋葱放到一个装满水的容器里，隔绝洋葱分子与空气的接触，从根本上避免流泪感。

所以，当我们实施敏捷时，同样可以用这三种方法剥开“敏捷洋葱圈”。首先，我们需要沿着由内向外的方向，也就是先理解敏捷的价值观和原则，知道为什么要实施敏捷，知道敏捷实践是为了解决什么问题，这些实践又是如何跟敏捷的价值观和原则相联系的，然后再进行相应的敏捷实践，只有这样才能让敏捷实践更加有效和持久。

其次，团队中要有戴着“护目镜”的人员，也就是敏捷教练，他们知晓敏捷实践的难点和解决办法，可以支持和鼓励团队克服困难，可以指导和帮助团队取得敏捷实践的优良成果。这些戴着“护目镜”的敏捷教练不会流泪，而且会带动更多的人开展敏捷实践。

最后，也是根除实施敏捷“流泪感”的终极方法，即把“敏捷洋葱圈”放到水中，找到一个适合敏捷生存和发展的环境。当组织文化和敏捷理念匹配时，可以根据具体的环境定制不同的敏捷实施方法，从而促进敏捷的实施；反之，当组织文化与敏捷理念冲突时，对敏捷的发展是不利的。所以，要发现适合“敏捷洋葱圈”生长的土壤，并积极地补充养分，培育有利于实施敏捷的环境，只有这样才能真正地从敏捷中获益。

如图 1-1 所示，团队在敏捷教练的指导下，将“敏捷洋葱圈”放到适合实施敏捷的组织环境中，并“生长”出适应不同组织情况的敏捷案例。

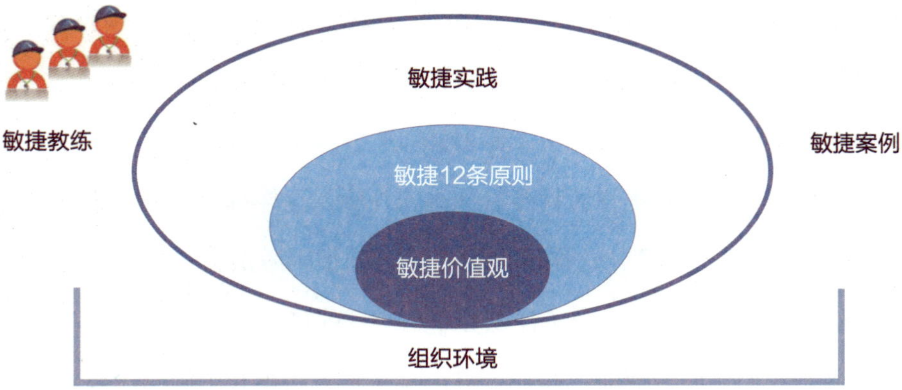

图 1-1 “敏捷洋葱圈”及其组织环境

1.4 PMI-ACP® 认证考试

1.4.1 概述

PMI-ACP®① 认证由 PMI 发起，自 2008 年开始，经过 3 年时间对敏捷在全球企业实施过程中与项目管理结合的场景的探索，于 2011 年在全球 204 个国家和地区范围内正式推出。PMI-ACP® 认证是敏捷项目管理专业的权威认证，受到了敏捷联盟的认可。截至 2020 年 1 月，全球持有 PMI-ACP® 认证证书人数为 34 276 人②。

中国国际人才交流基金会（原中国国家外国专家局培训中心）于 2015 年 6 月引进了 PMI-ACP® 认证，截至 2019 年年底，我国已经有近 2 万人参加了 PMI-ACP® 认证的培训学习，有近 1 万人获得了认证证书，占比全球持证人数的三分之一。

PMI-ACP® 认证并不局限于某一种特定的敏捷方法，而是关注如何将多种敏捷方法应用于项目实践。敏捷实践者需要参加敏捷课程培训，拥有敏捷项目管理的工

① 中文名称：PMI 敏捷管理专业人士。
② PMI 公布数据。

作经验，掌握敏捷知识和技能，能够应用敏捷技术和工具，并且通过考试，才能获得 PMI–ACP® 认证证书。

现今，敏捷已成为项目管理中非常重要的话题，越来越多的项目管理专业人士开始将敏捷方法作为成功管理项目的方法。根据最新统计，在全球拥有 PMI–ACP® 认证证书的人士中，有 68% 已经拥有 PMP® 认证证书。“PMI–ACP® + PMP®” 成为成功实施项目的“双模管理模式”，大幅提升了组织的项目实施能力。

PMI–ACP® 认证考试的设计是基于对业界敏捷实践的分析，然后确定在项目管理中使用敏捷原则和实践所需的任务、工具和技术，以及知识和技能。因此，PMI–ACP® 认证考试能够比较准确地反映出项目管理专业人士的敏捷实践能力，企业可以以此作为参考来衡量人员的敏捷实践水平，项目管理专业人士也可以参考 PMI–ACP® 认证的考试要求，持续提升敏捷专业能力。PMI–ACP® 认证考试的基本信息如表 1-1 所示。

表 1-1　PMI–ACP® 认证考试的基本信息

类别	内容
证书颁发机构	PMI
中国考试组织机构	中国国际人才交流基金会
中国考试监考机构	全美在线（ATA）
考试安排	PMI–ACP® 在我国内地每年共有 4 次考试，3 月、6 月、9 月、12 月各 1 次，具体考试时间以中国国际人才交流基金会通知的时间为准
考试时间	上午 9 点至 12 点，共 3 小时
考试形式	我国内地进行笔试，全球其他地区进行上机考试
考试语言	中英文对照
考试题型	120 道单项选择题（4 选 1），其中有 20 道是随机的题目（答题者并不知道是哪 20 道题），无论考生答对还是答错，都不计分
考试成绩	考试覆盖七大知识领域，每个知识领域分为 3 个等级：A、T、B；最优成绩为 7A。成绩一般在 2～6 周后公布，考生也可以登录 PMI 官网查询，下载电子版证书。纸质版证书由 PMI 从美国邮寄，具体时间以中国国际人才交流基金会通知的时间为准
考试费用	首次考试费用为 3 900 元 / 人，补考费用为 2 500 元 / 人。在我国内地参加考试的人员，由中国国际人才交流基金会负责收取考试费用

PMI 对于申请 PMI–ACP® 认证考试的人员提出了资格要求，申请者必须同时满足教育与专业经验的要求，具体如表 1-2 所示。

表 1-2　申请 PMI–ACP® 认证考试的资格要求

教育背景	+	通用项目经验	+	敏捷项目经验	+	敏捷实践培训
中等以上教育（高中文凭，大专学历或全球同等学力）		* 2 000 小时（12 个月）项目团队工作经验，此工作经验必须在过去 5 年中获取		1 500 小时（8 个月）使用敏捷方法的项目团队工作经验，此工作经验必须在过去 3 年中获取 除此之外，还要有 2 000 小时普通项目工作经验		21 小时的培训课时，培训课时必须与敏捷实践相关

* 注：PMP® 或 PgMP® 的持证人员将自动满足通用项目经验的要求。

在我国内地，参加 PMI–ACP® 认证考试的人员需要完成“英文报名”和“中文报名”两大步骤，具体流程如下：

- 在 PMI 网站填写申请，进行“英文报名”；
- 完成“英文报名”后，等待 5～7 个工作日进行审核，审核通过后，获得参加 PMI–ACP® 认证考试的资格，有效期为 1 年；
- 成功完成“英文报名”后，在指定日期登录中国人才交流基金会网站进行“中文报名”；
- 完成“中文报名”后，等待 1～3 个工作日进行审核，审核通过后，即可支付考试费用；
- 缴费成功后，报名流程完成，等待通知，如期参加考试。

此外，为了能够让已经获得 PMI–ACP® 认证的敏捷管理专业人士持续学习，持续致力于敏捷项目管理领域，PMI 要求持证人员每 3 年积攒 30 个职业发展单元（Professional Development Units，PDU），用于维持证书的有效性。

1.4.2　考试内容

PMI 提供了一个考试大纲，包括七大知识领域，每个知识领域都包含相应的任务，考试题目将围绕这七大知识领域进行设计。每个知识领域和考题的占比如表 1-3 所示。

表 1-3　PMI–ACP® 认证考试的七大知识领域和相应考题占比

知识领域	内容描述	考题占比
1. 敏捷理念和原则	在项目团队和组织内，探索、拥抱和应用敏捷理念和原则	16%
2. 价值驱动交付	基于干系人的优先级，通过产生高价值的增量并对其进行评审，尽早且频繁地交付有价值的成果。获取干系人对这些增量的反馈，并使用此反馈对未来的增量进行优先级排序和改进	20%
3. 干系人参与	通过建立一个信任的环境，使当前和未来的干系人都紧密参与进来。这个环境可以将干系人的需要和期望结合起来，并在了解干系人的成本投入和精力参与的情况下平衡干系人的要求。在整个项目生命周期中促进参与和协作，并提供有效和明智的决策工具	17%
4. 团队绩效	建立能够促进信任、学习、协作和冲突解决的环境，促进团队的自我组织，增强团队成员之间的关系，进而创造出产生高绩效的工作环境	16%
5. 适应性计划	从项目启动到结束，基于目标、价值、风险、约束和干系人的反馈，以及评审结果，制订并维护一个持续演进的计划	12%
6. 问题的探测和解决	持续地识别问题、障碍和风险；及时地排定优先级并解决问题；监督和通报问题的解决状态；实施流程改进，防止问题再次出现	10%
7. 持续改进（产品、流程、人员）	持续改进产品、流程，以及团队的质量、有效性和价值	9%

通过七大知识领域，我们可以得到一个结构化的视角，并将有关敏捷的“知识和技能”（Knowledge & Skills，KS）、“工具和技术”（Tools & Techniques，TT）映射到各个知识领域中，具体如表 1-4 所示。

在 PMI–ACP® 认证考试中，KS 是需要学员记忆和理解的，用于考察学员是否能够正确建立敏捷理念；TT 是需要学员执行和应用的，用于考察学员是否能够正确开展敏捷实践。综合起来就是考察学员理论结合实践的能力。

表 1-4　KS、TT 与知识领域的映射关系

知识领域	KS	TT
1. 敏捷理念和原则	KS1：敏捷价值观和原则 KS2：敏捷的框架和术语 KS3：敏捷的方法和方式	TT8：敏捷建模
2. 价值驱动交付	KS20：优先级 KS21：增量交付 KS24：基于价值的分析和分解 KS32：监管合规性	TT65：投资回报率 / 净现值 / 内部收益率 TT66：合规性 TT67：客户价值的优先级排序 TT68：需求评审 TT69：最小可行产品（MVP） TT70：最小可售特性（MMF） TT71：相对优先级排序 TT72：莫斯科方法（MoSCoW） TT73：卡诺分析
3. 干系人参与	KS4：评估和融合社区与干系人的价值观 KS5：干系人管理 KS6：沟通管理 KS7：引导方法 KS8：知识分享和书面沟通	TT2：用户故事和待办事项列表 TT3：故事地图 TT5：线框图 TT7：用户画像 TT19：双向沟通 TT20：基于社交媒体的沟通 TT21：积极聆听 TT22：头脑风暴 TT23：反馈方法
4. 团队绩效	KS9：领导力 KS10：建立敏捷团队 KS11：团队激励 KS12：真实和虚拟的集中办公 KS13：全球、文化和团队的多样性 KS14：培训、教练和辅导 KS15：发展性地掌握一些模型	TT16：信息发射源 TT17：团队空间和敏捷工具 TT18：渗透式沟通 TT25：协作 TT26：适应性领导力 TT27：仆人式领导力

（续表）

知识领域	KS	TT
5. 适应性计划	KS17：参与式决策模型 KS18：系统思考的原则 KS23：敏捷规模与估算 KS28：管理敏捷的关键绩效指标 KS29：敏捷项目章程 KS30：敏捷合同 KS31：敏捷项目会计原则	TT1：产品路线图 TT4：渐进明细 TT6：制定章程 TT9：工作坊 TT10：学习循环 TT11：协作游戏 TT12：相对规模、故事点数、T恤衫尺寸 TT13：宽带德尔菲和计划扑克 TT14：亲和估算 TT15：理想时长 TT30：速度、吞吐率、生产率 TT31：周期时间 TT32：前置时间 TT33：敏捷项目的挣值管理 TT34：缺陷率 TT35：获得认可的迭代 TT36：在制品 TT37：评审 TT38：看板板 TT39：任务板 TT40：时间盒 TT41：迭代和发布计划 TT42：偏差和趋势分析 TT43：在制品限制 TT44：每日站会 TT45：燃尽图和燃起图 TT46：累积流图 TT47：待办事项列表梳理 TT48：产品反馈环路
6. 问题的探测和解决	KS19：问题解决 KS22：敏捷发现	TT28：谈判 TT29：冲突解决 TT61：按风险调整的待办事项列表 TT62：风险燃尽图 TT63：风险探针 TT64：架构探针

（续表）

知识领域	KS	TT
7. 持续改进（产品、流程、人员）	KS16：自我评估的工具和技术 KS25：流程分析 KS26：持续改进 KS27：敏捷混合模型 KS33：PMI 职业道德规范	TT24：情绪智力 TT49：改善 TT50：五个为什么 TT51：回顾和反思 TT52：流程裁剪和混合模型 TT53：价值流映射 TT54：控制限制 TT55：事前验尸 TT56：鱼骨图分析 TT57：频繁的验证与确认 TT58：完成定义（DoD） TT59：持续集成 TT60：测试

1.4.3 备考说明

PMI–ACP® 认证考试主要考查学员的实践能力，学员需要在掌握 KS 和 TT 的基础上，能够解决实际工作环境中遇到的问题。

因为 PMI–ACP® 认证考试的大部分考题都是“情境题”，也就是需要根据题目给出的一个特定工作场景及其中各因素的相互关系进行分析，选出最佳答案，所以 PMI 提供了一个参考书目（见表 1-5），希望学员能够熟悉多种敏捷应用场景，恰当地选择合适的敏捷方法来解决问题。此外，本书针对 PMI–ACP® 认证考试大纲，提供了一套全面、系统的复习资料，可以将其作为备考的必读书目。

表 1-5　PMI–ACP® 认证考试参考书目

编号	英文参考书目及作者	中文版
1	*Agile Estimating and Planning* Mike Cohn	《敏捷软件开发实践：估算与计划》，清华大学出版社
2	*Agile Practice Guide* PMI	《敏捷实践指南》，电子工业出版社

（续表）

编号	英文参考书目及作者	中文版
3	*Agile Project Management: Creating Innovative Products* Jim Highsmith	《敏捷项目管理：快速交付创新产品》，电子工业出版社
4	*Agile Retrospectives: Making Good Teams Great* Esther Derby, Diana Larsen	《敏捷回顾：团队从优秀到卓越之道》，电子工业出版社
5	*Agile Software Development* Alistair Cockburn	《敏捷软件开发》，机械工业出版社
6	*Coaching Agile Teams: A Companion for Scrum Masters, Agile Coaches, and Project Managers in Transition* Lyssa Adkins	《创建敏捷团队：Scrum Master、敏捷教练与项目经理的实用指南》，电子工业出版社
7	*Effective Project Management: Traditional, Agile, Extreme, Hybrid, 8th Edition* Robert K. Wysocki	《有效的项目管理：面向传统、敏捷、极限、混合项目》（第 8 版），电子工业出版社
8	*Exploring Scrum: The Fundamentals* Dan Rawsthorne with Doug Shimp	无
9	*Kanban In Action* Marcus Hammarberg, Joakim Sundén	《看板实战》，人民邮电出版社
10	*Kanban: Successful Evolutionary Change for your Technology Business* David J. Anderson	《看板方法：科技企业渐进变革成功之道》，华中科技大学出版社
11	*Lean-Agile Software Development: Achieving Enterprise Agility* Alan Shalloway, Guy Beaver, James R. Trott	《精益－敏捷项目管理：实现企业级敏捷》，电子工业出版社
12	*User Stories Applied: For Agile Software Development* Mike Cohn	《用户故事与敏捷方法》，清华大学出版社

参加 PMI–ACP® 认证考试的必要条件之一，是参加时长 21 小时的与敏捷管理相关的培训。因此，要慎重选择培训机构和培训讲师，课前做好预习，带着问题听课，课后及时回顾，建立碎片化知识的逻辑和秩序。通过课后的练习题，查缺补漏，巩固所学内容。

除此之外，学员最好能够制订一个合理的学习备考计划，建立持续而稳定的学习节奏，用敏捷方式来获得敏捷认证。比如，在距离考试还有 2 个月时，建立 2 个敏捷发布周期（每个周期为 1 个月），每周作为 1 个迭代，每天保持 2 小时的学习。

把阅读参考书、复习课程讲义、做练习题、参加模拟考试等作为目标，分布到每个迭代和发布中，可以让备考过程既有趣又有效。

另外，还需要掌握一些考试技巧，以便灵活地应对考试。凭借多年的 PMI–ACP® 备考经验，光环国际教研团队总结出了一套有效的方法，在这里分享给大家。

遵从敏捷理念

当遇到一些不确定的考题时，你需要静下心来，从敏捷原则的角度进行试题分析。选择遵从敏捷原则及其支持的内容，往往是不会出错的。

三个不相信

- 不相信翻译：PMI–ACP® 考题的中文翻译常常词不达意，当你产生怀疑时不要犹豫，看看英文原文，你会立刻感到柳暗花明。
- 不相信经验：东西方在语言、文化、习惯和工作方式上都存在较大差异，所以你的工作经验很可能与出题人有很多不同，你需要入乡随俗，按他们的套路出牌。
- 不相信绝对：选项中如果有“从不”“必须”“所有”“完全”这种不留任何余地的词，那么你就要小心了。“有时”“应该”“可能”“主要”这些看上去更为谦和、客观的词，更有可能是正确的。

三个相信

- 相信简单：PMI–ACP® 考题不是悬疑剧，切忌演绎。当你有“万一出现 ××× 情况”“出题人有几层意思”这种怀疑时，要及时打住。没有那么多“如果”“万一”，出题人只有一层意思！不要自己臆想出附加的条件和额外的信息。你要相信出题人很单纯，虽然题干中的信息不一定都有用（有冗余或无效的信息），但没有的就是不存在的。你往简单了想，就会豁然开朗。
- 相信直觉：除非你有充足的依据，否则不要修改第一次的选择，跟随你的内心，你的直觉往往是最可靠的。通过反复听课、看书、做题，一次次的迭代会强化你的敏捷项目管理的价值观和方法论，那种“只可意会，不可言传”的感觉妙不可言。

- 相信善良：诚信、公正、尊重、信任、共赢这些代表正能量的价值观，放之四海而皆准，它们总能指引你找到正确的答案；而阴险、虚假、敌对、投机取巧、目光短浅、损人利己这些满满负能量的选项，一定要排除。“善良”才是无坚不摧的力量。

1.5 小结

本章介绍了为什么要实施敏捷。因为“乌卡”时代的到来，要求每个组织、每个团队、每个人都要做好准备，迎接新环境带来的挑战。只有建立起敏捷理念，采取敏捷行动，培养响应变化的能力，才能生存和蓬勃发展。

敏捷思想起源于不断地适应变化，持续地改进。质量管理大师戴明的 PDCA 循环，就是通过迭代形成价值闭环的敏捷雏形。此后，软件行业的易变性、不确定性、复杂性和模糊性逐渐增加，人们开始寻求更加有效的软件开发方法，并于 2001 年成立了敏捷联盟，发表了《敏捷宣言》。自此，人们进入了“敏捷时代”。

本章还给出了一个结构化的方式来思考和应用敏捷 ——“敏捷洋葱圈”，其内圈是核心价值观，中圈是原则，外圈是实践。我们在学习和实践敏捷时，应该从内到外，找到适应的环境和人，从而形成适合自己的案例故事。

最后，本章重点介绍了 PMI-ACP® 认证考试的相关内容，从 PMI-ACP® 认证的背景、考试大纲和内容，以及如何进行备考等方面做了全面介绍。

第二篇

敏捷理论篇

第 2 章

敏捷理念和原则

2.1 概述

原则是人们行为处事所依据的准则，它源于实践，高于实践，而且受到实践的检验。理念是人们将理论和观念进行综合形成的思想，也就是上升到理性高度的观念。

敏捷理念和原则是从敏捷实践中提炼出来的，是指导敏捷实践的依据，是执行敏捷实践的基本立场。

PMI-ACP® 考纲中的第一个知识领域就是“敏捷理念和原则”。因为敏捷理念和原则的内容往往比较抽象，所以 PMI-ACP® 考纲中通过 9 个任务，详细描述了如何使组织和项目团队探索、欣然接受并应用敏捷理念和原则。这些任务的具体内容，以及对敏捷管理专业人士（ACP）的要求如表 2-1 所示。

表 2-1 “敏捷理念和原则”知识领域的任务列表

任务序号	内容描述	对 ACP 的要求
1	通过对敏捷原则的建模和对敏捷价值观的讨论来倡导敏捷原则，从而在整个团队及客户和团队之间形成一种**共同的思维模式**	ACP 需要建立的思维模式就是对《敏捷宣言》中的敏捷价值观和原则的理解和采纳
2	帮助并确保团队中每位成员对敏捷价值观和原则有着**共同的理解**，并对所使用的敏捷实践和相关术语有着**共同的认识**，从而能够更加有效地工作	ACP 需要在理解敏捷价值观和原则的基础上，知晓和熟练掌握通用的敏捷框架和术语
3	通过对组织的教育，以及对流程、行为和人员的影响，在系统或组织层面上**支持变革**，从而使组织更加具有有效性（效果）和高效性（效率）	ACP 在具备了理念和方法的同时，需要执行敏捷实践，也就是改变原有的工作方式，并有勇气支持这种变革
4	通过维护高度可视化的信息发射源，显示真实的进展和团队绩效来进行可视化管理，从而提高**透明性和信任度**	ACP 在执行敏捷实践的过程中，需要帮助团队做到信息对称和透明、对工作有承诺且能兑现，如此才能建立信任
5	通过允许团队成员尝试和犯错来建立一个安全和信任的**团队环境**，使每位成员都可以学习并持续改进自己的工作方式	ACP 帮助团队建立起透明性和信任度的同时，一个良好的团队环境就形成了，这对团队的成长至关重要
6	通过尝试新技术和新流程来提高创造力，从而发现更加有效（效果）和高效（效率）的**工作方式**	ACP 需要带领团队在一个安全的环境中，找到适合团队的工作方式
7	通过协作与共同工作来鼓励团队成员**分享知识**，从而降低出现知识孤岛的风险，并减少瓶颈	ACP 需要帮助团队建立经验和知识分享的习惯，打造学习型组织文化
8	通过建立一个安全和尊重的环境（用于尝试新的方法）来鼓励团队内部的**新兴领导力**（Emergent Leadership），从而获得改进并促进自组织和授权	ACP 需要认识到团队的工作方式已经从垂直领导转向水平协作，需要培养团队共享式的领导能力，也就是新兴领导力
9	通过支持和鼓励他人的工作来践行**仆人式领导力**（Servant Leadership），从而帮助他人发挥出自己的水平并持续提升	ACP 不具备职权影响力，需要通过为团队提供服务来建立仆人式领导力

“敏捷理念和原则”这一知识领域所涉及的“知识和技能”（KS）与“工具和技术”（TT）如表 2-2 所示。

表 2-2 “敏捷理念和原则”知识领域所涉及的 KS 与 TT

领域	KS	TT
敏捷理念和原则	KS1：敏捷价值观和原则 KS2：敏捷的框架和术语 KS3：敏捷的方法和方式	TT8：敏捷建模

2.2 敏捷理念

2001 年 2 月，17 位软件行业的思想领袖共同签署了《敏捷宣言》，这是一份措辞简洁和富有权威性的声明文件，它观点鲜明地提出了敏捷价值观和原则，PMI 将其作为考纲中的第一个“知识和技能”。

2.2.1 敏捷价值观和原则

敏捷宣言

我们一直在实践中探寻更好的软件开发方法，身体力行的同时也帮助他人。由此我们建立了如下价值观：

个体和互动	高于	流程和工具；
可工作的软件	高于	详尽的文档；
客户合作	高于	合同谈判；
响应变化	高于	遵循计划。

也就是说，尽管右项有其价值，但我们更重视左项的价值。

《敏捷宣言》包括四个核心价值观，极具视觉冲击力，也极具思想穿透力。这四个核心价值观由四个短句以左右对比的方式呈现出来，立场鲜明地表达了敏捷所提倡的核心理念。

- 流程和工具是静态的，个体和互动是动态的。即使流程和工具做得非常完美，如果人员欠缺能力和互动，也无法取得成功。所以，让动态驾驭静态才是合理的选择。
- 文档是流程的输出物，软件是最终的成果物。客户关注的是可工作的软件，也就是最终的成果。所以，让成果主导输出才是价值的方向。

- 谈判将导致单赢单输，唯有协作才能带来共创共赢。真正有效的工作需要以用户为中心，采取换位思考。所以，让双赢代替单赢才是持久的合作。
- 计划是对未来的预测，响应是对现实的适应。当变化产生了，计划就需要相应地做出调整，而不是一味通过“纠偏”固守计划。所以，让适应胜过遵循才是终极目标。

除此以外，《敏捷宣言》的开头部分强调了实践的重要性，结尾部分强调了价值观中的句式 ——“左项 高于 右项”，而不是“左项 替代 右项”。右项的内容依然很重要，但是当在二者之间进行比较时，左项更加重要。

通过首尾的这两句话，我们可以更加透彻地理解《敏捷宣言》，它倡导的是一种理念，也可以说是一种思维模式，但绝不是具体的某种实践方法。

为了使《敏捷宣言》中的核心价值观更加容易落地执行，17 位《敏捷宣言》的签署人又在敏捷价值观的基础上，更加明确地指出了开展敏捷实践所必须遵守的原则。它提供了一个有效的依据，用于区分传统项目和敏捷项目。

敏捷原则共有 12 条，具体如下。

第 1 条：**【原文】**我们最重要的目标是通过持续不断地尽早交付有价值的软件来使客户满意。

【解析】在传统项目中，按照计划执行就意味着项目能够成功，也就能够交付目标价值；敏捷价值观告诉我们，只有按照优先级持续和尽早地交付成果，才能实现客户价值并让客户满意。

【关键词】客户价值。

第 2 条：**【原文】**即使在开发后期也欢迎需求变更。敏捷流程利用变更为客户创造竞争优势。

【解析】在传统项目中，需求变化是不稳定因素，是一种威胁，人们应该控制变化；在敏捷项目中，变化是一直存在的，会带来新的机会，人们应该积极有效地适应变化。

【关键词】拥抱变化。

第 3 条：【原文】采用较短的项目周期（从几周到一两个月），不断地交付可工作的软件。

【解析】在传统项目中，问题需要整体集中解决，一次性交付完整的成果；在敏捷项目中，交付是一个技术动作，发布是一个管理动作，在短周期内可以加快内部交付和回顾，评估和增强产品的适应性。

【关键词】短周期交付。

第 4 条：【原文】业务人员和开发人员必须相互协作，项目中的每一天都不例外。

【解析】在传统项目中，业务人员的目标是专注于分析需求，开发人员的目标是专注于技术实现，二者分工明确，彼此独立；在敏捷项目中，需求是在业务人员和开发人员的频繁交互中才能得以澄清和实现的，他们的共同目标是交付客户价值。

【关键词】跨职能合作。

第 5 条：【原文】激发个体的斗志，以他们为核心搭建项目。为他们提供所需的环境和支持，信任他们所开展的工作。

【解析】在传统项目中，根据项目要求搭建团队，分配任务，跟踪绩效；在敏捷项目中，找到有潜力的人，通过项目提升其能力，并通过授权和信任，让团队获得成长，从而实现目标。

【关键词】激发和信任。

第 6 条：【原文】不论团队内外，传递信息效果最好且效率最高的方式是面对面交谈。

【解析】在传统项目中，每个阶段都需要制定详尽的文档，参照文档进行沟通和协作；在敏捷项目中，面对面交谈是最有效的信息传递方式，不能用文档代替交谈，但是二者可以进行适当的结合。

【关键词】面对面沟通。

第 7 条：**【原文】**可工作的软件是测量进度的首要指标。

【解析】在传统项目中，设定关键阶段的里程碑，通过对工作活动完成情况进行度量来跟踪进度；在敏捷项目中，文档和图表太抽象了，只有可工作的软件（即成果）本身才能真实地测量进度。

【关键词】可工作的软件。

第 8 条：**【原文】**敏捷流程倡导可持续开发。发起人、开发人员和用户要能够长期维持稳定的开发步伐。

【解析】在传统项目中，项目应该通过资源平衡，调整人员的投入或退出，实施快速跟进和赶工；在敏捷项目中，团队应该找到一个稳定的节奏和速度，避免过度的疲劳和压力，如此才能保持创造力。

【关键词】可持续开发。

第 9 条：**【原文】**坚持不懈地追求技术卓越和良好设计，从而提升敏捷能力。

【解析】在传统项目中，在开始项目的具体实施工作之前，要锁定需求的细节，进行大量的前期设计；在敏捷项目中，设计是一个贯穿整个项目的活动，应持续关注并处理技术债，因为设计的质量对于保持敏捷性至关重要。

【关键词】技术卓越。

第 10 条：**【原文】**以简洁为本，最大限度地减少工作量。

【解析】在传统项目中，项目前期需进行大量的商业分析，制订完整的计划，针对各种假设，提出应对方案，力求全面和完整；在敏捷项目中，应毫不犹豫地消减不增值的工作，给出一套简单的规则，鼓励团队去创造，而不是执行复杂、僵化的流程。

【关键词】简洁为本。

第 11 条：【原文】最好的架构、需求和设计出自自组织团队。

【解析】在传统项目中，需求和架构的设计是由架构师集中完成的，他们对设计负责，并保持架构的稳定可靠、可扩展和可维护等；在敏捷项目中，需求和架构的设计都是涌现式的，随着迭代开发和用户体验而演进，团队可以通过自组织，利用较高的互动和较少的规则来支持这种演进。

【关键词】团队自组织。

第 12 条：【原文】团队定期反思如何能提高成效，并相应地调整自身的行为。

【解析】在传统项目中，应在项目结束后召开正式的经验与教训总结会议，回顾发生的问题，识别出改进项，在下一个项目中执行；在敏捷项目中，应该缩短回顾周期，增加 PDCA 循环的频率，通过迭代回顾会和每日站会等识别出改进项，并尽快执行，做到持续改进。

【关键词】持续改进。

纵观以上敏捷 12 条原则，虽然我区分了传统项目和敏捷项目的观点，但是大部分原则在本质上并不存在传统项目和敏捷项目之间的根本矛盾。比如，其中第 1 条、第 6 条、第 7 条、第 9 条、第 10 条和第 12 条是传统项目也明确支持的。另外，针对第 2 条、第 3 条、第 4 条、第 5 条、第 8 条和第 11 条，虽然传统项目实施起来会有些难度，也存在一些争议，但是如果各项准备就绪，也是可以做到的。

敏捷原则是敏捷实践所必须遵循的基础，如果违背了这些原则，就可能无法成功地实施敏捷。所以，敏捷实践者要确保自己和团队都能够理解和遵循这些原则，以开展相应的实践。

2.3 敏捷实践和方法

正如“敏捷洋葱圈”所示，由《敏捷宣言》所定义的敏捷核心价值观和原则是敏捷理念，它处于中心位置，在此基础上可以发明和演进出许多敏捷实践，但是这些实践都要反映和遵从敏捷理念。

当前，业界的敏捷实践有 500 多种。实践是一个哲学名词，它的范畴很大，是人们能动地探索和改造现实世界一切客观物质的社会性活动总和。在敏捷场景下，PMI 从两个关键的“知识和技能”给出敏捷实践的解释，即“敏捷的框架和术语”和“敏捷的方法和方式”。

2.3.1 敏捷的框架和术语

《敏捷实践指南》一书给出了 110 个敏捷术语的定义，我从中选出比较重要的 10 个关键敏捷术语，在本节中进行简要解读（见表 2-3）。

表 2-3 10 个关键敏捷术语

序号	敏捷术语	《敏捷实践指南》中的定义	解读
1	敏捷 （Agile）	用于描述反映《敏捷宣言》所述价值观和原则的思维模式的一个术语	敏捷是一个形容词，用于形容遵循敏捷理念的主体，如敏捷软件开发、敏捷项目管理等
2	敏捷教练 （Agile Coach）	掌握了敏捷知识和经验的人员，其在组织和团队转型中能够发挥培训、辅导和指导的作用	教练（Coach）可以陪伴客户参与一个引发思考和创新的过程，激发他们发挥个人潜质。敏捷教练需要将教练技术应用到组织和团队的敏捷场景中
3	Scrum	一种复杂的产品开发与维护的敏捷框架，由特定的角色、事件和工件等元素组成	Scrum 是业界最流行的敏捷实践，很多敏捷术语都来自 Scrum 框架，是团队级敏捷应用的基础

（续表）

序号	敏捷术语	《敏捷实践指南》中的定义	解读
4	计划 – 执行 – 检查 – 处理（PDCA）	组织中一种迭代管理方法，旨在促进过程和产品的控制和持续改善	PDCA 便是著名的戴明环，在敏捷中是一个交付价值的闭环。在一个典型的迭代或者冲刺中，“P”代表计划会，“D”代表每日站会，“C”代表评审会，“A”代表回顾会
5	自组织团队（Self-Organizing Team）	一种跨职能团队。为实现团队目标，团队成员根据需要轮换着发挥领导作用	敏捷提倡组建特性团队，也就是可以完成价值交付的跨职能团队，团队持续提升能力，逐步能够自组织和自管理
6	用户故事（User Story）	针对特定用户的可交付成果的价值的简要描述，是对澄清细节对话的承诺	用户故事不是需求，而是用于沟通需求的载体。它聚焦于为用户提供价值，注重通过沟通和交互获得需求的细节
7	待办事项列表（Backlog）	团队围绕某产品维护的一个以用户需求为中心的有序列表	通常包括产品待办事项列表和迭代待办事项列表，前者是针对整个产品的需求条目，而后者是针对某个特定迭代的工作条目
8	看板板（Kanban Board）	一种可视化工具。团队能够通过瓶颈和工作量的有形呈现改善工作流	看板方法来源于制造业，通过可视化流程、限制在制品等实践，帮助团队持续提升并高效工作
9	增量（Increment）	一种经过测试、验收的可交付成果，也是项目总体成果的组成部分	一般是经过一个时间周期之后，最终产品的价值有所增加。当前交付的内容与先前交付的内容作为一个整体，被称为产品增量
10	完成定义（Definition of Done，DoD）	团队需要满足的所有标准的核对单。只有可交付成果满足该核对单，才能视为准备就绪，产品才可供客户使用	DoD 是衡量事情完成的标准，需要所有团队成员达成共识。团队既可以为产品增量设置 DoD，也可以为迭代设置 DoD。随着团队能力的增强，DoD 可以逐渐演进，越来越严格。对用户故事来说，验收标准就是 DoD

2.3.2　敏捷的方法和方式

如图 2-1 所示，《敏捷实践指南》给出了 12 种敏捷方法，表明了这些敏捷方法所涉及的生命周期覆盖的广度和指导细节的深度之间的关系。在本节中，我选出比较重要的 6 种关键敏捷方法进行简要解读（见表 2-4），其中包括 3 种团队级敏捷方法（Scrum、XP 和看板）和 3 种规模化敏捷方法（SAFe、LeSS 和 DA）。

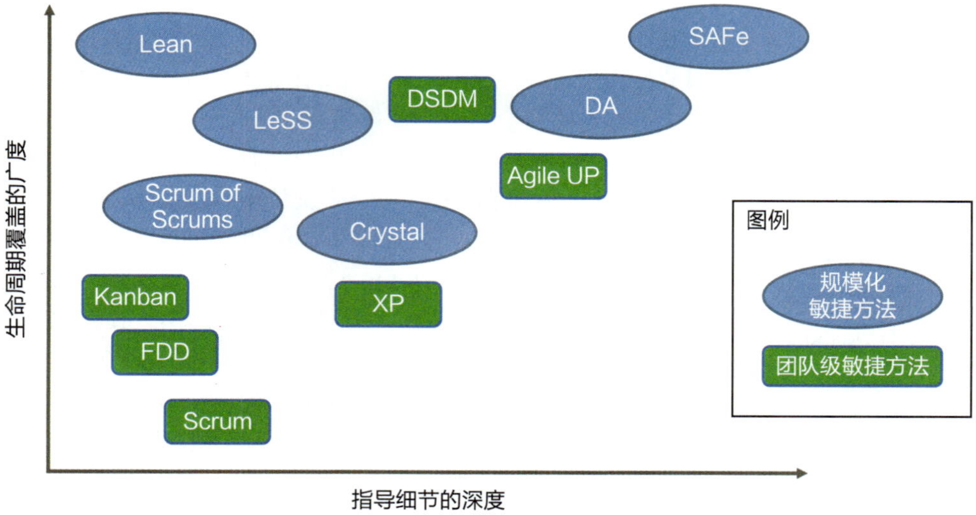

图 2-1　敏捷方法的广度和深度

资料来源：《敏捷实践指南》。

表 2-4　6 种关键敏捷方法

序号	敏捷方法	《敏捷实践指南》中的描述	解读
1	Scrum	用于管理产品开发的单个团队的流程框架。该框架包含 Scrum 角色、事件、工件和规则，采用迭代方法来交付可工作的产品	“Scrum”是英式橄榄球中并列争球的动作，后来被引入软件开发，成为敏捷领域中最为流行的一种设计产品和交付项目的框架。通常，团队的敏捷之旅都是从实施 Scrum 框架开始的
2	极限编程（XP）	一种基于频繁交付周期的软件开发方法。该名称基于一个理念：将特定的最佳实践提炼到最纯粹和最简单的形式，然后在整个项目生命周期内持续运用	在极限编程中，“极限”是指将编程方法的最佳实践用到极致，是一种工程技术实践的方法。通常，团队会将 Scrum 和 XP 结合使用，以发挥最佳的实施效果
3	看板（Kanban）	一种在精益制造中用于规划库存控制和补给的系统，它可以确保工作流和价值交付的持续性	看板的字面意思是“招牌”或者“信号卡”，通过将代表工作内容的卡片放置到物理板上，可视化工作流程，并识别出影响工作的瓶颈以消除浪费，从而优化整体工作流。看板方法可以作为 Scrum 框架的有益补充，共同发挥作用

（续表）

序号	敏捷方法	《敏捷实践指南》中的描述	解读
4	规模化敏捷框架（SAFe）	通过为企业的所有层级提供知识库来进行大规模的开发工作。SAFe专注于各层级详细设定的实践、活动和角色，强调围绕专注于向客户提供持续价值的价值流来组织企业	SAFe的英文全称是“Scaled Agile Framework”，它站在企业运营的角度，提供了投资组合、大型项目的解决方法，以及敏捷发布火车（Agile Release Train）等各个层面执行敏捷方法的详细描述，并给出了一个完整的实施 SAFe 转型的路线图，适合开发多种产品的大型企业提升业务交付能力
5	大规模 Scrum（LeSS）	一种以扩展 Scrum 方法为共同目标来组织多个开发团队的框架。LeSS 尽可能保留了单个团队 Scrum 模型中的元素	LeSS 的英文全称是“Large Scale Scrum”，它站在产品交付的角度，提供了由多个团队共同使用 Scrum，开发和交付同一个产品的流程。当 LeSS 被应用于单个大型产品的研发时，可以发挥最佳的效果
6	规范化敏捷（DA）	一种在综合模型中整合多种敏捷最佳实践的过程决策框架。DA 通过混合多种敏捷技术，来对描述过于宽泛的方法（如 Scrum）和描述过于详细的方法（如 Agile UP）进行平衡	DA 的英文全称是“Disciplined Agile”，它将众多敏捷实践看成是一套工具箱，根据团队所面临的各种复杂情况，提供轻量级的建议，以便采用最适合当前情况的技术，定制出一种方法来解决当前的问题

2.3.3　敏捷建模

敏捷建模（Agile Modeling）是一种基于实践的方法，用于对基于软件的系统进行有效的建模和文档化。它不是一个完整的敏捷流程，而是一组建模和需求分析的原则和实践，可以作为其他敏捷方法的补充。

斯科特·安布勒（Scott Ambler）是敏捷建模领域的专家，他总结出一套核心实践的集合，形成了敏捷建模的实践图谱（见图 2-2），组织可以通过“轻量、刚好够”的方式将其有效地应用于软件开发项目。

敏捷建模的目的是提升干系人之间的沟通，通过投入较少的时间和成本去建立模型，从而在开发产品前有效地管理干系人的期望。通常，敏捷建模的实践以“低技术、高互动”的协作方式，创建刚好够用的模型，比如，使用白板绘制图表，搭建纸制模型进行展示等。敏捷建模的关注点不是完美，而是提供一个整体的解决方案，提倡和鼓励简洁、快速反馈、富有创造性的工作方式。

图 2-2　敏捷建模的实践图谱

资料来源：敏捷建模官网。

2.4　小结

本章介绍了“敏捷理念和原则”的相关知识，强调了敏捷的核心理念，也就是在《敏捷宣言》中所定义的敏捷价值观和原则，同时对关键的敏捷术语和敏捷方法进行了解读。

其中，“敏捷理念”包含“敏捷实践和方法”。敏捷价值观和原则高于实践，它们能够指导敏捷方法、框架、技术和工具的有效执行。

敏捷管理专业人士要全面贯彻敏捷理念和实践，建立一个理念和实践相融合的视角，在应用具体的敏捷实践时，首先要拥抱、理解并展现出敏捷价值观和原则，从而真正获得践行敏捷的收益。

第 3 章

价值驱动交付

3.1 概述

价值（Value）是一个经济学术语，泛指客体对于主体表现出来的积极意义和有用性。在敏捷场景中，价值驱动交付是指要始终以客户为中心，理解客户的痛点和需要，向客户交付有用的产品或解决方案。

PMI–ACP® 考纲中的第二个知识领域是“价值驱动交付”，考纲中详细描述了如何基于客户的期望排定需求的优先级，尽早和持续地产生高价值的增量交付物，并通过客户的评审获得反馈意见，进而提升和优化未来要交付的价值增量。“价值驱动交付”知识领域所涉及的内容较多，分为 4 个子领域，共 14 项任务，其具体内容及对于敏捷管理专业人士（ACP）的要求如表 3-1 所示。

表 3-1 “价值驱动交付”知识领域的任务列表

子领域 1：定义积极价值		
任务序号	**内容描述**	**对 ACP 的要求**
1	通过识别可以增量生产的单元来**定义可交付成果**，从而最大化地实现对干系人的价值，并最小化那些不增值的工作	ACP 需要有识别客户需要、定义可交付成果的能力。可交付成果是将增量单元综合起来，形成一个能对客户产生价值的完整的产品或方案
2	利用准时制（JIT）原则，对特性的验收标准达成共识，并以此来**梳理需求**，从而达到交付价值的目的	ACP 需要掌握需求梳理的能力，以便更好地理解并向客户交付价值。梳理意味着对需求进行拆分、估算及优先级排序等工作
3	根据项目和组织的特点，以及团队的经验，来**选择和裁剪团队的流程**，从而达到优化价值交付的目的	ACP 在具备了定义产品可交付成果和梳理需求能力的同时，需要选择适合团队的工作流程，以便能够更好地向客户交付价值
子领域 2：避免潜在的不利因素		
任务序号	**内容描述**	**对 ACP 的要求**
4	通过将需求划分为最小可售特性（MMF）/最小可行产品（MVP），来**规划较小的可发布增量**，从而可以尽早地识别和交付价值	ACP 能够将需求拆分到合适的粒度，其目的是做到小版本的增量发布。使用 MMF 和 MVP 的主要作用是通过交付最小的成果来获得最快的价值交付
5	通过限制增量的大小，**增加与相应干系人的评审频率**，从而以最低成本尽早对风险做出识别和响应	ACP 通过实施评审，可以建立与客户或干系人的交互。增量规模越小，交付节奏越快，评审的频率就可以增加，从而及时地对不确定性进行澄清，以便做出恰当的调整
6	通过经常对增量进行评审来**征求客户和用户的反馈意见**，从而确认并提升业务价值	ACP 需要清晰地理解评审的目的是获得反馈，客户只有真实地看到并使用了产品，才能够给出真实的反馈意见，敏捷团队才能够交付真正的业务价值
子领域 3：排定优先级		
任务序号	**内容描述**	**对 ACP 的要求**
7	通过与干系人协作来**排定工作单元的优先级**，从而优化可交付成果的价值	ACP 需要掌握排定优先级的方法，确保每次交付的成果都是当前最高优先级的工作内容
8	通过排定优先级和维护内部质量来**对工作结果进行频繁的评审和维护**，从而减少增量开发的总体成本	ACP 对工作结果的评审包括是否按照优先级交付了最高价值的成果，是否满足了基于完成定义（DoD）的质量要求
9	通过对**环境、运营和基础设施等方面的因素**进行持续的识别和排定优先级，从而提高可交付成果的质量和价值	ACP 除了关注需求本身的价值优先级之外，还需要关注周围的各种因素，因为这些因素可能会对需求的价值产生新的影响

（续表）

子领域 4：增量开发		
任务序号	内容描述	对 ACP 的要求
10	与干系人一起**进行运营方面的评审**和**定期的节点检查**，从而获取对在制品和已计划工作的反馈和修正	ACP 需要确保评审工作按时进行，通过获得对评审结果的反馈，及时采取相应的措施，并对交付成果进行必要的调整
11	通过将创造价值和降低风险的工作都放入**待办事项列表**中，来平衡用于开发可交付单元的工作和用于降低风险的工作，从而实现总价值的最大化	ACP 利用待办事项列表来管理需求，并清楚地认识到价值的实现既需要“开源”（执行开发新特性的工作），也需要“节流”（执行降低风险的工作）
12	定期**重新排定需求的优先级**，对环境的变化及干系人的需求与偏好的改变做出回应，从而实现价值的最大化	ACP 通过需求梳理会（通常是对待办事项列表进行梳理），按照一定的节奏，对需求的优先级重新进行排序，确保能够及时和准确地反映出客户和干系人的需求变化
13	通过考虑解决方案的应用环境，找出相关的**非功能性需求**（如操作和安全性）并进行优先级排序，从而将失败的可能性降到最低	ACP 要正确理解非功能性需求（Non Functional Requirement，NFR）的作用，即定义系统属性，如安全性、可靠性、可扩展性。NFR 是系统的制约因素，可能会影响到业务需求的实现
14	通过执行检查、评审和测试，**对可工作的产品进行频繁的评审**，从而识别出改进项并将其纳入整体流程或服务中	ACP 带领敏捷团队执行评审并不仅仅是在开发周期结束后（如迭代评审会议上），而是要将评审工作安排到迭代的执行过程中，只要有已完成的工作，就可以进行评审，这种方式被称为“分布式评审”

“价值驱动交付”知识领域所涉及的“知识和技能”（KS）与“工具和技术”（TT）如表 3-2 所示。

表 3-2　“价值驱动交付”知识领域所涉及的 KS 与 TT

领域	KS	TT
价值驱动交付	KS20：优先级 KS21：增量交付 KS24：基于价值的分析和分解 KS32：监管合规性	TT65：投资回报率 / 净现值 / 内部收益率 TT66：合规性 TT67：客户价值的优先级排序 TT68：需求评审 TT69：最小可行产品（MVP） TT70：最小可售特性（MMF） TT71：相对优先级排序 TT72：莫斯科方法（MoSCoW） TT73：卡诺分析

3.2 定义积极价值

3.2.1 基于价值的分析和分解

在传统的项目管理中，最常见的分析和分解方法是工作分解结构（Work Breakdown Structure，WBS），它与数学中因数分解的原理类似，是把一个项目分解成任务，再把任务分配到每个人的日常工作中。《PMBOK® 指南》中明确指出："创建 WBS 是把项目可交付成果和项目工作分解成较小的、更易于管理的组件的过程。"不难看出，这种分解方式是面向交付工作组件的，分解的结果以组件或者模块的形式出现，将来会以工作包的方式进行具体实施。

在敏捷工作方式下同样存在工作分解，但是在分解之前，我们首先要弄清楚什么是价值。价值是对产品或服务所产生的收益的衡量。价值并不仅指企业获得的经济收益，还可以指组织所具备的能力。组织可以选择多种方式对价值进行衡量，包括投资回报、员工收入、员工满意度、客户满意度、创新能力、客户使用情况、客户留存率等。

所谓基于价值的分析和分解，是指始终考虑与需求相关的业务价值，并将其作为工作分析和分解的依据。基于价值的分析和分解的主要影响因素如表 3-3 所示。

表 3-3　基于价值的分析和分解的主要影响因素

序号	影响因素	解释
1	价值（Value）	企业和客户所能获得的经济收益，或者所具备的能力
2	产品成本（Product Cost）	交付价值的制造成本、销售成本、部署成本和运营成本等
3	前置时间（Lead Time）	交付价值所需的时间，也称为"周期时间"（Cycle Time）
4	开发费用（Development Expense）	交付价值的人力成本、生产资料等开销
5	风险（Risk）	交付价值过程中所存在的业务和技术等方面的不确定性

综合考虑以上五种因素，在敏捷项目中，对于大颗粒度需求（如史诗）的分析和分解是面向交付价值的，分解的结果会以端到端的形式呈现，进一步分解会产生用户故事。用户故事也是可以交付价值的独立单元，将来会通过任务实现这些价值单元。

所以，传统的项目管理方式中使用的是基于组件的工作分解结构，所产出的是面向过程驱动的输出物（Output）；而敏捷项目管理方式中使用的是基于价值的分析和分解，所产出的是面向结果驱动的成果物（Outcome）。

3.2.2　投资回报率、净现值、内部收益率

业务价值是指企业获得的经济收益，通常使用货币的形式来表现，使用财务指标来分析。在传统项目管理的可行性分析中，最常用的财务分析指标包括投资回报率（Return of Investment，ROI）、净现值（Net Present Value，NPV）及内部收益率（Internal Rate of Return，IRR）。在敏捷工作方式下，对项目进行可行性分析时，这些指标同样适用。

投资回报率（ROI），顾名思义，是指对项目进行投资所获得的收益率，其具体的计算方法是在项目生命周期内所获得的年均利润与项目投资额之比。所以，ROI 越高越好。ROI 是一种静态的财务评价方法，不考虑资金的时间价值（即不计利息）。

净现值（NPV）涉及以下几个相关的概念。

- 终值：将资金按照一定的利率进行复利计算，若干年后得到的本利总和。
- 现值：未来的一笔资金在“现在”这个时点上的价值，也称为折现值。
- 折现：把未来的一笔资金用一定的利率（称为折现率）折算成现在的资金。

由于通货膨胀的影响，钱是会贬值的，所以我们常说，“钱是越来越不值钱的”。我们需要把货币的时间价值考虑进去，采用折现现金流的方法，也就是把项目交付

后在未来时间产生的收益折算成项目投资时的钱（即收入的现值），以便未来的钱和现在的钱具有可比性。NPV 就是用收入的现值减去支出的现值，所得到的余额。通常，我们还会计算累计净现值，也就是把未来各年的净现金流都折算成 NPV，相加汇总，再减去当前的投资额，就可以得到项目的累计 NPV。

内部收益率（IRR）是指当项目的累计 NPV 等于零，即项目累计的流入资金（收益）等于项目累计的流出资金（成本）时的折现率，它可以被看作是衡量项目自身收益能力的一项指标。所以，IRR 越高越好。在选择项目的时候，要选择 IRR 高的项目，因为这种项目抵抗风险的能力比较强。

3.3 避免潜在的不利因素

3.3.1 监管合规性

监管合规性（Regulatory Compliance）是指确保企业的经营活动与法律、法规和准则保持一致。在敏捷工作方式下，要根据交付的产品所在的领域，如金融、通信、汽车和航空等，遵循相应的行业规定和准则。主要的监管合规性工作如下。

- 监管机构根据安全、质量和财务标准等对可能会危害人身健康、财务安全的各领域进行合规管理。
- 组织建立起一套合规的管理体系，确保市场营销、产品研发、品牌管理和运营维护等各项经营活动都符合相应的规定。
- 组织能够主动识别、评估、检测和报告合规风险。
- 组织对违规事件进行及时响应，采取恰当的措施进行调查和处理，并给出未来改进的建议。
- 组织平衡好灵活开展业务与严格遵守法律的关系，规范和提高合规性管理水平。

3.3.2　合规性

在数字化时代，组织采取敏捷工作方式开发的大型软件系统被应用到金融、制造、航天和深海探测等各行各业的重要领域，如果软件系统出现问题，将导致不可估量的经济损失和社会后果。所以，为了确保系统的安全运行，需要采取严格的监督与合规性措施。

通常，企业都会建立质量管理系统（Quality Management System，QMS），以此来确保产品的质量、降低风险，并制定相应的行动方案，从而进行有效的合规性管理。但是，合规性的检查工作往往发生在项目的最后阶段，如果发现了违规的工作，将导致大量的返工和延误。

实施敏捷的企业，为了同时达到灵活性与合规性的要求，会对组织中的流程进行调整，采取更加适用于敏捷的工作方式。在规模化敏捷框架（SAFe）中，提出了一套精益质量管理系统（Lean QMS）的实践方法（见图 3-1），将合规性工作与产品开发的节奏相匹配，既能促进增量的价值交付，又能帮助企业实现合规性的要求。

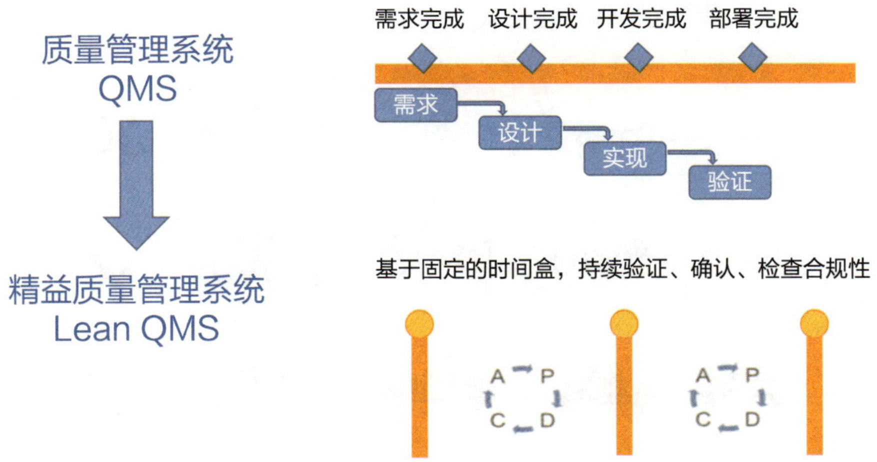

图 3-1　精益质量管理系统

资料来源：SAFe 官网。

3.3.3 最小可行产品（MVP）

最小可行产品（Minimum Viable Product，MVP）是《精益创业》（*Lean Startup*）一书中的概念，强调在新产品开发中持续地学习。埃里克·莱斯（Eric Ries）在《精益创业》一书中对 MVP 进行了定义：MVP 是一种新产品的版本，它允许一个团队以最小的努力收集到最多的来自客户的反馈。

产品开发团队用最快、最简明的方式建立一个实际可用的产品，将其提供给客户使用，并通过观察客户的行为来收集反馈，从而验证客户是否愿意购买这个产品。MVP 的主要好处是，可以在不用完全开发产品的情况下，尽早地了解客户对产品的兴趣和反馈，尽早判断产品是否可以吸引客户，从而减少不必要的成本和工作。

MVP 中的“最小”是指鼓励团队以最少的工作来获得有用的反馈（《精益创业》一书中称之为“有效的学习”），从而避免开发出一个客户不想要的产品；“可行”是指可以作为一个产品正常运行，团队不能因为强调“最小”而排除了“可行”，要关注交付质量，从而获得对产品真正有用的反馈；“产品”是指交付的这个产品是真实可用的，团队会根据收集到的反馈，不断地通过快速迭代来修正产品，从而满足客户和市场的需要。

图 3-2　MVP 示意图

资料来源：Crisp 博客。

如图 3-2 所示，第一行展示了传统项目管理方式下的产品交付，每个阶段交付一部分组件，直到最后一次性完整地交付全部功能。第二行和第三行展示了基于 MVP 思想的迭代式产品交付的方式，每个阶段都是一个完整可用的产品，通过客户体验给出反馈，产品开发团队从反馈中学习，进而对产品进行持续优化和改进。

3.3.4　最小可售特性（MMF）

最小可售特性（Minimum Marketable Feature，MMF）是软件开发中的一个概念，强调快速开发出小型、独立的特性，为客户提供重要的价值。马克·丹尼（Mark Denne）和简·克莱兰黄（Jane Cleland-Huang）在 2003 年出版的《软件的数量》（*Software by Numbers*）一书中最早提出了 MMF，后来在敏捷实践社区中逐渐演进出了最小可售产品（Minimum Marketable Product，MMP）和最小可发布特性（Minimum Releasable Feature，MRF）等术语。

产品开发团队在不断演进产品功能、持续交付价值的过程中，会将 MMF 作为最佳的交付单元排入发布计划之中，并按照优先级顺序，持续地交付给客户。正如敏捷原则第 1 条（我们最重要的目标是通过持续不断地及早交付有价值的软件来使客户满意）很好地诠释了使用 MMF 的主要益处。

MMF 中的“最小”是指特性简单、不复杂，如果团队在使用迭代开发，那么可以按照用户场景将较大的特性拆分成较小的特性，以便在迭代中进行交付；“可售”是指特性可以为客户提供价值，客户愿意出钱购买；“特性”是指团队为实现某个业务目标而提供的最高优先级的功能集合，通常以客户可体验的方式呈现出来，通过将特性投入市场，团队可以尽早实现业务价值。

不难看出，MVP 和 MMF 的不同之处在于——MVP 的目的是验证产品假设，也就是确定产品方向，找到产品和市场的匹配点，确立正确的商业模式；而 MMF 的目的是尽早地交付特性，也就是沿着正确的产品方向，持续地向客户交付价值，获得商业模式的成功。所以，在 MVP 的最初范围中是没有 MMF 的，之后可以从包含一个 MMF 再到包含多个 MMF。但是，二者所遵循的理念是相同的，都是从“最小”出发，尽早地接触客户，获得反馈或交付价值，并持续地进行优化和改进，从而实现特定的结果。

3.4 排定优先级

3.4.1 优先级

排定优先级（Prioritization）的重要目的是识别出高价值的特性和功能，通过综合考虑风险、机会和开发周期等要素，最终确定待办事项的执行顺序，帮助组织为客户提供价值。排定优先级不但可以帮助团队确定开展工作的顺序，还能通过调整范围来满足预算或时间目标，帮助企业实现价值的最大化。

排定优先级时需要考虑的因素很多，一般包括特性交付的财务价值、开发新特性的成本、产生的风险、团队付出的工作量、通过学习获得的新知识及其用途等。

唐·赖纳特森（Donald Reinertsen）在其著作《产品开发流的原则》（*The Principles of Product Development Flow*）中，描述了一个名为“加权最短工作优先”（Weighted Shortest Job First，WSJF）的完备模型。该模型用于综合考量产品开发的经济效益，从而排定工作的优先级顺序。WSJF 的计算公式为延迟成本除以工作的持续时间 。当一项工作可以提供最大的业务价值（也就是延迟成本最大），并且所需的持续时间最短时，那么这项工作的优先级就是最高的。

延迟成本由以下三个主要因素构成。

- 业务价值：考虑业务所带来的收益，以及如果延迟交付所产生的不良影响。
- 时间的紧迫性：考虑是否有固定期限，以及业务价值是否随着时间的推移而衰减。

- 降低风险或提供机会：考虑是否能够降低未来交付价值的风险，以及提供产生新的业务价值的机会。

持续时间可以用工作的规模大小，也就是工作量估算来代替。

所以，在进行优先级排序的时候，我们可以计算出所有工作项的 WSJF，按照从大到小的顺序进行排列，就可以得出优先级排序。如图 3-3 所示，WSJF 是一个排定优先级顺序的简单工具。

工作	业务价值	时间紧迫性	风险/机会	延迟成本	持续时间（工作量）	WSJF
(	+	+	) =	÷	=	
(	+	+	) =	÷	=	
(	+	+	) =	÷	=	

图 3-3　通过 WSJF 排定优先级顺序

3.4.2　基于客户价值的优先级排序

基于客户价值的优先级排序（Customer-Valued Prioritization）是指在排定优先级顺序的时候，始终站在客户价值的角度，识别出需要首先交付什么内容，可以对客户产生最大的价值。同时，也要尽可能地邀请客户参与到优先级排序的过程中，比如，团队将已经排定好优先级的待办事项列表与客户进行确认，获得客户的反馈，以便对待办事项列表进行相应的调整。

吉姆·海史密斯（Jim Highsmith）在其著作《敏捷项目管理：快速交付创新产品》（*Agile Project Management: Creating Innovative Products*）中，提出了一种“价值点分析”的方法，用于展示一个故事的相对业务价值，从而可以鼓励产品经理邀请客户共同参与，基于客户价值对需求进行分析，从而定量地估算出需求价值。

价值点分析的使用方法非常简单，首先由产品经理和客户达成共识，选出价值最小的用户故事，赋值为 1 点；然后依次选出待估算的用户故事，大家一起讨论，从数列（1、2、3、5、8、13）中进行取值，为该故事分配价值点。

正如前文所说，排定优先级时需要考虑的因素很多，最高价值的需求并不一定总是具有最高优先级，但是，始终关注客户价值有助于团队在排定优先级时进行综合考虑，以便尽早交付高价值的需求，将其转换为客户可用的成果，从而为组织创造更大的经济效益。

3.4.3 需求评审

需求评审（Requirement Review）是指需求评审人员（如业务和技术的相关干系人）对需求文档（如需求规格说明书）进行检查，发现需求文档中存在缺陷（如错误、不完整性和二义性等）的过程。

在传统项目管理中，通常会举行需求评审会议，邀请与需求相关的所有人员参加，执行过程中对于需求文档中的每条需求、每张图表进行检查，有时会使用专门的需求评审检查单，对每项要检查的内容进行逐一核对。在需求评审会议结束后，需求文档得到批准，进入待开发状态。

在敏捷工作方式下，用户需求一般是以用户故事的形式进行描述，并通过待办事项列表来进行维护，所以需求评审就是对待办事项列表进行梳理的过程。在项目执行过程中，需求评审是分层次、分阶段、分布式进行的。首先，团队根据优先级聚焦于高价值的需求，同时根据颗粒度和交付时间的安排对需求进行拆分，然后按照发布版本的顺序分阶段进行评审。需求评审是一个持续的活动，而不是一个一次性的会议，所以团队会根据需要组织需求评审活动。关于需求评审的具体执行过程，可以参考本书 6.3.15 节的内容。

3.4.4 相对优先级排序 / 排位

相对优先级排序 / 排位（Relative Prioritization / Ranking）是指将目前已经识别出来的待办事项条目放置到一个列表中，对其中的条目进行两两比较和排位，从而得到一个按照优先级从高到低的顺序进行排列的列表。

如图 3-4（a）所示，在进行相对排序 / 排位的具体操作时，对条目 A 和 B 进行比较，如果 A 的优先级更高，就将 A 排到列表的顶部，B 排到 A 的下方。再将 B 和 C 进行比较，如果 B 的优先级更高，就将 B 保留在原位；如果 C 的优先级更高，就将 C 排到 B 的上方，然后再将 A 和 C 进行比较，从而确定 A 和 C 的排位。以此类推，完成整个列表的排序。

待办事项列表中条目的优先级不是一成不变的。当出现新的需求时，需要确定合适的插入点位置，以便将其放置到待办事项列表中，采取的方法是在列表中从上到下与每个条目进行比较。例如，新增加了条目 E，可以将 E 和 A 进行比较，如果 A 的优先级更高，就将 A 保留在原位；再将 E 和 B 进行比较，如果 B 的优先级更高，就将 B 保留在原位；然后再将 E 和 C 进行比较，如果 E 的优先级更高，那么可以将 E 放置 B 和 C 之间，如图 3-4（b）所示。

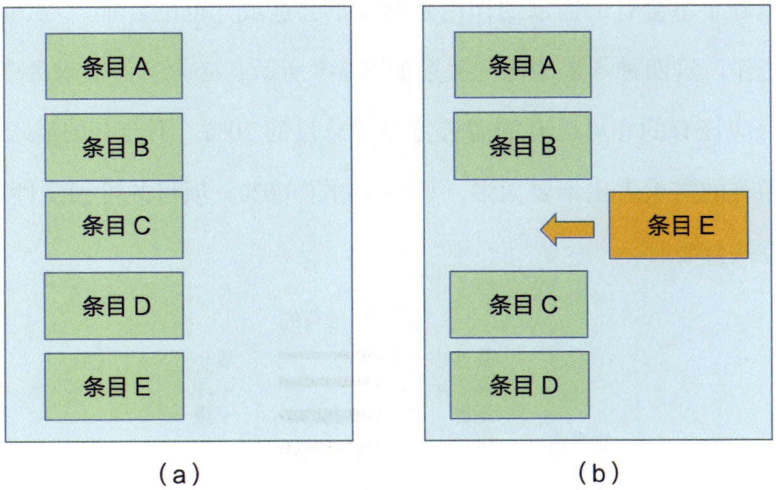

图 3-4　相对优先级排序 / 排位

3.4.5　莫斯科（MoSCoW）技术

动态系统开发方法（DSDM）是一种运用莫斯科（MoSCoW）技术来进行需求优先级排序的方法。

MoSCoW 技术将需求进行如下排序。

- 必须有的（Must Have）：在团队要交付的需求中，它提供了“最小可用子集”（Minimum Usable Subset，MUST）。MUST 的内容是强制性交付的需求，如果没有完成，项目就是失败的。
- 应该有的（Should Have）：这些需求不是强制性的，但是非常重要，团队和客户都高度渴望能够完成这些需求。
- 可以有的（Could Have）：在理想情况下，最好能够实现这些需求；而如果没有实现的话，对于整个项目的影响也不大。
- 不会有的（Won't Have）：对于这些需求，团队已经达成共识，虽然当前不会交付，但是需要将其记录在待办事项列表中，待将来实现。

确定必须有的需求的作用是确保不会造成“范围萎缩”，从而确保承诺的价值得以交付；确定不会有的需求的作用是确保不会造成“范围蔓延”，从而避免引入不必要的工作。这四种需求的比例关系如图 3-5 所示，必须有的需求最多占需求总量的 60%，应该有的和可以有的需求占需求总量的 20%，不会有的需求占比为 0。注意，必须有的需求占比不要太多，如果超过了 60%，项目的可预测性就会下降，失败的风险就会增加。

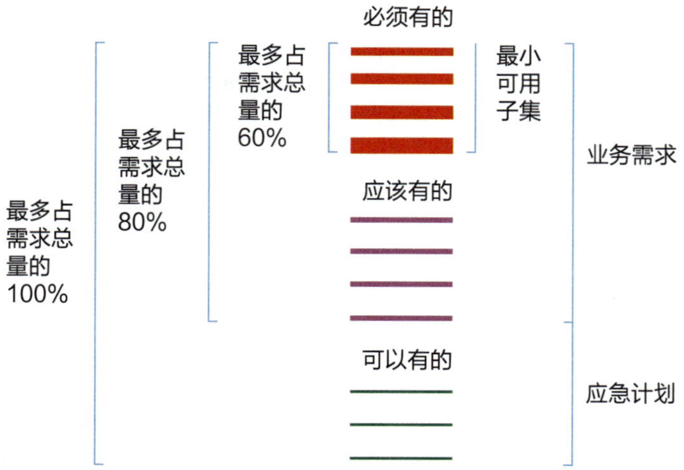

图 3-5　使用 MoSCoW 技术排定优先级的参考比例

3.4.6　卡诺分析

卡诺分析（Kano Analysis）模型是由日本学者狩野纪昭（Noriaki Kano）在 1984 年提出的，用于对不同层次的用户需求进行优先级排序的工具，通过分析需求对用户满意度的影响，我们可以了解产品属性和用户满意度之间的关系。

如图 3-6 所示，卡诺分析模型包含两个维度：满意度（纵轴）和实现度（横轴），并按照用户对产品属性的需求主要分为三个层次。

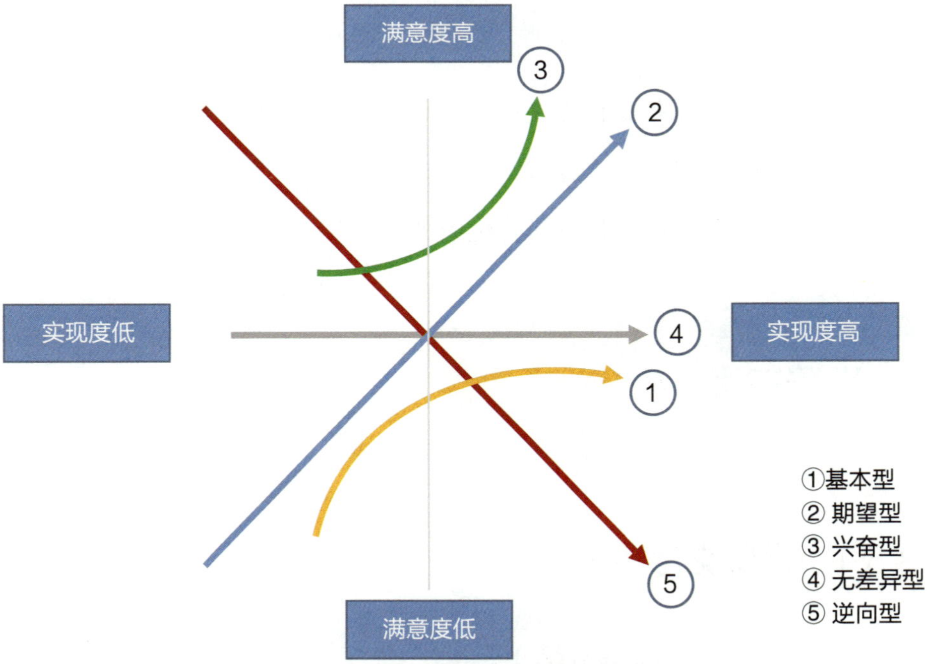

图 3-6　使用卡诺分析模型排定优先级

①基本型：这类需求是用户认为“必须”满足的，用户不会因为这类需求的存在而提升对产品的满意度，但是如果这类需求缺失，就会导致用户的极大不满。

②期望型：这类需求的实现度与用户的满意度呈线性关系，即如果这类需求实现得好，用户的满意度就会提高；如果这类需求实现得不好，用户的满意度

就会降低。

③兴奋型：这类需求超越了用户的期望，可以给用户带来意外惊喜，随着用户期望的满足程度的增加，用户的满意度急剧上升；但是，如果没有满足用户的期望，用户也不会表现出明显的不满。

一般来说，使用卡诺分析模型进行优先级排序时，可以按照基本型、期望型和兴奋型的顺序进行。随着时间的推移，用户需求的属性可能会发生转变，会从兴奋型转变为期望型，再转变为基本型，所以组织需要不断创新，持续地为用户交付价值。

除此以外，我们在使用卡诺分析模型时还会涉及其他两类属性的需求（见图 3-6），分别是无差异型（无关紧要的需求，不会影响到用户的满意度）和逆向型（用户不希望存在的需求），团队在排定优先级时也需要有所关注。

3.5 增量开发

3.5.1 增量交付

增量交付（Incremental Delivery）是指在交付产品或解决方案时，以多次、频繁的方式向客户提供有价值的可交付成果。每次交付的成果都是少量的，可以将其看作在先前交付成果基础上的一个增量，这些多次交付的增量都是产品的一部分，并最终共同形成一个完整的产品。

与一次性交付一个最终产品相比，增量交付的好处是可以加快交付速度，尽早让客户获得价值，并通过收集客户的反馈，调整下一次需要交付的内容。在软件开发中，越早将交付的增量部署到客户使用的真实环境中，就能越早对产品进行验证并发现潜在的问题，从而减少在项目最后进行变更或者返工的成本。

增量交付与迭代开发经常会被混淆，二者的主要差异是，增量交付是通过频繁交付成果来加快项目的价值交付速度，其目的是“为了交付速度而进行优化”；迭代开发是通过连续的原型或概念验证来减少项目的不确定性，其目的是“为了学习而进行优化”。所以，交付给最终客户的不是每次迭代开发的结果，而是每次增量交付的成果。

此外，我们还可以将这个主题延伸到项目管理中的四种生命周期 —— 预测型、迭代型、增量型和敏捷型。这四种生命周期的特征对比如图 3-7 所示。

生命周期	特征			
	需求	活动	交付	目标
预测型	固定	完整项目 一次性执行	一次性交付	管理成本
迭代型	动态	重复执行 直到取得正确成果	一次性交付	正确的结果
增量型	动态	每个增量执行一次	多次交付	速度
敏捷型	动态	重复执行 直到取得正确成果	多次交付	得到客户反馈 持续交付价值

图 3-7 四种生命周期的特征对比

资料来源：《敏捷实践指南》。

3.6 小结

本章介绍了“价值驱动交付”有关知识，强调了敏捷实施中的主要关注点是始终围绕价值开展各项工作。

其中，四个子领域是顺序关系：“定义积极价值”和“避免潜在的不利因素”属于价值识别，“排定优先级”是价值排序，“增量开发”是价值交付。

敏捷管理专业人士要灵活运用敏捷工作方式中基于价值进行增量交付的流程、方法，以及相关的技术和工具，区分敏捷增量交付和传统工作方式中大批量交付的差别，从而构建一个完整的价值驱动交付闭环。

第 4 章 干系人参与

4.1 概述

干系人（Stakeholder）也被称为利益相关方，是指对组织有利益或利害关系的一个群体。在敏捷场景中，干系人通常是指客户（来自组织外部）或者业务方（来自组织内部），他们提出需要和期望，希望获得满足其需求的产品或解决方案。

PMI–ACP® 考纲中的第三个知识领域是“干系人参与”，考纲中详细描述了如何理解干系人的需要和期望，即在需求实现和成本投入之间进行平衡，建立一个透明和信任的环境，邀请干系人在整个项目生命周期中参与和协作，及时地给出反馈意见，并做出有效的决策。“干系人参与”知识领域包含 3 个子领域，共 9 项任务，其具体内容及对于敏捷管理专业人士（ACP）的要求如表 4-1 所示。

表 4-1 “干系人参与”知识领域任务列表

子领域 1：理解干系人的需要		
任务序号	**内容描述**	**对 ACP 的要求**
1	通过定期评审来识别和邀请那些获得授权的**业务干系人**，从而确保团队了解干系人的利益、需要和期望	ACP 需要理解业务干系人（客户 / 用户代表）的需求，提出和验收需求，定期与业务干系人进行对齐，确保团队正确理解和交付了需求
2	通过在项目早期和整个项目中促进知识共享，来**识别和邀请所有干系人**（包括当前和未来的干系人）进行参与，从而确保在整个项目生命周期中，信息和价值可以畅通无阻地流动	ACP 需要学习并掌握识别和邀请干系人的方法，与恰当的干系人保持紧密的协作，确保干系人的需要和期望能够得到持续的理解和满足
子领域 2：确保干系人参与		
任务序号	**内容描述**	**对 ACP 的要求**
3	通过在关键干系人之间建立一种**工作协议**来建立与干系人的关系，从而促进干系人的参与和有效协作	ACP 清晰地认识到项目可能有许多干系人，他们之间的需求可能会存在冲突，需要建立一种大家共同遵守的工作协议来促进相互之间的合作
4	通过**持续评估项目和组织的变化**来保持适当的干系人参与，从而确保新的干系人能够恰当地参与进来	ACP 持续关注项目进展，及时将可交付成果展示给相关的干系人，并识别在此过程中是否涉及新的客户 / 用户，如果有，就需要邀请新的业务干系人参与进来
5	通过**培养团队决策和冲突解决的能力**，在组织成员之间建立协作关系，从而提高决策质量，减少决策所需的时间	ACP 关注团队外部的业务干系人，与此同时，也要关注团队内部人员能力的培养，尤其要培养处理不同干系人之间的需求优先级冲突和相互之间依赖关系的能力，以便及时地响应和服务于客户 / 用户
子领域 3：管理干系人的期望		
任务序号	**内容描述**	**对 ACP 的要求**
6	通过制定高层级的愿景和支持性的目标，针对不同类型的项目增量（产品、可交付成果、发布、迭代）**建立共同的愿景**，从而对齐干系人的期望，并建立信任	ACP 需要在业务干系人和团队之间建立一种纽带，达成高层级的共识，即愿景，也就是产品（或者项目与解决方案）将来会成什么样子，从而让所有人都有共同的方向和目标
7	通过促进干系人之间的了解和认识，针对成功标准、可交付成果及可接受的权衡因素，**建立和保持一种共识**，从而对齐干系人的期望，并建立信任	ACP 需要不断地将愿景传达给所有的业务干系人和团队成员，并确保他们能够清晰地认识愿景，以及懂得如何通过自己的项目工作与愿景保持对齐

（续表）

子领域 3：管理干系人的期望		
任务序号	**内容描述**	**对 ACP 的要求**
8	通过沟通团队的工作进展、工作质量、障碍和风险来**提高工作状态的透明度**，从而帮助主要的干系人做出明智的决策	ACP 带领团队将工作状态和项目进展明确地展现出来，为干系人提供一个清晰的视图。通过对已完成的工作、潜在的风险和障碍的正确分析，做出正确决策
9	在权衡确定性的需要和适应性的好处的基础上，**提供详略得当的预测**，从而让干系人更有效地制订计划	ACP 通过与业务干系人持续沟通，理解需求和期望；通过与团队紧密协作，理解进展和障碍，综合考虑确定的信息和不确定的信息，提供适应性的计划和预测，让干系人和团队都能有效地开展工作

“干系人参与”知识领域所涉及的“知识和技能”（KS）与“工具和技术”（TT）如表 4-2 所示。

表 4-2　“干系人参与”知识领域所涉及的 KS 与 TT

领域	KS	TT
干系人参与	KS4：评估和融合社区与干系人的价值观 KS5：干系人管理 KS6：沟通管理 KS7：引导方法 KS8：知识分享和书面沟通	TT2：用户故事和待办事项列表 TT3：故事地图 TT5：线框图 TT7：用户画像 TT19：双向沟通 TT20：基于社交媒体的沟通 TT21：积极聆听 TT22：头脑风暴 TT23：反馈方法

4.2　理解干系人的需要

4.2.1　评估和融合社区与干系人的价值观

评估和融合社区与干系人的价值观涉及识别组织外部或内部的利益相关方，通常是客户或跟业务相关的人员，并通过各种途径向他们传递敏捷的理念和实践方法，使其清晰地理解自己在敏捷工作方式下的参与方式，以及相关的权利和义务，从而可以有效地完成价值交付。

2009 年，PMI 建立了敏捷实践社区，倡导 PMI 会员学习有关敏捷的知识和技能，传播敏捷理念。敏捷实践社区的使命是，“以敏捷技能和知识武装 PMI 会员”。敏捷实践社区的价值观如下：

- 拥护《敏捷宣言》；
- 拥护现代管理的相互依赖声明；
- 透明化；
- 迭代和增量；
- 持续改善；
- 基于经验。

融合社区与干系人的价值观，有助于促进所有利益相关方积极、有效地参与到敏捷实践中。通常，敏捷实践社区采用以下四种工作协议：

- 团队根据计划的范围和特定的验收标准来执行相关的工作；
- 团队按照自组织的方式分配志愿者，让他们填补社区中所需的角色；
- 团队使用敏捷工件和仪式进行价值交付；
- 团队达成共识，并据此做出相关的决策。

4.2.2 用户故事和待办事项列表

用户故事（User Story）最早由极限编程的创建者肯特·贝克（Kent Beck）提出，他在其著作《解析极限编程》（*Extreme Programming Explained*）中论述了用详尽的文档精确描述需求所带来的问题，并提倡团队成员坐在一起，讲一讲用户故事。其目的不是写故事，而是讲故事，从而在协作中更好地理解用户需求，最终得到解决方案。

用户故事是一个轻量级快速捕捉需求的机制。客户和团队成员可以将用户故事作为讨论详细需求的协议。一种比较流行的用户故事描述形式是“角色—结果—价值”，具体如图 4-1 所示。

User Story	用户故事
As a **[User Role]**	作为一个【用户角色】
I want to **[Result]**	我想要【结果】
So that **[Benefit/Value]**	以便获得【收益/价值】

图 4-1 用户故事

极限编程的另一位创建者罗恩·杰弗里斯（Ron Jeffries）提出了使用“3C”的方法对用户故事进行描述，从而与传统的基于文档的需求管理方式加以区分。

- 卡片（Card）：将故事写在卡片上，由于空间有限，因此写下的内容要尽量简明。卡片是代表需求的“令牌”，用于进行讨论和计划。
- 交谈（Conversation）：故事要讲出来，大家通过交谈共同参与、澄清疑虑、修正理解、交换观点和感受、挖掘真正的用户价值。
- 确认（Confirmation）：故事要有验收标准，业务人员定义最初的验收标准，并与技术人员进行确认，双方达成共识。

用户故事需要有明确的验收标准，通常可以采用在行为驱动开发（Behavior Driven Development，BDD）中使用的一种特定的句式来描述用户故事的验收标准，其具体格式和示例如图 4-2 所示。

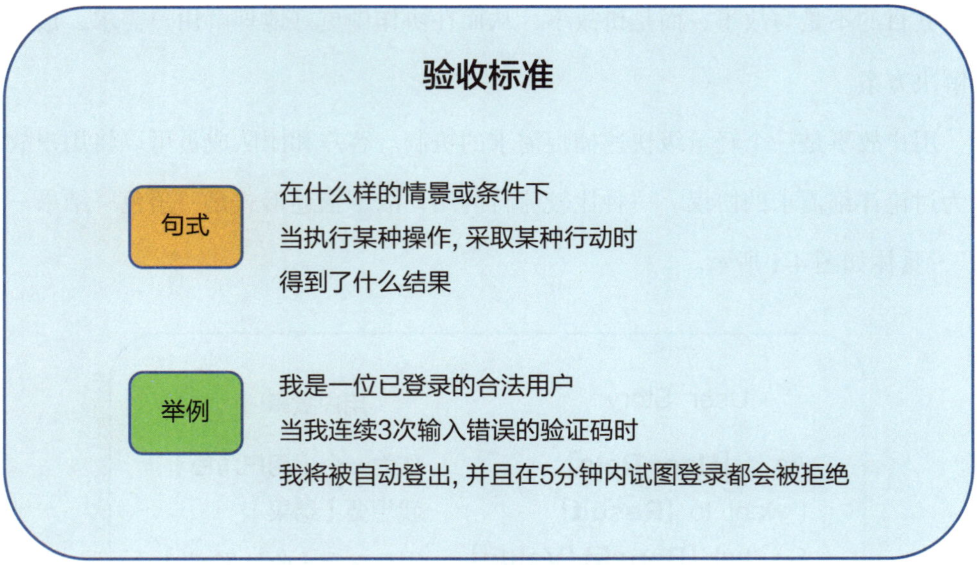

图 4-2　用户故事的验收标准示例

关于如何写好一个用户故事，极限编程专家比尔·韦克（Bill Wake）提出了 INVEST 原则，用于归纳用户故事的六个特征。

- 独立（Independent）：用户故事应尽量保持彼此独立，减少相互之间的依赖关系，在概念上不要重叠，从而可以按顺序实现。
- 可协商（Negotiable）：用户故事的内容是可以协商的，不具备契约性，不包括太多细节，具体细节在沟通中产生。
- 有价值（Valuable）：用户故事对用户或客户都是有价值的，可以将其比喻成一个多层蛋糕的垂直切片。一种让用户故事有价值的好方法，是由用户、客户或者是以代言人身份出现的产品负责人（Product Owner，PO）写下用户故事。
- 可估算（Estimable）：用户故事是可以估算的，不需要精确，只需要能够根据用户故事的规模安排实施计划。对于缺乏领域知识的用户故事，需要加强沟通；对于规模太大的用户故事，需要加以拆分。
- 小（Small）：用户故事尽量保持短小。当然，小也是有代价的。团队可以根据情况合理平衡用户故事的规模，通常要确保在一个迭代内完成。

- 可测试（Testable）：用户故事是可以测试的，也就是通过用户故事的验收标准来衡量其是否完成。

INVEST 是以上这六个特征的英文单词的首字母缩写，同时也是一个单词，意为“投资”，说明写出好的用户故事是一项投资。

用户故事的推广和发展要归功于迈克·科恩（Mike Cohn），他在 2004 年出版的《用户故事与敏捷方法》（*User Stories Applied For Agile Software Development*）一书中，第一次系统地论述了用户故事的应用，并积极地将其引入 Scrum 社区。现在，用户故事已经作为一种流行的敏捷方法，被敏捷实践者广泛采纳和加以应用。

待办事项列表是一个有序的列表，主要记录产品预期的功能，包含团队需要处理的所有工作条目。在《Scrum 指南》（*Scrum Guide*）一书中，将待办事项列表称为“工件”，也就是产品研发中的一个交付件——如果存在一个产品，那么就存在这个产品的待办事项列表。不管是新开发的产品，还是维护类的产品，都需要有一个产品待办事项列表，而且这个列表需要保持持续更新。

通常，PO 负责对待办事项列表进行创建和维护。任何人都可以提出待办事项，但是要由 PO 统一归口。对团队来说，许多业务干系人可能会提出不同的需求，甚至会存在矛盾和冲突，为了避免受到这些影响，PO 被视为唯一负责人。与此同时，待办事项列表为团队提供了单一的工作来源，如果工作条目被纳入待办事项列表中，就有可能实现；而如果工作条目没有被纳入列表中，就不会完成。

待办事项列表所包含的内容如下。

- 业务需求：一般由客户和用户、PO 提出，具有直接的业务价值，以用户故事的形式进行描述。
- 技术需求：一般由内部的技术团队提出，包括架构、基础设施、探索性的工作及合规性的工作，不能直接产生业务价值，可以采用技术语言进行描述，不必拘泥于用户故事的形式。

- 非功能性需求（NFR）：主要定义了系统的质量，包括性能、安全性、可靠性、可维护性、可扩展性等，它们是系统设计方面的约束或限制。
- 其他内容：主要包括关于产品改进的建议，任何人都可以提出，可以用任何形式记录。一般来说，它们最终都会转换成业务需求，以用户故事的方式实现。

4.2.3 用户故事地图

用户故事地图（User Story Map）是指通过有效地组织和呈现用户故事卡片，利用可视化的方式，建立用户活动与用户故事之间的关系。

在敏捷专家杰夫·巴顿（Jeff Patton）所著的《用户故事地图》（*User Story Mapping*）一书中，详细介绍了用户故事地图作为一种有效的需求工具，通过协作沟通全面理解用户，并且在需求拆分过程中保持全景图，避免了“只见树木，不见森林”。用户故事地图提倡增强团队协作、洞察真实需求、研磨优良产品。巴顿还提出了“用户故事地图六步法”，帮助团队暂时放下功能和界面的讨论，聚焦于描述用户要做的事情。

第一步：厘清问题。弄清楚用户是谁，他们要达成什么目标，以及如何达成这些目标。

第二步：构建全景图。广度优先，深度其次，尽量尝试描述用户的全部活动。

第三步：深入探索。向深度扩展，讨论其他类型的用户，优化思路，并完善用户故事地图。

第四步：制定发布策略。聚焦于目标用户和业务目标的达成，果断地删减掉不相关的内容，识别出最小可行产品。

第五步：制定学习策略。基于对最小可行产品的假设，计划如何进行验证并获得用户的反馈。

第六步：制定开发策略。基于最小可行产品，识别出实现需求的先后顺序，并规划具体的开发工作。

图 4-3 是一个用户故事地图的骨架。其具体的生成过程如下：首先，确定用户，识别出用户任务（图中蓝色的卡片），并按照时间顺序组织情节，将用户任务从左到右依次呈现；其次，逐步向纵深探索，挖掘是否还有其他特殊的情况，从而完善用户任务；最后，提取用户故事地图的骨干，也就是用户活动（图中橙色的卡片），用户活动是用户任务更高层级的目标。用户活动和用户任务构成了用户故事地图的基本框架，巴顿将用户活动比喻为“脊柱”，将用户任务比喻为“行走的骨骼”，充分说明了二者的重要性。

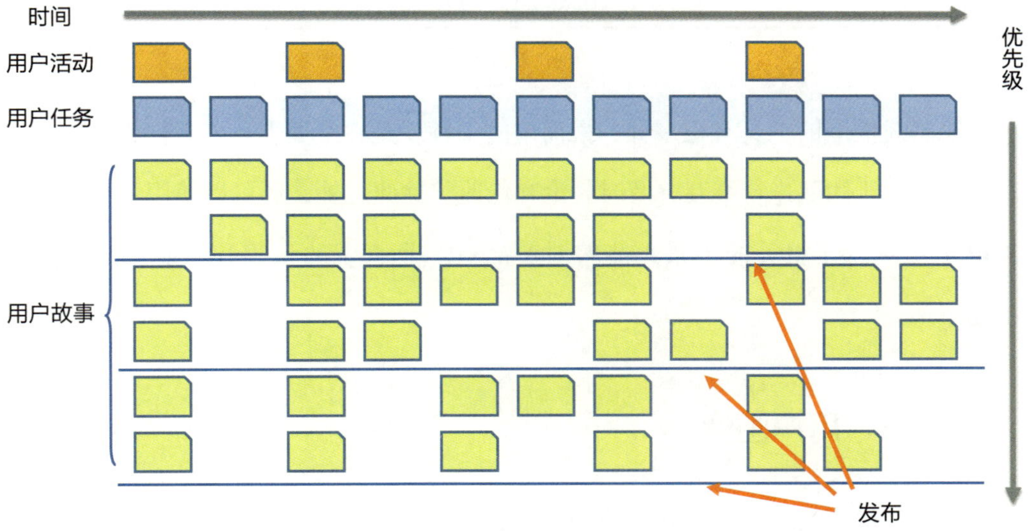

图 4-3　用户故事地图的骨架

4.2.4　线框图

线框图（Wireframe）是软件或者网页设计过程中非常重要的一个环节，通常使用简单、非彩色的图形展示出屏幕的骨架结构和基本布局，其中包括页面的主要特征和导航工具，甚至可以提供给用户一些互动的体验。

在敏捷工作方式下，可以将线框图作为一种可视化的工具，对产品的呈现状态进行“低保真”地展示。图 4-4 是一个线框图示例。

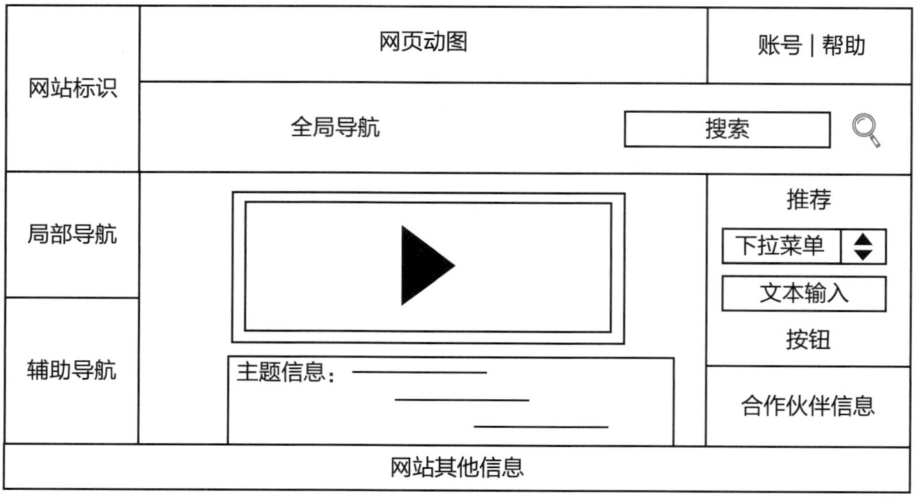

图 4-4　线框图示例

绘制线框图的工具有很多种，最简单的一种就是在纸面上（或者白板上）绘制原型，以便于团队进行交互，及时讨论和修改。除此之外，还可以使用 PPT、Visio 等电子工具，让相关的干系人能够对产品有一个直观的认识和体验，从而给出反馈。

4.2.5　用户画像

用户画像（Persona）又称用户角色，是通过对真实的用户进行调研和访谈，观察用户的目标和行为，获得用户的期待和痛点，抽取出有代表性的用户特征，形成典型的人物原型，从而作为产品和解决方案服务的对象。

交互设计之父艾伦 · 库伯（Alan Cooper）首先提出了用户画像的概念，并在其著作《交互设计精髓》（*About Face：The Essentials of Interaction Design*）中，描述了如何进行人物建模。库伯将用户画像定义为目标用户的具体化形象。创建用户画像的过程也就是进行用户信息收集、整理、汇总，以及结构化呈现的过程。

我们可以使用“期待和痛点分析法”，通过对目标用户的调研访谈，获得用户的基本信息和行为特征，重点聚焦在用户的期待和痛点上。该方法的基本要素如下：

- 用户基本信息（如姓名、性别、年龄、学历、职业、家庭状况和工作地点等）；
- 喜欢和不喜欢（用户的个人喜好、习惯、行为和活动等）；
- 期待（用户希望达成的目标，一般是期望获得更高层次的产品和服务）；
- 痛点（用户遭受的痛苦和无法解决的难题，在使用产品或服务时产生的抱怨、不满等）。

4.3 确保干系人参与

4.3.1 引导方法

引导方法（Facilitation Methods）是指通过营造活跃的氛围，让团队成员积极参与进来，遵循一套既定的流程；为团队提供支持并帮助其向前推进，从而达到预期成果。通常，引导方法提供结构化的框架和清晰的执行步骤，在有限的时间内，使团队达成共识，并形成切实可行的实施计划。

引导方法多种多样，可以将其应用在很多不同的场景中。比如，个人学习一项新技能，或者团队讨论一个复杂的问题，甚至企业和组织制定一项重大的战略决策，等等。常见的引导方法如下。

- 焦点讨论：引导者始终保持中立和好奇的心态，将所有问题指向发起人所关注的焦点目标，通过明确而强有力的提问，帮助团队看到差异并达成共识。

- 世界咖啡：鼓励团队成员跨界思考，针对多个主题发表各自的见解，进行头脑风暴，从而激发出意想不到的创新想法，最终进行成果汇总和展示。
- 团队共创：促进团队成员通过头脑风暴识别各自的想法，然后对其进行分类排列以缩小差距，并提取出中心词来扩大共识，最后通过可视化的方式形成统一的意见。
- 欣赏式探寻：通过积极提问，搜寻团队成员内心和组织内部积极的方面，强化团队成员的理解能力和组织的正向潜能培养能力。欣赏式探寻包含四个关键的流程：发现、梦想、设计、实现。
- 开放空间：创造一个可以相互讨论的平台，团队中没有人知道答案，对未知的事物保持开放的态度，随时准备好迎接惊喜。通过激发团队成员的热情与责任感，逐步形成讨论结果，并制定行动框架。

在敏捷工作方式中，重点是要掌握如何有效地使用引导方法，确保有效地召开各种敏捷会议，如敏捷迭代中的计划会、每日站会、评审会和回顾会等。

4.3.2 积极聆听

积极聆听（Active Listening）是一种沟通技巧，其目的是更加清晰地理解对方所表达的内容，并对其产生同理心，从而获知对方的真正意图。美国著名教练亨利·吉姆斯－霍斯（Henry Kimsey-House）在《共创式教练》（*Co-Active Coaching*）一书中介绍了一种三层聆听的方式。

第一层，内在聆听，是指聆听者从自己的经验和需求出发来听对方的话语，注意力在自己身上，也就是只听自己想听的内容。当对方说话时，聆听者往往会在脑子里思考“我该怎么回应他，我该怎么证明自己才是对的”，甚者会打断对方并对其进行评判，从而表达自己的观点和意见。作为聆听者，第一层聆听呈现的状态是“我在”。

第二层，专注聆听，是指聆听者将全部的注意力聚焦在对方身上，关注对方的语气、语速和态度等，站在对方的角度，通过点头认可等肢体语言，并运用同理心理解和感受对方的境遇，让对方感受到聆听者在全然地融入这个对话的过程。作为聆听者，第二层聆听呈现的状态是“我在听”。

第三层，全局聆听也称为全方位的聆听，是最为复杂的一个层次，聆听者和对方同时处于宇宙的中心，随时从各个地方获得信息。全局聆听包含了第二层聆听的所有要素，聆听者除了要听对方表达的信息内容之外，还要关注对方的能量状态，通过听对方的“事实、感受、意图”，全方位地开展有效沟通和教练式对话。

4.3.3 头脑风暴

头脑风暴（Brainstorming）又称智力激励法或者集思广益会，是由美国专家埃里克斯·奥斯本（Alex Osbone）提出的，其目的是从目标群体中收集到足够多的想法，通过激发群体的创造力来获得解决问题的思路。头脑风暴鼓励团队成员自由地发表自己的见解，避免受到权威人士或大多数人的影响，从而提高群体决策的创造力和质量。

头脑风暴有以下四大原则。

- 不批判他人的意见：每个人都有自己的想法，不能因为别人与自己的想法不同，就否定他人的意见。
- 多发表自己的意见：只要想到了任何想法，就立即发言，想法越多越好。如果反复琢磨太多，就会产生各种各样的顾虑，因为犹豫不决而丧失富有创造性的想法。
- 营造自由的氛围：让参与讨论的人放松思想，不受约束，鼓励从不同角度、不同层面大胆展开想象。团队成员可以标新立异，提出独创性的想法。
- 基于他人的意见提出新想法：相互启发，围绕讨论的主题，稍微改变一下他人的想法，就可以提出新的想法。

在敏捷工作方式中，头脑风暴的应用场景十分广泛，可以用来识别和分析需求、支持产品创新和设计，以及解决团队内部沟通问题等。每次头脑风暴会议之后，可以将大家的想法全部记录下来，通过进一步的分析，产生有价值的想法和观点。

4.3.4 反馈方法

反馈方法（Feedback Methods）是控制理论中的一个概念，也就是将系统的输出返回到输入端，并以某种方式改变输入，进而影响系统的功能。在沟通的过程中，通常指一方对另一方表达的内容给予回应，通过客观观察，而不掺杂个人的主观判断，避免伤害他人的自尊或引发防御性反应，从而促进双方的有效沟通。

在敏捷执行的过程中，需要提供反馈的场景通常包括一对多的反馈，即由一个人对团队做出反馈；多对一的反馈，即团队对一个人做出反馈；以及一对一的反馈，即一个人对另一个人的单独反馈。作为敏捷教练，往往会有非常多的场合需要对团队成员做出反馈，所以我们需要学习和掌握有效的反馈方法。

反馈方法可以分为指导性反馈和建设性反馈。

- 指导性反馈是一种正面和积极的指导，通常表现为表扬和鼓励。通过对获得的具体成绩给予肯定，让对方获得信心，并能继续保持和提高。
- 建设性反馈是一种劝告性的指导，通常表现为批评。当采取这种反馈方式时，要描述具体的事实，不要妄加判断，更不要伤害对方的自尊，要针对问题所在，找到切实可行的改进措施。

此外，反馈是一个持续不断的过程，需要及时、定期地进行。在反馈中，要保持积极的心态，要注重描述事实和表现，而不要进行评价和主观臆断。反馈是双向的，既需要有效地给予反馈，也需要坦然地接受反馈。

塔玛拉·钱德勒（Tamra Chandler）在其著作《反馈的力量》（*Feedback*）中，提出了五步反馈法（停止无效反馈，消除沟通恐惧，更新思维模式，搭建反馈框架和正确定位反馈），用于帮助我们有效地给予和接收反馈，并从中获益。

4.4　管理干系人期望

4.4.1　干系人管理

干系人管理从本质上来讲是管理与干系人的沟通，满足干系人的期望，并与他们一起解决问题。对干系人进行积极的管理，有助于工作沿着预期轨道行进，而不会因未解决的干系人的问题而脱轨。同时，有效的干系人管理可以提高团队成员的协同工作能力，并从整体上优化敏捷的落地执行。

管理干系人的常用方法是干系人地图（Stakeholder Map）（见图 4-5），图中横轴代表关注度，纵轴代表影响力，根据这两个维度划分出四个象限，将干系人填入相应的象限中。通过分析干系人对需求或解决方案的关注度和影响力，可以更好地评估和融合不同干系人的需求和期望。

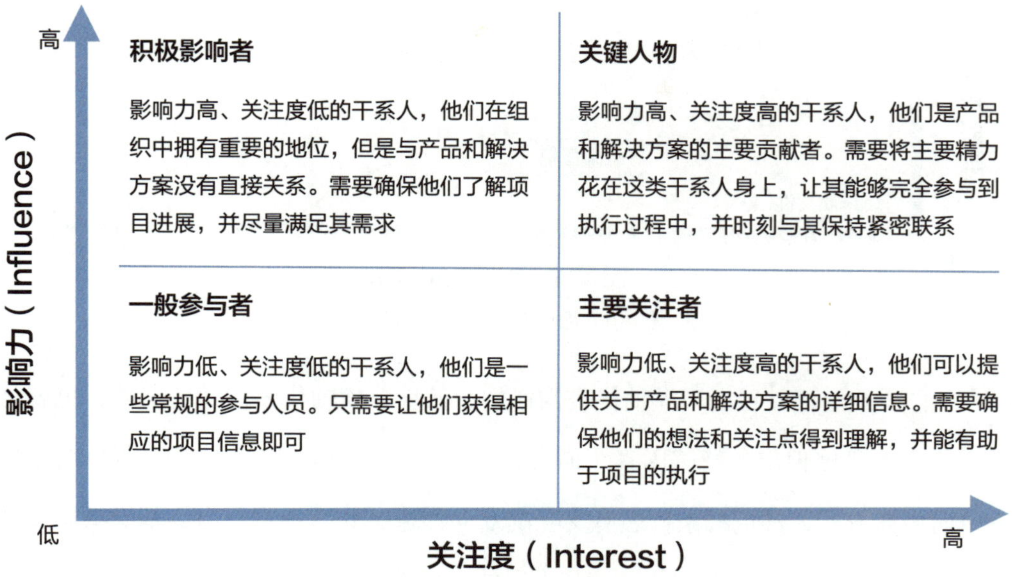

图 4-5　干系人地图

4.4.2 沟通管理

沟通是指人们分享信息、思想和情感的任何过程。沟通管理是对沟通的过程进行干预，促进信息的交换和流动，让沟通者就沟通内容建立共识。沟通在项目执行中非常重要，项目管理者 70% 以上的时间都用于沟通管理。

沟通的方式多种多样，主要可以分为语言沟通和非语言沟通，语言沟通包括口头和书面，非语言沟通包括语气和肢体语言。敏捷工作方式强调高效沟通，《敏捷宣言》的第 6 条原则明确指出："不论团队内外，传递信息效果最好且效率最高的方式是面对面交谈。"

敏捷专家阿利斯代尔·科克伯恩在其著作《敏捷软件开发》（*Agile Software Development*）中，提出了一个沟通有效性的连续图谱，具体如图 4-6 所示。

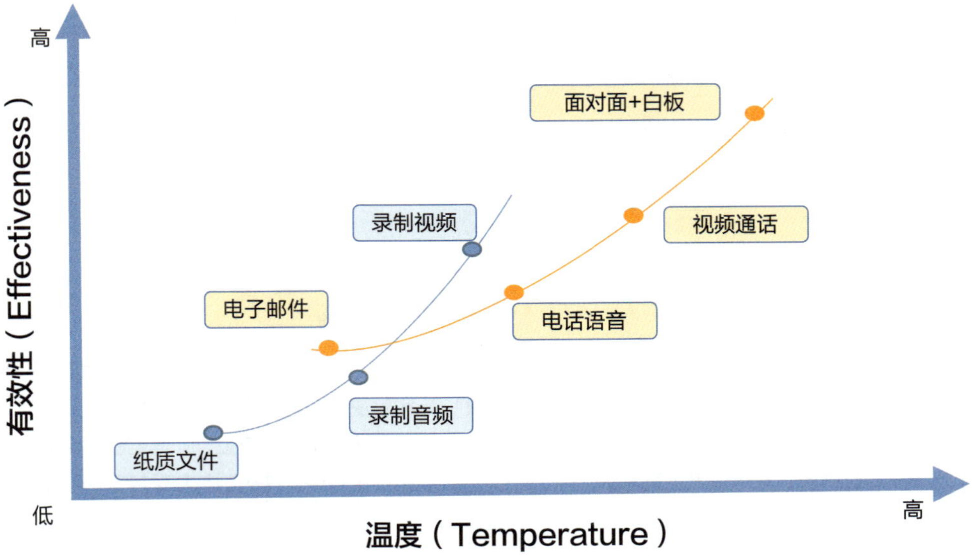

图 4-6 沟通有效性的连续图谱

从图 4-6 中可以看出，纵轴代表沟通的有效性，横轴代表沟通的温度，也就是沟通过程中所体现出的情感因素（通常是非语言沟通所表达的内容）。蓝色线条代表单向沟通方式，橘色线条代表有交互的双向沟通方式。不难看出，基于纸质文件的沟通只能单向地传递书面信息，其沟通的有效性最低。图 4-6 中右上角是典型的敏捷沟通方式，两位团队成员在白板前进行面对面沟通，他们可以自由地表达自己的观点，并能使用白板立即将有分歧的内容写下来或者画出来，帮助双方对问题进行澄清和理解。与此同时，双方还可以非常容易地观察到对方的语音、语调、肢体语言等，所以这是最有效的沟通方式。

沟通管理是一个综合的过程，我们应该综合运用图 4-6 所示的沟通方式，比如，在面对面沟通之后，将形成的结果记录下来，写到电子邮件或者纸质文档中，以便留存和追溯信息。

4.4.3　知识分享和书面沟通

知识分享是指在敏捷实施的过程中，团队成员定期将所获得的知识、经验和技能等，通过多种形式在团队内部或团队之间进行传播，从而从整体上促进敏捷组织能力的提升。

以一个执行敏捷迭代的团队为例，典型的知识分享活动如下。

- 在迭代开始之前，产品负责人组织产品待办事项列表的梳理活动，向团队介绍业务背景和需要完成的需求。架构师和技术人员围绕架构选型、基础设施建设等内容展开经验分享和可行性讨论。
- 在迭代执行中，团队成员就工作中所遇到的问题和解决方案进行分享，定期组织代码的同行评审、测试案例评审等活动，共同学习和提升团队的知识和技能。
- 在迭代完成之后，团队开展经验与教训总结和交流活动，就整个迭代中所收获的知识进行集体分享，并形成团队的组织过程资产，以备将来团队成员进行查阅和学习。

此外，团队成员还可以定期组织读书分享会、业务知识分享会、新技术学习交流，以及促进团队高效协作的软技能分享活动等。

书面沟通一般包括处理工作中产生的各类文档、报告，以及相关的邮件和信函等。《敏捷宣言》中第 2 条核心价值观明确指出，“可工作的软件高于详尽的文档”，强调在执行敏捷工作过程中，应该去除冗余的文档，而只保留有价值的文档。比如，团队会对包含以下内容的文档进行书面沟通：产品或项目的愿景、使命、路线图、发布计划、关键里程碑、业务和架构等。

传统的项目管理者和采用敏捷工作方式的人在面对书面沟通的态度上是不同的：前者将书面文档视为需要遵循的计划，并严格遵照执行；后者将书面文档作为团队协作结果的总结和记录，其目的是用于团队的信息交换和知识传递。

4.4.4 双向沟通

双向沟通是指沟通的双方（发送方和接收方）都需要积极地参与到沟通的过程中，双方建立起双向的信息交换渠道，即发送方传递信息，接收方对信息进行确认和反馈。

在通信领域中，双向沟通遵循“三次握手”的模型。如图 4-7 所示，第一次握手是发送方发出沟通的请求，第二次握手是接收方给出反馈和确认，第三次握手是发送方将信息传递给接收方，从而建立起通信的渠道。所以，沟通需要双方的积极参与和及时反馈，如此才能建立起稳固的沟通链路。

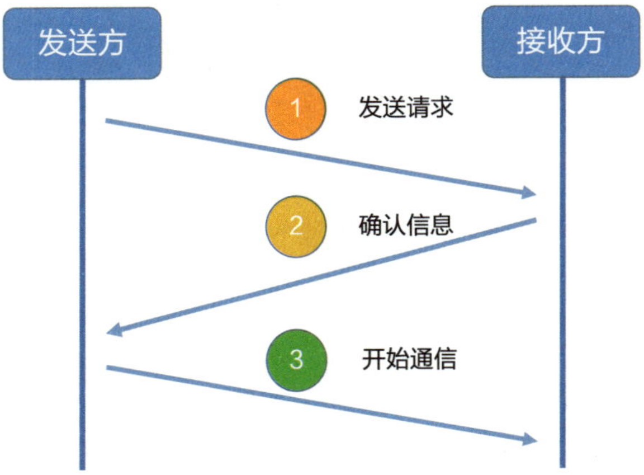

图 4-7 双向沟通中的“三次握手”

如图 4-8 所示，在传统的项目管理中，通常采取星型沟通的方式，即项目经理站在团队中间，作为“中继站”，与各位团队成员进行信息交换。如果团队成员 B 与团队成员 C 需要交换信息，沟通的路径是“B—A—C”。在敏捷工作方式中，一般会采取“网状沟通”方式，也就是项目经理与团队成员站在一起，如果团队成员 B 与团队成员 C 需要交换信息，沟通路径不需要经过 A，直接就是“B—C”。显然，网状沟通方式大幅提高了沟通的有效性。

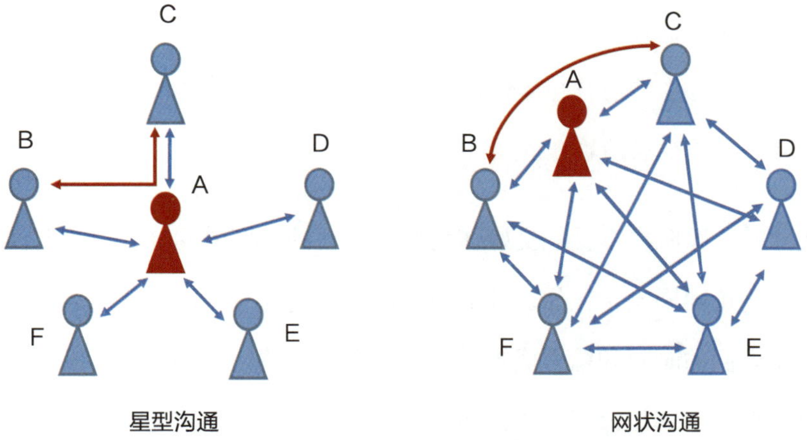

图 4-8　星型沟通和网状沟通

如果一个项目团队有 n 个人，那么这个团队的沟通渠道有 $\frac{n(n-1)}{2}$（条）。所以，随着项目团队人数的增加，沟通渠道呈非线性指数级增加，当团队人数超过 10 人时，网状沟通的方式就不再有效了。通常，敏捷团队规模较小（一般是 5～9 人），非常适合网状沟通；而传统的项目管理团队规模较大，往往会采用星型沟通方式。

4.4.5　基于社交媒体的沟通

基于社交媒体的沟通是指人们借助于计算机和互联网技术，在计算机、移动设备上使用社交媒体软件，进行知识和想法的分享、讨论及协作的过程。常见的社交媒体工具包括博客、论坛、维基网、播客、直播平台和社交网站等。

团队使用社交媒体进行沟通的好处如下。

- 可以突破地域限制，尤其有利于在不同办公地点的分布式团队成员之间的交流，缩短了团队成员之间的距离。
- 可以随时“保持联系”，及时处理和解决所遇到的问题。
- 可以通过社交激励（如关注、点赞等），增强团队的凝聚力。
- 可以拓展沟通的边界，在开发实际产品前进行模型和原型演示，获得团队之外的反馈和信息。
- 可以通过网络投票获得客户的直接反馈，从而将其作为制定产品路线图和产品待办事项列表的输入。

与此同时，团队在享受社交媒体沟通所带来的便捷的同时，也需要注意到社交媒体所产生的负面影响，比如，社交媒体加速了信息对人们生活的入侵，出现了信息过载，使人们的时间和精力成本过高，甚者出现情绪上的焦虑。所以，敏捷团队应该有能力平衡好基于社交媒体沟通的利弊关系，在提升沟通效率的同时，也要构建健康的团队协作关系。

4.5 小结

本章介绍了“干系人参与”的相关知识，强调了敏捷实施中干系人参与的重要性，干系人是业务价值的最终接收者。

其中，三个子领域是承接关系：“理解干系人的需要”和“确保干系人参与”是干系人识别，“管理干系人的期望”是干系人管理。

敏捷管理专业人士要密切关注干系人的需求变化，以便及时识别和邀请干系人参与需求的获取和分析，沟通需求实现的进展，并确保所交付的产品能够满足干系人的需求和期望，从而建立一个顺畅的干系人管理的信息反馈闭环。

第 5 章

团队绩效

5.1 概述

绩效（Performance）是指业绩和成效。团队绩效体现了团队的目标和执行结果之间的关系。在敏捷场景中，团队是组织中最重要的价值交付体，通过衡量团队绩效，可以识别问题、找出差距、进行改进。通过打造高绩效的敏捷团队，可以全面提升组织的敏捷能力。

PMI-ACP® 考纲中的第四个知识领域是“团队绩效”，考纲中详细描述了如何建立一个信任、学习、协作，以及能够解决冲突的环境，从而促进团队成长，提升团队成员间的协作关系，创建高绩效的团队文化，成为一个自组织团队。“团队绩效”这一知识领域包含 3 个子领域，共 9 项任务，其具体内容及对敏捷管理专业人士（ACP）的要求如表 5-1 所示。

表 5-1 “团队绩效”知识领域任务列表

子领域 1：团队组建		
任务序号	**内容描述**	**对 ACP 的要求**
1	通过与团队成员合作，**制定基本规则和内部流程**，从而培养团队的凝聚力，并兑现团队成员对共同结果的承诺	ACP 在组建团队时，需要使用参与式决策的方法，即邀请团队成员一起讨论，共同制定团队的规则和流程，从而让团队成员做出承诺，共同承担责任
2	帮助建立一个团队，使之**具备人际交往和技术技能**，从而实现已经确定的项目目标，用最小的延迟代价创造最大的业务价值	ACP 需要促进团队成员的持续学习，包括培养硬技能（技术能力）和软技能（沟通能力或人际交往能力）。如果团队成员的个人能力提升了，那么团队的整体交付能力也就提升了
子领域 2：团队授权		
任务序号	**内容描述**	**对 ACP 的要求**
3	鼓励团队成员成为**通才型专家**，以此降低团队规模，并建立一个高绩效的跨职能团队	ACP 为团队成员创造机会，通过知识和经验的分享、结对工作等方式，培养“一专多能”的人才，并使其可以在团队内部相互“备份”，从而提升团队的整体交付能力
4	通过授权他人和鼓励新涌现出来的领导力来实现**团队自组织**，从而制定出有效的解决方案并有效地管理复杂性	ACP 通过在团队内部促进交流，鼓励团队成员表达自己的想法，锻炼和培养其分析问题和解决问题的能力，并不断总结经验，从而使团队提升自我管理、自我组织的能力，成为自组织团队
5	不断地发现团队和个人的**激励因素和去激励因素**，从而确保在整个项目过程中，团队士气高涨，并能够持续保持积极性和高效的产出	ACP 需要帮助团队持续地识别出“激励因素”，比如，团队掌握了新知识和新技能，解决了棘手的问题，取得了突破性的成果，从而持续鼓舞团队进步。ACP 也要帮助团队识别出“去激励因素”，比如，缺乏领导支持，团队取得成绩后得不到认可等，从而确保团队的积极性不受到打压，让团队保持高昂的士气
子领域 3：团队协作和承诺		
任务序号	**内容描述**	**对 ACP 的要求**
6	通过在**同一地点办公或使用协作工具**来促进团队内部的沟通，以及与适当的外部干系人之间保持紧密的沟通，从而减少误解和返工	ACP 理解在同一地点办公或协同工作的作用是促进团队成员对内 / 对外的有效沟通，即使无法完全做到在同一地点办公，也要尽量为团队创造一起共事的机会。敏捷的收益在很大程度上依赖于有效的沟通
7	**减少干扰因素**，从而创造可预测的成果，并最大化交付价值	ACP 要承担仆人式领导的角色，保护团队不受外来因素的干扰，比如，在迭代执行过程中，临时将人员抽调离开，或者随意地向团队塞入新的工作项等。这些干扰都会影响团队的交付节奏

（续表）

子领域 3：团队协作和承诺		
任务序号	**内容描述**	**对 ACP 的要求**
8	通过**分享项目的愿景**来对齐项目目标和团队目标，从而确保团队成员了解他们的目标是如何融入项目的整体目标之中的	ACP 需要确保团队成员不仅知道自己团队的目标，而且知晓更高层面的项目目标。这需要通过制定共同的愿景，并持续地进行分享和传递，来使全体成员做到协同和对齐
9	通过跟踪和测量之前迭代或发布的实际绩效来**度量团队的速度**，从而更好地理解团队的产能，并进行更准确的预测	ACP 掌握度量的方法，通常是基于以往的真实绩效数据计算出团队的速度（Velocity），也就是一个稳定的团队在单位时间内完成的故事点数，将其用于对未来迭代或发布的预测

“团队绩效”知识领域所涉及的“知识和技能”（KS）与“工具和技术”（TT）如表 5-2 所示。

表 5-2　“团队绩效”知识领域所涉及的 KS 与 TT

领域	KS	TT
团队绩效	KS9：领导力 KS10：建立敏捷团队 KS11：团队激励 KS12：真实和虚拟的集中办公 KS13：全球、文化和团队的多样性 KS14：培训、教练和辅导 KS15：发展性地掌握一些模型	TT16：信息发射源 TT17：团队空间和敏捷工具 TT18：渗透式沟通 TT25：协作 TT26：适应性领导力 TT27：仆人式领导力

5.2　团队组建

5.2.1　建立敏捷团队

团队是由人组成的一个共同体，具有共同的目标，团队成员之间通过相互协作，将自己的知识和技能用于解决问题和实现方案，最终达成目标。敏捷团队更加强调高效的团队协作和快速的价值交付。在《敏捷实践指南》一书中，给出了一系列成功的敏捷团队的属性和目标，具体如表 5-3 所示。

表 5-3　成功的敏捷团队的属性和目标

	属性	目标
1	团队成员是专职的	• 提升团队的专注度和生产力 • 保持小型团队，一般少于 10 人
2	团队成员是跨职能的	• 保持频繁的开发和交付 • 作为一个独立团队，交付完成的价值 • 对所有已完成的活动进行集成，从而完成所做的工作 • 从团队内部和外部获得反馈
3	集中办公或有能力应对不同办公地点带来的挑战	• 提升沟通效率 • 提高团队的动态应对能力 • 知识共享 • 降低学习成本 • 致力于相互合作
4	由通才和专家组成的混合团队	• 专家提供专项技能，通才提供从事不同工作的灵活性 • 团队成员具有专业能力，往往会发展成为通才型的专家，既具有专长，又能掌握多种技能经验
5	拥有稳定的工作环境	• 团队成员相互支持，实现交付 • 团队成员相互认同所采用的工作方法 • 尽量简化团队的成本核算（如运行率） • 对于知识资本（组织过程资产）进行保存和推广

资料来源：《敏捷实践指南》。

敏捷团队的规模一般不会太大。亚马逊公司提出了一种“两个比萨团队”的说法，是指他们的团队一顿饭吃两张比萨就足够了。保持小规模团队的好处是，可以促进团队成员之间的沟通，提高工作效率。此外，敏捷团队通常都是跨职能的特性团队，保持小规模团队可以减少工作交接产生的浪费，从而更快地交付端到端的业务价值。

建立敏捷团队之后，要向着“自组织”的方向发展。团队利用集体智慧进行讨论和决策，有能力找到适合团队自身的工作方式，并对要解决的问题担负起全部的责任。商业智能领域的敏捷专家肯·科勒尔（Ken Collier）在其著作《敏捷分析》（*Agile Analytics*）中详细描述了自组织团队的六个特征：

- 自律；
- 共担责任；
- 遵守团队工作协议；
- 遵守承诺；
- 开发透明；
- 符合公司规。

5.2.2　发展性地掌握一些模型

建立和发展高绩效的敏捷团队，需要掌握和使用一些有效模型。下面介绍几种常见的模型。

塔克曼（Tuckman）模型

心理学家布鲁斯·塔克曼（Bruce Tuckman）早在 1965 年就提出，团队从建立到成熟，需要经历如下五个阶段。

- 形成期（Forming）：团队成员之间相互了解，相互磨合。
- 震荡期（Storming）：团队中出现了各种不同意见，形成激烈竞争、碰撞的局面，团队成员之间在工作中产生了冲突。
- 规范期（Norming）：团队成员之间协同工作，并调整各自的工作习惯和行为，开始建立起相互信任的关系。
- 成熟期（Performing）：团队结构稳定、组织有序、富有战斗力，团队成员之间相互支持，朝着共同的目标，平稳、高效地解决问题。
- 解散期（Adjourning）：当团队完成了所有工作，不再需要一起工作时，就可以解散，释放所有资源。

塔克曼模型中的五个阶段都是必须经过且不可逾越的，团队在成长、迎接挑战、处理问题、找到解决方案、获得最终结果等一系列过程中，必然要经历以上这些阶段。

德雷福斯（Dreyfus）模型

《敏捷宣言》的签署人之一，安迪·亨特（Andy Hunt）在其著作《程序员的思维修炼》（*Pragmatic Thinking and Learning*）中详细介绍了德雷福斯模型。该模型描述了从一个新手成长为专家需要经过如下五个阶段的修炼。

- 新手（Novices）：经验较少或根本没有经验，也没有很强的学习意愿，只想通过一份指令清单，实现一个立竿见影的目标。
- 高级新手（Advanced Beginners）：能够摆脱一些固定的规则，想要快速获得解决问题的信息，对知识体系不感兴趣，对于问题的全貌缺乏全面的理解。
- 胜任者（Competent）：可以建立问题领域的概念模型，并且可以独立解决问题，甚至是以前没有遇到过的问题，但是缺乏自我反思和持续改进的能力。
- 精通者（Proficient）：能够进行全局思考，有能力对做事的方法进行自我反思和修正，也能通过学习别人的案例来拓展自己的经验。
- 专家（Expert）：具有丰富的经验，懂得在不同场景中使用不同的经验，能够抓住与问题相关的特征和细节，并根据直觉来工作，而不是对规则进行生搬硬套。新手与专家最大的区别是，新手通过模仿并遵循规则来工作，专家则一直在实践，并常常凭直觉来工作。

守破离（Shu-Ha-Ri）模型

守破离起源于日本武术剑道，后来发展到许多其他领域，它是学习一门技术的有效方法。《敏捷宣言》的签署人之一，阿利斯代尔·科克伯恩将其引入敏捷开发，作为学习软件开发技术的一种方法。该模型的具体含义是指一个人在获得知识的过程中会经历如下三个阶段。

- 守（Shu），即遵循，无我的境界。学生严格遵照师傅的教导，按照已有的规则、方法论按部就班地执行，专注于模仿和完成任务。如果学生在完成一项任务时，发现存在多种不同的方法，那么只需要聚焦在师傅教给自己的那种方法即可。
- 破（Ha），即突破，进入自我的境界。学生在掌握规则和方法论的基础上，懂得依据不同的状况灵活运用，探索技术背后的基本原理，也向其他大师学习，并将学习成果融入自己的实践中，尝试突破现有的框架。
- 离（Ri），即超越，进入忘我的境界。学生忘记了原本学习的规则和方法论，不向别人学习，而从自己的实践中学习，从与外界环境的交互中获得感知与应对方法。学生可以创建自己的方法和体系，并根据实际情况进行调整和演进。

守破离模型的基本思想是，当人们学习一种新的方法和技术时，在早期阶段侧重于模仿具体的执行步骤，然后将重心转向理解其背后的基本原理，最后能够开展实践，实现超越和创新。

5.2.3　信息发射源

信息发射源（Information Radiator）是指一系列用于显示团队工作进展和状态的可视化工具，可以通过物理板、电子工具等多种形式呈现图表、文字和数据等。

在传统的项目管理中，通常采用“拉动式”沟通，也就是团队成员需要找到相应的资料，并自行访问相关的内容，比如，登录项目管理系统，打开项目进度表来查看进展情况，或者打开风险登记册来查看风险的跟踪状态等。

在敏捷工作方式中，人们采用的信息发射源是一种“推动式”沟通。在敏捷团队的工作空间里，信息发射源随处可见，比如，墙上张贴的任务板、燃尽图，用显示器展示的持续集成仪表盘等。这些信息扑面而来，既保证了工作进展的透明可见，又起到了促进团队交流与互动的作用。

5.2.4 团队空间和敏捷工具

团队空间和敏捷工具是指敏捷团队如何创建和布置适合敏捷执行的工作空间，如何利用相关的工具进行有效的协作，团队所处的物理环境将会对敏捷实施的效果产生非常大的影响。

通常，传统项目管理的办公空间是按照“隔间”设计的，不利于团队进行交流和互动；而敏捷项目管理的工作空间多采用“开间”的设计方式，从而增加了较多的公共空间，这种开放的区域可以促进更多的协作和创新。

敏捷专家迈克·科恩（Mike Cohn）在其著作《Scrum 敏捷软件开发》（*Succeeding with Agile：Software Development Using Scrum*）中，专门用一小节来论述跟团队办公空间相关的后勤问题，他指出应该同时考虑“隔间”和“公共区”，既鼓励开放的沟通，又为团队成员保留一些私人空间；将“作战室”扩展到整个工作空间，让参与相同项目的团队成员坐在一起；同时，在选择办公桌时应考虑桌面的宽度和形状，为团队开展结对编程做准备。

一个理想的敏捷团队空间需要包含哪些东西呢？以下是一份“团队空间和敏捷工具检查单”。

- 大型、可视化的图表：比如，张贴在墙上或白板上的燃尽图、任务板，用于展示重要的信息，引起团队成员的实时关注。
- 多样化的反馈设备：比如，使用持续集成服务器的仪表盘、监控测试或演示环境的设备，甚至可以配备 LED 灯、小喇叭，用生动的方式提醒团队去看有用的信息。
- 产品和迭代待办事项列表：最理想的方式是在墙上或白板上显著的位置进行展示，让团队随时能够看到当前迭代正在做的用户故事，以及其与后续将要做的用户故事的关系。
- 开放的空间：团队中的每位成员都能看到团队的所有成员，尤其是能够很容易找到产品负责人。

- 一些安静和私有的空间：团队成员需要一个安静的空间来思考问题，或者处理一些个人事情。
- 食物和饮料：比如，团队可以买一台咖啡机或者小冰箱，以及一些小零食，它们有助于团队成员释放压力和补充能量。
- 一扇窗户和充足的自然光：有助于团队成员保持心情舒畅。

5.3　团队授权

5.3.1　领导力

领导力（Leadership）是一系列行为的组合，这些行为可以激励人们跟随领导者。领导力是一种影响力，使人们能够积极主动和满怀热情地去实现组织的目标。

管理者（Manager）和领导者（Leader）的不同之处在于，管理者聚焦在具体任务和做事方法上，关注流程的遵守，他们多采用控制和命令的方式，注重工作的执行效率；领导者则更加专注于长远目标和做事原则，关注人员成长，他们多采用授权和激发的方式，注重获得创新的成果。

一位成功的敏捷领导者，首先是终身学习者，需要持续学习敏捷原则和实践，并为团队成员做出榜样。领导者通过创建和传达愿景，帮助团队明确组织目标；通过授权和激发，帮助团队迎接挑战，寻找创新的解决方案；通过教练和辅导，帮助团队突破自我，发挥最大的潜能。

变革管理专家约翰·科特（John Koter）在其著作《领导变革》（*Leading Change*）中提到了领导变革实施的八个步骤，这些步骤可以作为在组织中引入敏捷方法的有益参考。这八个步骤如下：

- 树立紧迫感；
- 组建领导联盟；
- 设计变革愿景；
- 沟通变革愿景；
- 授权鼓励行动；
- 获得短期胜利；
- 巩固变革收益；
- 扎根企业文化。

关于领导力领域的研究非常广泛，涌现出许多模型和方法，后文将详细介绍其中的两种：适应性领导力和仆人式领导力。

5.3.2 团队激励

《敏捷宣言》中第 5 条原则明确指出："激发个体的斗志，以他们为核心搭建项目。为他们提供所需的环境和支持，信任他们所开展的工作。"从中我们可以看出团队激励的重要性。

业界著名的激励理论有很多，如马斯洛的需求层次理论、赫兹伯格的双因素理论、麦格雷戈的 X—Y 理论、大卫的成就动机理论等。

敏捷团队成员是知识工作者，需要通过释放内在动力才能更好地产生激励作用。未来趋势专家丹尼尔·平克（Daniel Pink）在其著作《驱动力》（*Drivers*）中提出，激发知识工作者深度参与工作的主要因素有以下三个。

- 自主性（Autonomy）：一种对自我指导或管理自己生活的渴望。对知识工作者来说，自我指导是更好的方式。
- 精通（Mastery）：人们在职业生涯中成长和获得新技能的内在需要，这些技能使他们能够做出更高水平的贡献。

- 目的（Purpose）：把企业的目标与工作者的日常活动联系起来。这使得人们的工作更有意义，并将公司使命与个人目标联系起来。

敏捷领导者需要学习和理解这些先进的理念，并努力创造一个有益于团队成员发展和成长的环境，让企业和员工都能从中受益，取得双赢。

5.3.3　适应性领导力

哈佛大学领导力专家罗纳德·海费茨（Ronald Heifetz）在其著作《没有简单答案的领导力》（*Leadership Without Easy Answers*）中，分析了在组织中如何培养适应性领导力（Adaptive Leadership）。他认为，在企业中有两类问题，即技术性问题和适应性问题。技术性问题的特征是问题的边界非常清楚，解决方案也很明确，需要专业能力主导，关注工作效率，利用职级的权威就能解决；而适应性问题的特征是问题可能不明确，而且解决方案是高度不确定的，需要通过实验或试点逐步摸索解决方案，在解决适应性问题时都会有大量的变革管理。

适应性领导力应着力于解决适应性问题，而非说服人们实现一个目标和解决技术性问题。适应性领导者可以识别和处理系统化的变革管理，并且能够应对在变革过程中出现的各种挑战。

在敏捷开发领域，《敏捷宣言》的签署人之一，吉姆·海史密斯在其著作《自适应软件开发》（*Adaptive Software Development*）中提出了一种基于复杂自适应系统理论的新型软件开发方法。而后，他逐步融合了企业管理的思想，编写了《适应性领导力》（*Adaptive Leadership*）一书。他认为，当今的企业环境是一个复杂的适应性系统，领导者应该使用一种全新的方法去认识和理解组织结构，这种方法包括五个关键的理念：

- 人类或其他生物所构成的任何复杂系统都由独立而分散的个体组成；
- 这些个体在缺乏集中控制时会自发组织起来；

- 这种自发组织会产生复杂的行为和意外的结果，而人们在研究个体的过程中找不到关于这些结果的蛛丝马迹；
- 一个生态系统中丰富的信息流在混沌的边缘达到某种平衡，而这是产生意外结果的最有效的模式；
- 简单的生成性规则引导并创造复杂的行为。

适应性领导力可以助力企业应对不确定性，并持续地向商业世界交付价值。未来是不可预知的，适应性领导力是应对这种不可知性的最佳途径。

5.3.4 仆人式领导力

仆人式领导力也称为服务式领导力。罗伯特·格林里夫（Robert K. Greenleaf）在其著作《仆人式领导力》（*Servant Leadership*）中提出，仆人式领导者首先是仆人，他们以身作则，具有服务意识。仆人式领导者会倾听、接纳、省察，也会说服和医治他人，他们具有同理心、管家意识和预见性。

《敏捷实践指南》一书中指出，仆人式领导力是一种团队赋权的方法。仆人式领导者通过为团队提供服务来领导团队的实践，注重理解和关注团队成员的需求和发展。仆人式领导者将领导力视为一种机会，而不是把自己看作团队的职权领导。

PMI–ACP® 专家迈克·格里菲斯（Mike Griffiths）提出了仆人式领导者的四个作用：

- 保护团队不受外来干扰；
- 消除进展中的障碍；
- 持续沟通项目的愿景；
- 为团队提供食物和水。

在敏捷工作方式中，敏捷领导者体现出的就是仆人式领导力，他们通过自己的行为获得下属的尊重，他们不是监督团队成员去完成任务，而是关注团队成员个体的发展，帮助他们寻求提高绩效的方法、消除障碍，并提供取得成功所需的资源，使其快乐地工作，最终实现组织和个人的发展目标。

5.4　团队协作和承诺

5.4.1　真实和虚拟的集中办公

真实和虚拟的集中办公（Physical and Virtual Co-location）是指敏捷团队进行协同办公的组织方式。真实的集中办公（Physical Co-location），也就是团队的物理位置在同一工作场所，团队成员之间可以进行面对面沟通，这样比较容易开展各种敏捷协作实践。团队成员在同一工作场所办公的好处如下。

- 有利于团队提升交流的速度和效果，尤其是通过面对面的交流，可以感知到对方的语言、语调，以及面部表情和肢体语言等。
- 有利于团队借助互动性工具（如白板、马克笔、记事贴等）进行沟通，可以澄清问题，深入理解彼此的意图。
- 有利于团队达成共识和做出决策，减少时间延迟、减少误解、减少沟通成本，提升工作效率。

虚拟的集中办公（Virtual Co-location）是指当敏捷团队在某些限制条件下，无法在物理位置上处于同一工作场所时，通过虚拟技术实现协同工作，让团队感觉像是在同一场所办公。当敏捷团队采取虚拟的集中办公方式时，需要做好规划，有效利用电子工具（如音频和视频设备、即时聊天工具、共享文档和资源等）提升沟通协作的有效性。

5.4.2　全球化、文化和团队多样性

全球化、文化和团队多样性是指随着经济和技术的不断发展，产品研发和项目交付的全球联系不断增强，从而出现的一种迹象，即全球化的分布式团队越来越多，文化、语言、习惯和术语等方面的差异越来越明显，团队的多元化、多样性越来越普遍。

为了应对全球化、文化和团队多样性的挑战，需要增加团队成员面对面沟通的机会，使其了解彼此的工作习惯，在敏捷团队中建立协作型的文化，从而最大限度地减少意见分歧。

咨询顾问威廉·施耐德（William Schneider）在其著作《再造的选择》（*The Reengineering Alternative*）中提出了四种类型的组织文化（见图 5-1）。

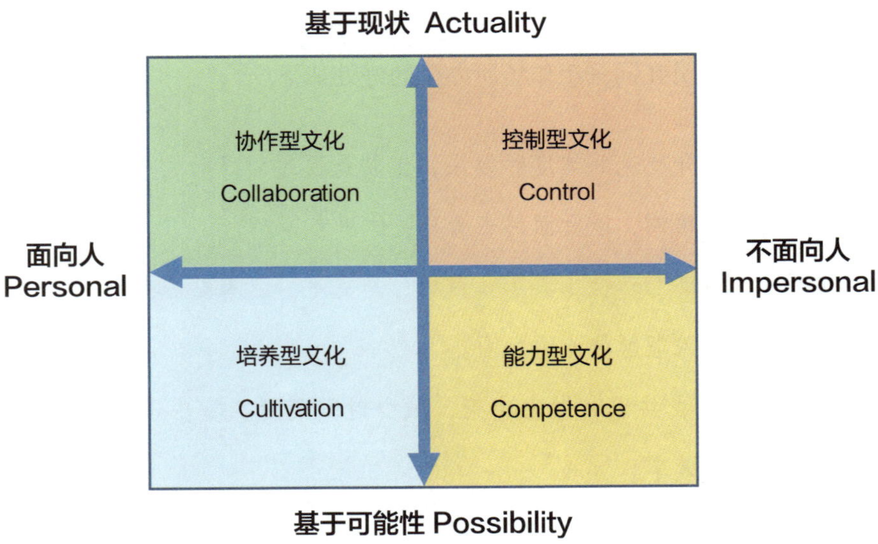

图 5-1　四种类型的组织文化

以上四种组织文化的特征如下。

- 协作型文化：采取以团队为基础的工作方式，通过协作达成共识，实现共同目标。这种组织文化的典型代表是球队。协作型文化倡导“我们因一起工作而成功”。

- 控制型文化：基于数据和客观信息进行决策，强调指令、政策和过程导向。这种组织文化的典型代表是军队。控制型文化倡导“我们因控制并一直保持而成功”。
- 培养型文化：采取鼓舞和激励的方式，让人们相信这是一份共同的事业，并愿意一起努力去实现它。这种组织文化的典型代表是宗教。培养型文化倡导“我们因培养为实现共同愿景而努力的人而成功”。
- 能力型文化：采取竞争性的方式，通过建立精英管理体制，追求卓越，向往做到最好。这种组织文化的典型代表是学校。能力型文化倡导“我们因最为出色而成功”。

文化本身没有好坏之分，本质上都是平等的，一种特定的文化对应一个组织中特定的场景。作为一个敏捷组织，更加强调人的因素，因此更加倾向于协作型和培养型文化。

5.4.3　培训、教练和辅导

培训、教练和辅导是三种不同的工作方式，其各自的含义如下。

- 培训是由培训师（Trainer）向受训者传授为完成某种行为所必需的思维认知、基本知识，以及相关技能的教学过程。
- 教练是由教练（Coach）运用教练技术帮助他人通过学习获得成长，从而达成目标的一种活动。国际教练联合会（International Coach Federation，ICF）对教练的定义是，陪伴客户参与一个引发思考和创新的过程，激发他们发挥个人和职业的潜质。
- 辅导是由导师（Mentor）以言传身教的方式，辅导学员理解和掌握某种知识和技能的实际应用，也就是“师傅带徒弟”的过程。

在敏捷实施的过程中，存在一个至关重要的角色——敏捷教练，他综合运用培训、教练和辅导等多种方法，帮助敏捷团队交付价值、提升能力，从而使团队和个人获得成长与发展。

敏捷教练丽萨·阿金斯（Lyssa Adkins）在其著作《创建敏捷团队》（*Coaching Agile Teams*）中提出了一个敏捷教练的能力模型（见图 5-2），将敏捷教练应该具备的能力分成了 8 个维度。

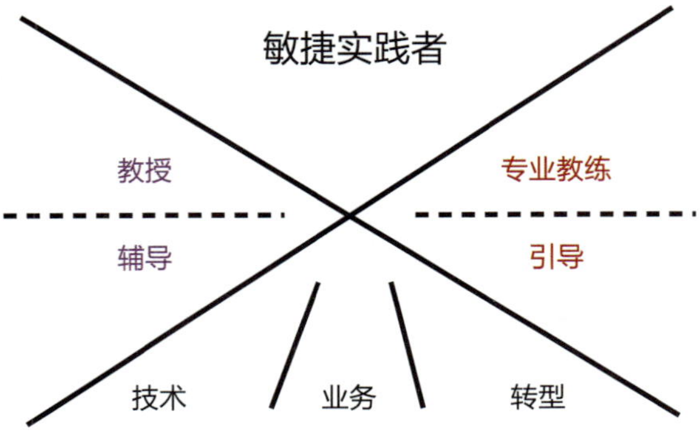

图 5-2　敏捷教练的能力模型

- 敏捷实践者：敏捷教练首先是实践者，必须具备实施敏捷的丰富经验。
- 教授：敏捷教练通过提供培训来教授相关的敏捷理念、知识，以及实践方法。
- 辅导：敏捷教练通过展示自己的具体做法，辅导学员学习和掌握敏捷实施技能。
- 专业教练：敏捷教练需要掌握教练技术，并能在适当的场景中加以应用，激发团队成员的潜能。
- 引导：敏捷教练需要掌握引导技术，带领敏捷团队开展相关的活动、会议及各种仪式。
- 技术：敏捷教练需要掌握技术方面的敏捷方法和工具，如极限编程中的相关实践等。

- 业务：敏捷教练需要掌握业务方面的敏捷方法和工具，如敏捷产品管理、设计思维、用户故事等。
- 转型：敏捷教练需要掌握管理方面的敏捷方法和工具，如 Scrum、看板和规模化敏捷框架等。

5.4.4　渗透式沟通

渗透式沟通（Osmotic Communication）是指敏捷工作空间中的团队成员在没有直接关注一些信息或技术的情况下，仅仅通过在团队成员之间无意识地传递，就获得了这些信息和技术，就像是“渗透”的过程——一种物质从一个系统中渗出，穿越了中间的隔离物，进入了另一个系统中。

《敏捷宣言》的签署人之一，阿利斯代尔·科克伯恩在《敏捷软件开发》一书中详细描述了渗透式沟通，并指出渗透式沟通可以进一步降低思想的传递成本。

对于在同一工作地点集中办公的团队来说，渗透式沟通是非常容易实现的。例如，甲、乙二人在同一个办公空间里工作，如果甲正在编写程序，乙正在讨论问题，那么甲就会很容易了解到乙正在讨论的问题。如果有很多人在同一个办公空间里工作，大家就会相互之间了解彼此的工作内容。

不在同一工作地点办公的分布式团队，通常会利用一些远程协作的工具，比如视频直播会议、群组聊天即时消息、共享的在线文件编辑、技术论坛或信息中心，甚者可以采用最简单的方式——在发送邮件时，抄送给其他团队成员，来促进渗透式沟通。

5.4.5　协作

协作是指人与人之间的协同与合作，为了实现共同的目标，充分利用组织资源，依靠团队共同的力量，共同完成某项任务。协作强调把知识、经验和技能聚集到一起，为新产品开发做出贡献的过程。

《敏捷宣言》中第 1 条和第 3 条核心价值观明确指出，“个体和互动高于流程和工具，客户合作高于合同谈判”，充分强调了协作是敏捷工作方式的一种基本行为。协作既包括团队内的协调与合作，又包括与团队外的交流和互动。例如，产品负责人与客户之间就不同领域的业务需求进行协商，团队成员之间采取各种不同形式的交互，以便及时同步进展、分享信息、获得反馈、做出决策。

敏捷教练珍·塔巴卡（Jean Tabaka）在其著作《协作解释》（*Collaboration Explained*）中给协作下了一个定义：协作是指人们达成了工作协议，并共同决定要做什么。他们可能只完成自己的工作，但只要经常检查对方的工作，就算在协作。

敏捷工作方式鼓励交流和互动，敏捷团队通过共同制订工作计划、共同设定和承诺工作目标、共同执行和评审工作任务，营造出一个自组织的、信任的工作环境，塑造出敏捷的协作型文化。

5.5 小结

本章介绍了“团队绩效”知识领域，强调了敏捷实施中团队是最关键的因素，是价值交付的基本组织单元。

其中，三个子领域是因果关系：“团队组建”关注的是人和环境，这两方面是建立高绩效团队的基础因素；“团队授权”是从领导者的角度出发，为团队提供支持，是建立高绩效团队的驱动因素；“团队协作和承诺”是建立高绩效团队的最终成果，也就是团队能够自管理、自组织，并持续发展。

敏捷管理专业人士要系统掌握敏捷工作方式中组建和发展团队的能力，通过培养自身的敏捷领导力，促进团队能力的提高，从而让团队高绩效地发展，并最终将敏捷文化根植于组织之中。

第 6 章

适应性计划

6.1 概述

计划可以被理解为“计”（计算）和“划”（划分），也就是分析、计算如何达成目标，并将目标分解成子目标。在敏捷场景中，适应性计划是指根据需求的变化，及时做出检查和调整，把“一次性做计划”变成“持续地做计划”。

PMI-ACP® 考纲中的第五个知识领域是“适应性计划”，考纲中指出，在整个项目生命周期（从启动到收尾）中，需要基于目标、价值、风险、约束、干系人的反馈，以及从评审中发现的问题等因素持续地进行计划，保持计划的时效性。“适应性计划”领域包含 3 个子领域，共 10 项任务，其具体内容及对敏捷管理专业人士（ACP）的要求如表 6-1 所示。

表 6-1 “适应性计划”知识领域任务列表

任务序号	内容描述	对 ACP 的要求
子领域 1：计划的层级		
任务序号	内容描述	对 ACP 的要求
1	通过使用滚动式计划和渐进明细的方法，进行**多层级计划**（战略、发布、迭代），并创建适当的细节，从而平衡成果的可预测性和利用机会的能力	当 ACP 带领团队制订计划时，要根据所需实现的目标和需求颗粒度等因素，设定计划的分层。一般来说，战略层级的计划是跨年的，发布层级的计划是以季度为单位的，迭代层级的计划是以周为单位的，而每天的计划是在每日站会上完成的
2	通过鼓励关键干系人参与和公开制订计划的结果，使制订计划的活动能够**可视化和透明化**，从而提高团队的承诺水平，减少项目的不确定性	ACP 需要理解实验性过程的三大支柱（透明化、检视、调整），通过将所有工作内容可视化，保持信息的对称和透明，让团队成员都能够将计划和工作任务保持对齐
3	随着项目的开展，通过做出**越来越具体的承诺**来设定和管理干系人的期望，从而确保对预期的可交付成果达成共识	ACP 在保证计划实时更新的同时，需要鼓励团队根据自己的能力做出承诺，而且随着对需求细节的理解越来越多，承诺也会越来越具体，从而保证在团队和干系人之间建立良好的信任关系
子领域 2：适应性		
任务序号	内容描述	对 ACP 的要求
4	**定期回顾**项目交付成果的特点、规模、复杂性和重要性，根据回顾的结果来调整节奏和计划的流程，从而使交付的价值最大化	ACP 引导团队在每个短周期交付后，组织回顾活动，及时发现出现的问题，识别出改进项，并在下一个短周期中执行，做到持续改进
5	根据团队学习、交付经验、干系人反馈和产品缺陷来对项目计划进行**检视和调整**，以反映需求、进度、预算和优先级的变化，从而使交付的业务价值最大化	ACP 确保实施检视和调整，也就是根据收集到的反馈，检查当前的状况，对项目计划和下一步要开展的工作做出恰当的调整。检视和调整可以是一个特定的活动，也可以分散到执行过程中
子领域 3：敏捷规模与估算		
任务序号	内容描述	对 ACP 的要求
6	通过**使用渐进明细技术**来对工作条目进行估算，从而确定可能的项目规模，而不受团队速度和外部可变因素的影响	ACP 需要掌握敏捷估算的方法，确保对工作条目（通常是用户故事）做出客观的估算（反映用户故事本身的复杂程度）
7	通过综合考虑运营和维护的需要及其他因素来**调整容量**（Capacity），从而制定或更新估算范围	当 ACP 带领团队实施估算时，除了要考虑新功能之外，还要考虑运营、维护等因素，从而将团队的容量，也就是在一个固定的时间周期内可以承担的工作量调整到一个适当的范围内
8	通过**创建最初的范围、进度和成本估算**来反映当前对于交付项目所需投入工作量的宏观理解，从而找到项目管理的初始切入点	ACP 需要理解其在敏捷项目的启动之初，是无法对项目信息给出精确估算的，但是需要给出一个粗略的估算（可以按照“80/20 法则”），以便对整体项目情况有一个宏观的认识
9	通过**梳理范围、进度和成本的估算范围**来反映对于交付项目所需投入工作量的最新认识，从而实施有效的项目管理	ACP 需要在敏捷项目实施过程中，对最初给出的粗略估算进行不断的细化和调整，通过梳理，有效掌握项目的执行情况

（续表）

子领域 3：敏捷规模与估算		
任务序号	内容描述	对 ACP 的要求
10	**持续使用不断变化的数据指标**，包括资源容量、项目规模和速度度量等，从而估算要完成工作还需要多少工作量	ACP 认识到随着项目的进展，各项度量指标数据是不断变化的，需要及时地收集和分析，以便在估算时将这些信息和项目执行的状况联系起来，确保敏捷项目的高效执行

“适应性计划”知识领域所涉及的“知识和技能”（KS）与“工具和技术”（TT）如表 6-2 所示。

表 6-2 “适应性计划”知识领域所涉及的 KS 与 TT

领域	KS	TT
适应性计划	KS17：参与式决策模型 KS18：系统思考的原则 KS23：敏捷规模与估算 KS28：管理敏捷的关键绩效指标 KS29：敏捷项目章程 KS30：敏捷合同 KS31：敏捷项目会计原则	TT1：产品路线图 TT4：渐进明细 TT6：制定章程 TT9：工作坊 TT10：学习循环 TT11：协作游戏 TT12：相对规模、故事点数、T 恤衫尺寸 TT13：宽带德尔菲和计划扑克 TT14：亲和估算 TT15：理想时长 TT30：速度、吞吐率、生产率 TT31：周期时间 TT32：前置时间 TT33：敏捷项目的挣值管理 TT34：缺陷率 TT35：获得认可的迭代 TT36：在制品 TT37：评审 TT38：看板板 TT39：任务板 TT40：时间盒 TT41：迭代和发布计划 TT42：偏差和趋势分析 TT43：在制品限制 TT44：每日站会 TT45：燃尽图和燃起图 TT46：累积流图 TT47：待办事项列表梳理 TT48：产品反馈环路

6.2 计划的层级

6.2.1 参与式决策模型

参与式决策（Participatory Decision）是指扩大公众的参与力度，使公众的意见得以表达，并被决策者所重视或采纳的决策方式。在敏捷工作方式中，参与式决策是指为敏捷团队营造一种协作的氛围，通过具体的决策模型和实践框架，对问题进行分析并共同参与决策制定的过程。

《敏捷宣言》签署人之一，吉姆·海史密斯在其著作《敏捷项目管理：快速交付创新产品》中描述了一种参与式决策模型，其中包括以下三个步骤。

- 决策框定：关注在决策过程中涉及的人员。参与式决策认为，让适当的人员参与到决策过程中，比确定谁是做决策的人更加重要。在决策框定中，还需要确定决策类型、决策标准、决策影响等内容。
- 决策制定：尊重所有参与者，基于彼此的信任，经历一个“分歧—痛苦—趋同”的决策过程。在“分歧”阶段，团队成员发表自己的意见，让大家都听到彼此的想法；在“痛苦”阶段，团队成员会经历一个产生创新和创造性结果的吵闹时期；在“趋同”阶段，并不是每个人的意见都完全一致，而是每个人都参与并支持了最后的决策。
- 决策回顾：团队在进行迭代或发布回顾的时候，针对做出的决策进行回顾总结。

参与式决策体现了敏捷团队通过协作，共同参与问题的讨论，利用决策框架，针对问题和解决方案进行发散和收敛，在当前的环境下达成行动共识，并在未来的决策实施过程中进行验证和反思。

6.2.2 敏捷项目章程

项目章程（Project Charter）是一份证明项目存在的正式书面文件，一般由高层管理者签署，规定了项目目标、范围、预算、期限、可交付物，以及项目经理的角色和职责等内容。有时，项目章程中还会包含法律声明、保密规定等合规性信息。

任何项目都需要有一份项目章程，敏捷项目也不例外，但是敏捷项目章程更加轻量化。咨询顾问迈克尔·兰特（Michael Lant）在文章《如何通过使用敏捷项目章程使你的项目不那么糟糕》（*How To Make Your Project Not Suck by Using an Agile Project Charter*）中提出了敏捷项目章程应该包含以下三个要素，并给出了一个敏捷项目章程的示例，具体如表 6-3 所示。

- 愿景：定义了“为什么”要进行这个项目。这是高层级的目的或项目存在的原因。
- 使命：描述了开展项目需要“做什么”，为了达到高层级的目的需要完成什么。
- 成功标准：一种管理层实施的测试，描述了解决方案本身所带来的结果。

表 6-3 一家外卖送餐公司的项目章程

项目名称	健康午餐
愿景	通过提供快捷、方便、实惠、营养均衡、美味的午餐，帮助忙碌的上班族有更多的精力、更多的时间、更健康的身体
使命	在中心城区创建一家盈利且备受推崇的午餐外卖和配送店，提供经济、健康、营养均衡的午餐
成功标准	• 2010 年 7 月 5 日开业 • 第一周的外卖销售额为 5 000 美元，送货销售额为 2 000 美元 • 第一个月的外卖销售额为 25 000 美元，送货销售额为 10 000 美元 • 在《中心城区餐厅综合报道》杂志中，成为五大营养午餐外卖和配送供应商之一 • 收到订单后 30 分钟内完成所有交付 • 对于所有到店需要打包带走的顾客，在 7 分钟内完成服务

6.2.3 敏捷合同

《敏捷宣言》中第 3 条核心价值观明确指出：“客户合作高于合同谈判。”所以，客户（甲方）和供应商（乙方）之间需要建立一种双赢的合作伙伴关系，共同促进价值交付。敏捷合同是一种动态性的合同签署技术，用于确保合同双方通过建立协作模式，在约定的条件下，均能获得最佳收益。

图 6-1 是典型的合同类型，从左到右形成一个连续图谱。显然，固定价格合同与时间和物料合同都属于“单赢单输”的类型，不利于双方的协作。敏捷合同应该处于连续图谱的中间，双方通过责任共担来共享收益。《敏捷实践指南》一书中提供了双方在签署敏捷合同时需要考虑 9 个方面的因素，具体如表 6-4 所示。

固定价格合同	目标价格合同	成本加成合同	时间和物料合同
范围固定	范围固定	范围不固定	没有完整的范围
期限固定	期限固定	需要设定目标期限	基于费率的价格
变更需要收费	目标价格	客户向供应商支付成本加利润	客户可以指定项目终止日期
风险由供应商承担	当超过目标价格时，共同协商利润	分担风险，大部分风险由客户承担	风险由客户承担
	分担风险，大部分风险由供应商承担		

图 6-1 典型的合同类型

表 6-4 签署敏捷合同时需要考虑的 9 个因素

编号	考虑的因素	说明
1	多层结构	签署不同层面的协议，如主协议和服务协议中包含固定不变的内容，轻量化工作说明书包含动态变化的内容
2	强调价值交付	根据价值驱动的可交付成果设定里程碑
3	价格固定的增量	将范围分解为多个价格固定的微型可交付成果（如用户故事）
4	限定的时间和物料	设定整体的预算限制，如果有新的工作进入，可以将原有工作以置换的方式替代

（续表）

编号	考虑的因素	说明
5	分级的时间和物料	按照完成定义（DoD），对高效率执行进行奖励；对于延迟交付，扣除一定的费用
6	提前终止合同	如果提前实现了足够的价值，可以终止合同，客户支付一定的合同取消费用
7	动态范围	对于具有固定预算的合同，客户可以调整功能范围
8	团队扩充	将供应商人员派驻到客户组织中，由客户决定其工作内容和协作方式
9	一站式服务的供应商	由一家供应商提供一站式服务，而不是几家供应商各自执行一部分内容

6.2.4　产品路线图

产品路线图（Product Roadmap）是一种表达产品交付计划的时间表，在时间轴上标注出的所要实现的目标和交付的成果，显示了工作实施的路径和主要里程碑。从本质上来讲，产品路线图是一个用于展示战略实施路线的高层级计划。

在敏捷工作方式中，产品愿景定义了战略方向，产品路线图展示了实施计划，包括在未来一段时间内（通常以季度为单位，有时也可以跨年）要实现的比较宏观的、粗颗粒度的需求。通常，产品路线图有两种呈现形式：一种是里程碑图，另一种是结构化的故事地图。

图 6-2 是通过里程碑图展示的产品路线图示例。该图在时间轴上展示了产品计划发布的版本，并且在每个季度展示出要发布的特性。当前第 1 季度要交付的特性是明确的，团队承诺完成，而未来两个季度待交付的特性需要进一步澄清，团队并不承诺，只是预测并展示较高层级的产品计划。敏捷团队每次都会对当前季度的工作进行承诺，同时对未来两个季度的工作进行预测。

此外，产品路线图也可以通过用户故事地图来呈现（相关内容参见本书 4.2.3 节）。

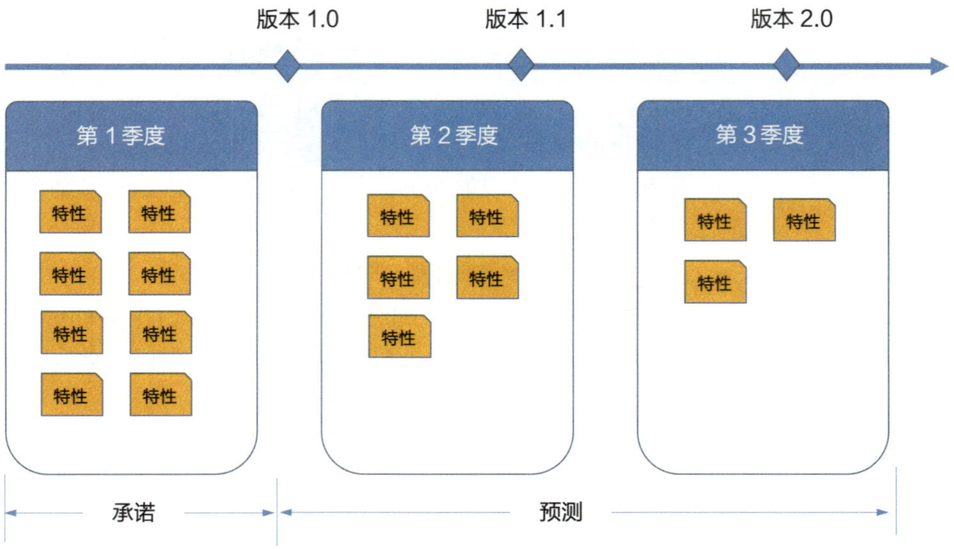

图 6-2 产品路线图示例

6.2.5 渐进明细

渐进明细（Progressive Elaboration）是一种对进度计划进行编制的技术，是指在项目进行的过程中，随着获得的信息越来越详细，制订的计划和估算也会越来越准确。

通常，在敏捷工作方式中，会使用渐进明细的方式对以下内容逐渐进行演进和细化。

- 各层级的计划：如路线图、发布和迭代。
- 各层级的估算：如史诗、特性和用户故事。
- 其他：如需求澄清、架构设计和验收条件等。

图 6-3 显示了不同层级的需求与时间盒的关系。用户故事的颗粒度较小，可以在一个迭代内实现，典型的时间盒是 1～4 周；特性的颗粒度较大，可以在一次发布中交付，典型的时间盒是 2～3 个月；史诗的颗粒度最大，通常出现在产品路线图中，典型的时间盒是 3～4 个季度。

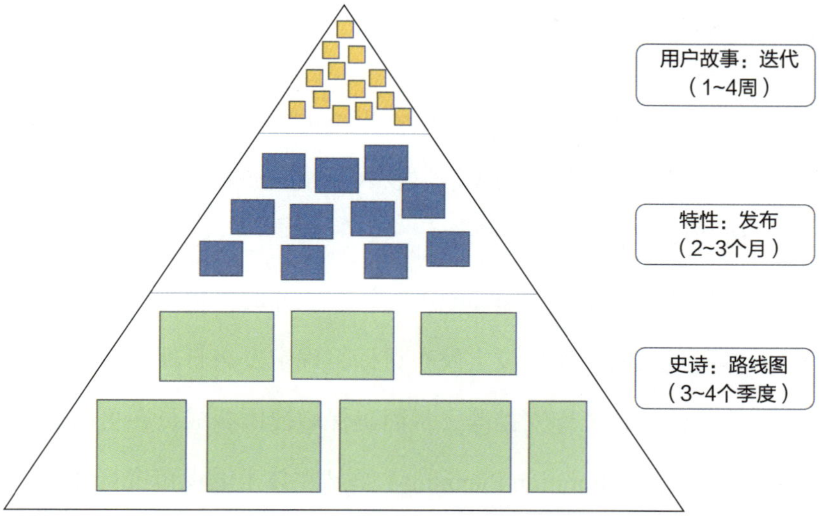

图 6-3　不同层级的需求与时间盒的关系

6.2.6　制定章程

制定章程（Chartering）是一个由敏捷团队共同参与，通过协作和参与式决策，生成团队工作协议和规范的过程。

通常，敏捷团队在开始执行迭代工作之前，会由敏捷教练（或团队领导）引导，组织一次工作坊，建立一个开放和信任的工作环境，让所有团队成员讨论和确定彼此的互动方式，并将达成共识的工作协议、规则和规范制定成团队章程。

《敏捷实践指南》一书指出，团队章程是团队社会化契约的基础，也是确保团队发挥高绩效能力的保证。团队章程的主要内容如下。

- 团队的价值观：如保持迭代速度、持续交付用户价值等。
- 团队的工作协议：如完成定义（DoD）、就绪定义（DoR）、迭代时间周期（Time-box）等。
- 团队的工作规则：如准时出席会议、会议发言制度等。
- 团队的工作规范：比如，如何与团队进行协作和沟通，如何对待会议时间，如何对待产品质量问题等。

6.2.7 迭代和发布计划

迭代和发布计划（Iteration and Release Planning）是敏捷团队开展的不同层级的计划活动，用于将不同颗粒度的需求“装入”相应的时间盒中，同时设定相应的目标并指导具体的执行工作。

通常，发布计划（Release Planning）是站在业务的视角进行计划，选定发布一个新的产品版本所具备的功能，设定发布目标，确定发布日期，拟定执行多少个迭代，以及每次迭代的大致工作安排等，从而确保敏捷团队成员在更高层面理解产品的整体计划。迭代计划（Iteration Planning）是站在技术的视角进行计划，基于发布计划对每个迭代的目标，针对待完成的用户故事进行分析和估算，并将其拆分成任务，以便指导较短时间周期内的具体执行工作。发布计划和迭代计划的关系如图 6-4 所示。

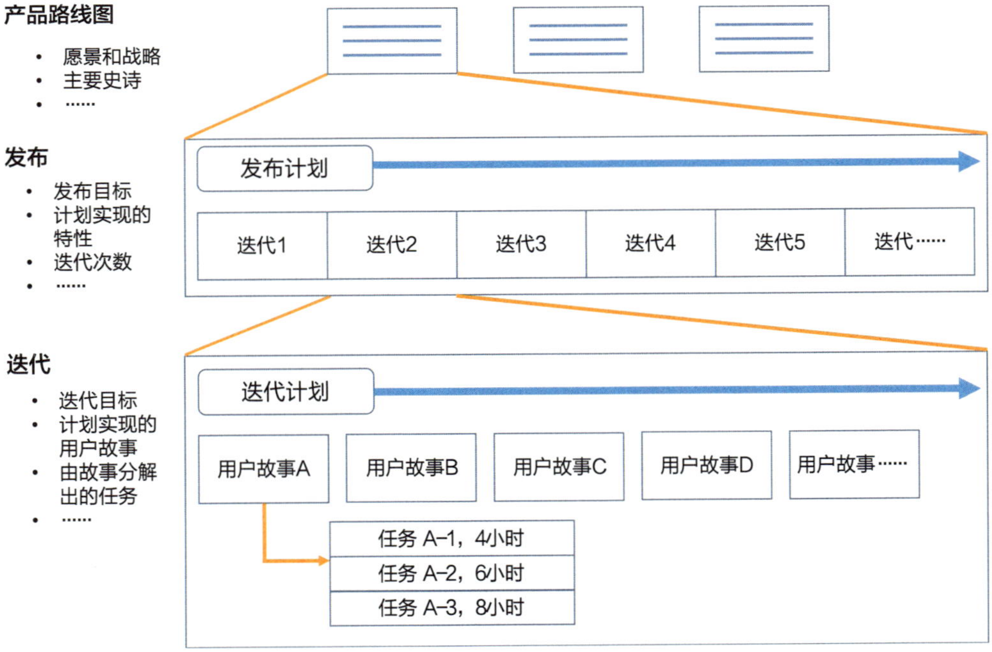

图 6-4　发布计划和迭代计划的关系

在制订发布计划时，可以基于用户故事地图（相关内容参见本书 4.2.3 节）上所划定的版本进一步细化，并结合业务优先级和敏捷团队的速度（产能），从产品待办事项列表（相关内容参见本书 4.2.2 节）中选出优先级最高的需求，将其排入发布计划中，具体如图 6-5 所示。

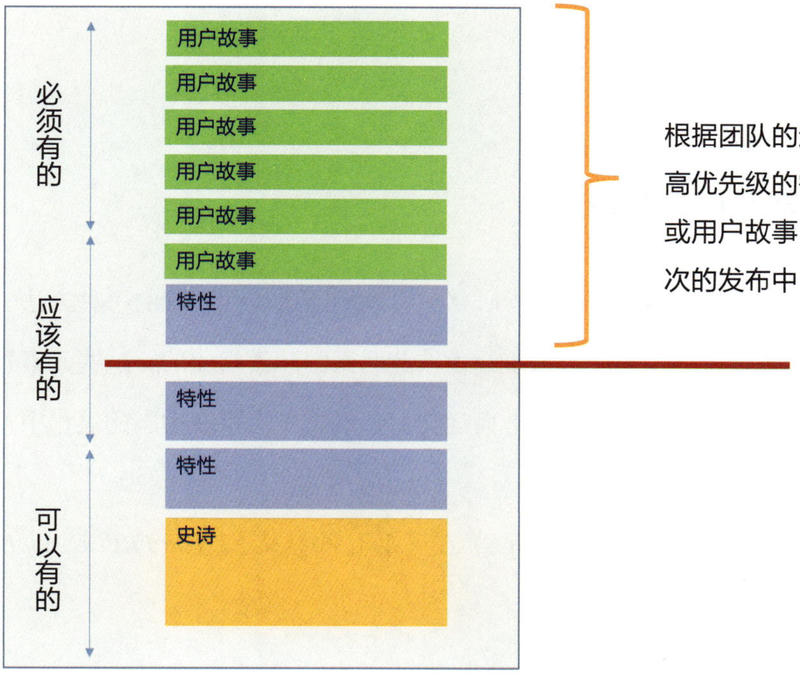

图 6-5 发布计划

一般来说，敏捷团队执行迭代的第一件事就是召开迭代计划会议，制订迭代计划。迭代计划会议可以分为如下两个阶段。

- 第一个阶段：产品负责人介绍待办事项列表上哪些用户故事具有较高的优先级；产品负责人和团队共同分析，进行估算，根据团队的速度，选出在迭代中能够实现的用户故事，明确其验收标准，制定迭代目标。
- 第二个阶段：团队针对选出的用户故事，将其拆分成任务，对任务进行工作量估算（一般将任务的大小拆分到 8 小时之内）。团队将计划好的用户故事及其任务和工作量呈现在迭代待办事项列表上，从而形成最终的迭代计划。

然后，团队还需要绘制任务板（相关内容参见本书 6.3.8 节）和燃尽图（相关内容参见本书 6.3.13 节），为后续的迭代执行和任务跟踪做好准备。

6.3 适应性

6.3.1 系统思考的原则

系统思考（System Thinking）是指研究和管理复杂适应性问题的一种方法，一般应用于企业系统或社会系统中。系统是由彼此联系的元素组成的，这些元素长期不断地相互影响，为了一个共同的目标而运作。系统思考需要在动态的过程中，洞察和解决复杂问题。

管理学家彼得·圣吉（Peter Senge）在《第五项修炼》（*The Fifth Discipline*）一书中提出了系统思考的 11 条原则。

第 1 条：今天的问题来自昨天的解决方法。

第 2 条：你越使劲推，反弹力就越大。

第 3 条：行为在变坏之前，会先变好。

第 4 条：选择容易的办法往往会无功而返。

第 5 条：药物可能比疾病更糟糕。

第 6 条：欲速则不达。

第 7 条：因和果在时空中并不是紧密相连的。

第 8 条：小的改变可能会产生大的成果。

第 9 条：鱼与熊掌可以兼得，但并非同时。

第 10 条：把大象一分为二，不能得到两头小象。

第 11 条：不去责怪，没有绝对的敌我关系。

《敏捷宣言》的第 4 条核心价值观——“响应变化高于遵循计划”反映出了软件开发所面临的外部环境是持续变化的，这是一个具有高度不确定性的复杂系统，只有通过不断的检视和调整，才能找到解决问题的方法。在稳定的环境中，人们可以通过预测和控制获得成功；但是在混沌的环境中，成功是偶然的，是不可预测的。

《敏捷宣言》签署人之一，吉姆·海史密斯在《自适应软件开发》一书中提到，复杂性科学就是关于复杂自适应系统自身的科学，敏捷开发方法就是从串行的瀑布式生命周期模型发展到动态的螺旋模型，并进一步演化成迭代的、突发的自适应生命周期，也就是“预测—协作—学习”的生命周期循环。

所以，系统思考有助于敏捷实践者厘清他们所处的环境、所做的工作、所面临的挑战、所产生的影响，从而积极地响应复杂适应性问题，持续探寻更好的解决方案。

6.3.2 敏捷项目会计原则

敏捷项目会计原则（Agile Project Accounting Principle）是指在敏捷项目中通过定义会计原则，对项目的研发成本进行更好的定义和标准化，并生成财务报告，从而保证项目会计核算制度清晰、可靠。

早在 20 世纪 70 年代，美国财务会计准则委员会（FASB）和美国注册会计师协会（AICPA）就开始制定和发布项目会计准则，并针对传统的瀑布式项目制定了有效的财务成本核算指导方法。但是，随着敏捷项目越来越多，传统的项目会计原则变得不再适用，甚至阻碍了企业进行敏捷实践，组织也就无法获得由敏捷工作方式所带来的益处。

2012 年，敏捷联盟启动了一项专门针对敏捷会计原则的计划，开始逐步研究和制定敏捷项目会计原则，从而更好地支持使用敏捷方法的组织定义、澄清和管理产品的研发成本。其基本思路是将适用于基于瀑布式生命周期的活动（如分析、开发、测试和部署等）的会计方法，调整为适用于基于迭代的敏捷增量交付的会计方法，如基于季度的滚动式预算方法。

财务专家比亚特·伯格斯尼思（Bjarte Bogsnes）在其著作《实施超越预算》（*Implementing Beyond Budgeting*）中介绍了敏捷和超越预算的关系，以及超越预算的六个领导力原则和六个管理流程原则，具体如表 6-5 所示。

表 6-5　超越预算的领导力原则和管理流程原则

六个领导力原则		六个管理流程原则	
1. 目的	围绕着愿景，而不是短期财务目标	1. 节奏	围绕业务的动态流动，而不是企业财年的节奏
2. 价值观	通过共同价值观来治理，而不是详细的规章制度	2. 目标	设定持续改进的远大目标，而不是固定的等级制度目标
3. 透明度	自组织和信息公开，而不是限制信息	3. 计划和预测	采取精益的计划和预测流程，而不是僵化的年度计划
4. 组织	围绕敏捷培养归属感，而不是等级制度	4. 资源分配	按需提供资源，而不是固定的年度预算分配
5. 自主权	信任和授权，而不是惩罚	5. 绩效	基于业务成果的绩效，而不是仅仅基于流程的度量指标
6. 客户	每个人的工作都与客户挂钩，而不是只为内部服务	6. 奖励	激励在外部市场上获胜的人，而不仅仅是达成内部目标的人

6.3.3　工作坊

工作坊（Workshop）也称为研讨会，是指在一定时间内（一般是 1～2 天），由工作坊的主持人（在某个领域内具有丰富的经验）带领，针对某一主题展开研讨并得出结论。一般来说，工作坊的参与者人数较少（一般为 10～20 人）。

工作坊的目的不是信息的单向传递，也不是让大家达成事先确定好的结论。工作坊注重参与，鼓励沟通与协作，团队成员充分发表自己的意见和想法，相互交流，彼此激发，通过共创达成最后的结论。这种协作的方式与敏捷工作方式是高度吻合的。

设计专家杰克·纳普（Jack Knapp）等人在著作《设计冲刺》（*Design Sprint*）

中，根据谷歌公司的产品创新经验，总结出了一套用于解决棘手难题的流程，这套流程被称为“设计冲刺”，即通过一个为期 5 天的工作坊，完成一款产品从概念到原型的历程。图 6-6 是设计冲刺的完整流程。

图 6-6 设计冲刺的完整流程

6.3.4 学习循环

学习循环（Learning Cycle）是指人们将一个最初产生的构思和想法，经过一个固定时间周期的执行，产生了可工作的成果，并获得了反馈信息，而后将这些信息用于对最初想法的验证，从而形成了一个封闭的循环，也就是获得了“学习”，这个过程我们称之为学习循环。

统计学家沃尔特·休哈特（Walter Shewhart）最早提出了采用短周期的方式来改进质量的概念，并引入了一种含有三个步骤的流程，即“计划—执行—查看”（Plan-Do-See），这就是学习循环的概念。

后来，质量学家爱德华兹·戴明（Edwards Deming）在此基础上将其发展为“计划—执行—检查—处理”（Plan-Do-Check-Act）的质量持续改进模型，这一模型被称为“戴明环”。

在敏捷工作方式中，存在许多学习循环，比如：

- Scrum 中的迭代通过“计划会—每日站会—评审会—回顾会”形成一个敏捷开发迭代执行的学习循环；
- DevOps 的三步工作法——“流动—反馈—持续学习和实验”，形成了一个持续交付流水线的学习循环。

6.3.5 协作游戏

协作游戏（Collaboration Games）是指通过游戏化的方式，让敏捷团队参与交流和互动，从而促进团队协作，以达成预期的成果。

协作游戏多种多样，敏捷专家肯·霍华德（Ken Howard）等人在其著作《个体与交互》（*Individuals and Interactions*）中，设计了一个“团队动力研讨会”，具体议程如表 6-6 所示，让团队利用一天的时间执行多个协作游戏，从一群单打独斗的个体转变为一个高效协作的团队。

表 6-6 “团队动力研讨会”议程

时间	协作游戏	内容说明
8:30 — 8:45	介绍	整体说明“团队动力研讨会”
8:45 — 9:15	“折纸”	通过一个简单的协作游戏进行破冰，让大家快速融入
9:15 — 9:45	“造桥”	通过团队协作，完成一个有挑战性的项目
9:45 — 10:05	“造桥”讨论	回顾与反思
10:05 — 10:20	休息	—
10:20 — 12:30	“月球生存”	通过团队分组协作，完成一个复杂的项目
12:30 — 14:15	“性格轮盘图”	团队成员更加深入地了解自己和他人
14:15 — 14:30	休息	—
14:30 — 15:00	“一致性评估”	团队成员分析各自的性格和容易受到的影响
15:00 — 16:15	“改变”	团队成员讨论自己可以做出哪些改变
16:15 — 16:30	休息	—
16:30 — 17:00	“团队和决策”	通过团队协作，做出决策，形成一个高绩效的敏捷团队
17:00 — 17:30	结束	总结“团队动力研讨会”

6.3.6 迭代评审

《敏捷宣言》中第 7 条原则明确指出：“可工作的软件是测量进度的首要指标。”所以，团队需要通过评审，持续地确保产生可用的交付成果。

在敏捷迭代执行中，评审是一个基于节奏的事件，敏捷团队会在每个迭代结束时，对本次迭代所交付的增量进行检查，评估工作的进展情况，并收集产品负责人对评审的反馈，以便根据反馈调整下一个迭代中的工作。

通常，迭代评审会议会进行 1 ~ 2 个小时，敏捷团队邀请产品负责人和相关干系人出席。团队成员通过演示（Demo）的方式，搭建环境并进行实际操作，展示本次迭代中所完成的工作（包括用户故事、技术工作、架构、非功能性需求等）。产品负责人根据验收标准对用户故事进行检查和验证，从而接受或者拒绝团队交付的成果，并给出反馈意见。

迭代评审也是一个标志性的事件，代表着迭代时间盒的结束。迭代评审的主要作用有以下两个。

- 对敏捷团队在迭代中所做的工作进行检查，即通过产品负责人对可工作的成果进行验证，获得反馈，从而对产品做出持续改进。
- 对敏捷团队在迭代中做出的贡献进行鼓舞，即通过团队展示他们的成果，增强团队的信心和成就感。

6.3.7　看板板

看板（Kanban）是日语中的词汇，意思是“招牌”“信号”“卡片”，人们通过可视化的方式进行信息的传递。通常，我们所说的看板是源自丰田公司的汽车生产管理方式，而后被逐步扩展和应用到包括软件开发在内的各种行业。当前，看板方法已成为敏捷开发中最常见的方法之一。

看板板（Kanban Board）是看板方法的工具，即将每个待办事项条目（如用户故事、缺陷、日常的工作任务等）写在卡片上，并按照一定的规则呈现在一个板面上，对其进行跟踪和管理，从而建立流动性，加快价值交付。图 6-7 是看板板示例。

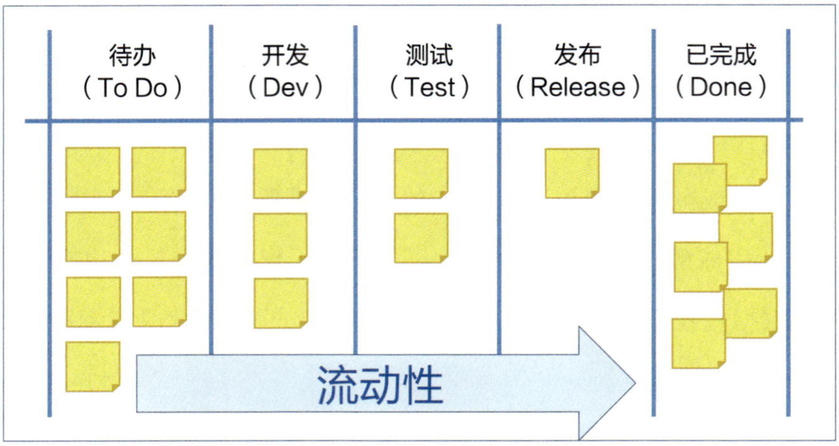

图 6-7 看板板示例

看板方法专家大卫·安德森（David Anderson）最早将看板引入软件行业，并在其著作《看板方法：科技企业渐进变革成功之道》（*Kanban：Successful Evolutionary Change for Your Technology Business*）中描述了看板方法的六种核心实践：

- 可视化工作流程；
- 限制在制品（WIP）；
- 度量和管理流动；
- 显示化规则；
- 建立反馈环；
- 在协作中持续改进。

通常，在敏捷实践中，可以将看板方法与 Scrum 等方法结合使用，用于展示工作和状态信息，以促进流程的改进。

6.3.8 任务板

任务板（Task Board）是一种可视化的工具，用于在一个板面上显示敏捷团队在一个迭代中待完成的用户故事，以及这些用户故事所拆分出来的任务。通过及时更新任务的状态，直观、动态地展示出工作的进展情况。

通常，任务板由三栏（每栏被称为“泳道”）构成，具体如图 6-8 所示。最初，所有的任务都会进入“待办”泳道；一旦团队做好准备，就可以从“待办”泳道提取任务，放到“进行中”泳道，表明该任务已经处在执行的过程中；当一项任务完成之后，就会被移动到“已完成”泳道。任务在任务板上从左到右动态地流动。

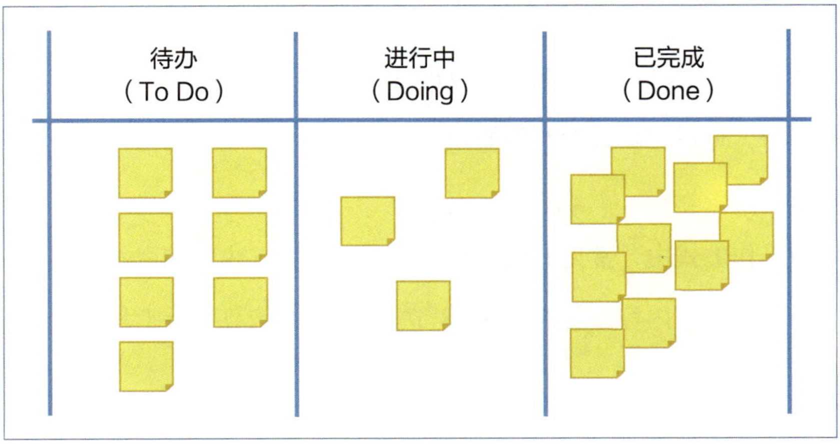

图 6-8　任务板

6.3.9　时间盒

时间盒（Timebox）是指一个固定的时间间隔，用来帮助人们专注地实现某个明确的目标或完成某项具体的任务，如果时间间隔结束，那么时间盒关闭。这种利用时间间隔的方式，有助于人们聚焦当下的工作，避免外界干扰，减少拖延。如果在时间盒内未能完成既定的目标和任务，人们可以进行反思和改进，以便在下一个时间盒内做出更好的表现。

在敏捷工作方式中，团队会对典型的执行活动设定时间盒。一般时间盒较短，比如，每日站会持续 15 分钟，迭代周期为 1～4 周等。短周期的时间盒可以保持连续性和节奏感，并能激发团队全力以赴地达成目标。

除了将时间盒用于工作中，还可以将其用于个人生活中的时间管理。《番茄工作法图解》（*Pomodoro Technique Illustrated*）一书中介绍了有效利用时间盒的方法。时间盒已经成了一种非常流行的时间管理方法。

6.3.10 偏差分析和趋势分析

偏差分析和趋势分析（Variance and Trend Analysis）是项目管理中的两种分析方法。偏差分析是审查实际执行情况与计划之间的差异（即偏差），通过定量分析资源的使用、成本、绩效等指标，及时进行纠偏。趋势分析是根据以往的结果来预测未来的绩效，通过追踪已经发生的数据，得出未来的发展趋势，从而尽早采取预防措施。

在敏捷工作方式中，常见的偏差分析工具是看板方法中使用的控制图（也称为统计过程控制，相关内容参见本书 8.3.8 节）。常见的趋势分析工具包括燃尽图、燃起图和累积流图。

6.3.11 在制品限制

在制品限制（WIP Limits）是指通过限制在制品的数量，减少并行的工作，避免产品数量的积压，从而缩短生产周期，提升价值交付的能力。

通常，在敏捷团队中，在制品限制是结合看板方法使用的，比如，针对看板板中的每个泳道，设定在制品的上限数量，并要求团队成员遵守相应的规则，从而减少并行的任务数量，加速价值的流动。如图 6-9 所示，在“待办”（To Do）、“开发”（Dev）、“测试”（Test）、“发布”（Release）泳道的在制品限制的数量分别是“5”“3”“2”“3”，也就是在每个状态下工作任务的上限不能超过这些数量。

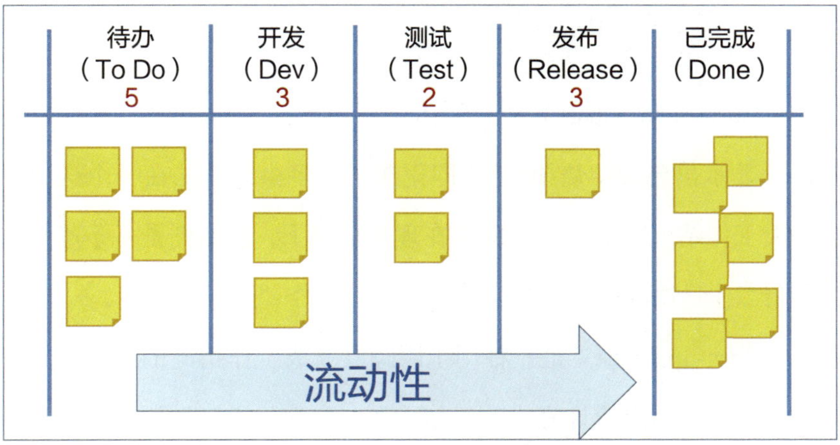

图 6-9　看板方法中的在制品限制

6.3.12　每日站会

每日站会（Daily Standup Meeting）是指敏捷团队成员每天在同一时间、同一地点召开的会议，团队成员站着开会，同步当前迭代中执行的进展情况。在每日站会上，每位团队成员将轮流回答以下三个问题：

- 为了实现迭代目标，我昨天做了什么？
- 为了实现迭代目标，我今天计划做什么？
- 为了实现迭代目标，我遇到了什么困难？

每日站会是由团队自组织召开的，通常在 15 分钟之内完成。团队成员站在任务板前面，针对迭代目标，各自描述自己的工作进展状态，不是向团队领导汇报，而是相互之间同步进展情况。团队成员说出自己计划要做的任务，这也是彼此之间的一种口头承诺。每日站会是用于同步进展情况的，而不是用于解决问题的。如果在每日站会上暴露出需要解决的问题，可以在每日站会结束之后，再专门组织相关的会议去解决问题。

6.3.13 燃尽图和燃起图

燃尽图（Burn-down Chart）是一种用于跟踪剩余工作情况的工具，通过计算剩余工作量，显示出已经“烧掉了”（即完成了）多少工作。在一个迭代中，敏捷团队须在每天工作结束时更新燃尽图。在理想情况下，燃尽图是一条趋势向下的曲线，随着剩余工作量逐渐减少，当迭代结束时，工作“燃尽”至零。

燃起图（Burn-up Chart）是一种用于跟踪已完成工作情况的工具，通过计算已经完成的工作量，显示出累计完成的工作。在一个迭代中，敏捷团队须在每天工作结束时更新燃起图。在理想情况下，燃尽图是一条趋势向上的曲线。

图 6-10 是燃尽图和燃起图示例，分别展示了敏捷团队在一次迭代中的进展情况。不难看出，燃尽图展示了敏捷团队在迭代中待完成工作的剩余工作量的情况，是针对团队“承诺”的跟踪；燃起图展示了敏捷团队在迭代中对已完成工作的累积，根据工作完成情况的趋势，可以对未来待完成的工作做出预测。累积流图就是一种典型的燃起图。

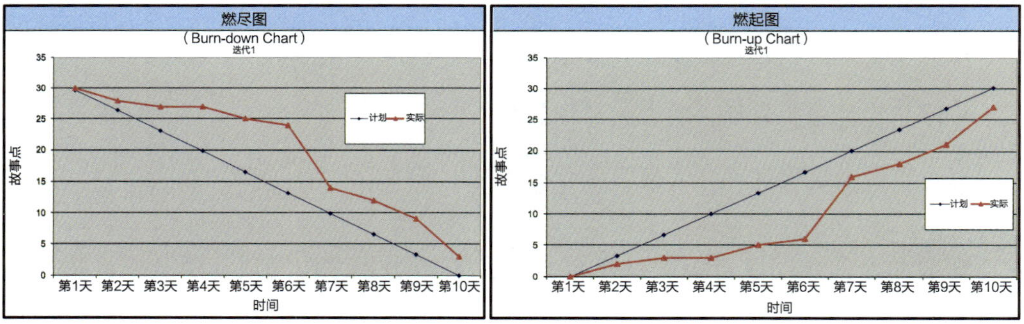

图 6-10 燃尽图和燃起图示例

6.3.14 累积流图

累积流图（Cumulative Flow Diagram，CFD）是一种用于跟踪和预测工作完成情况的工具。通常，累积流图与看板结合使用，显示随着时间的推移，工作项计数的累加情况。图 6-11 是一个团队的累积流图示例。

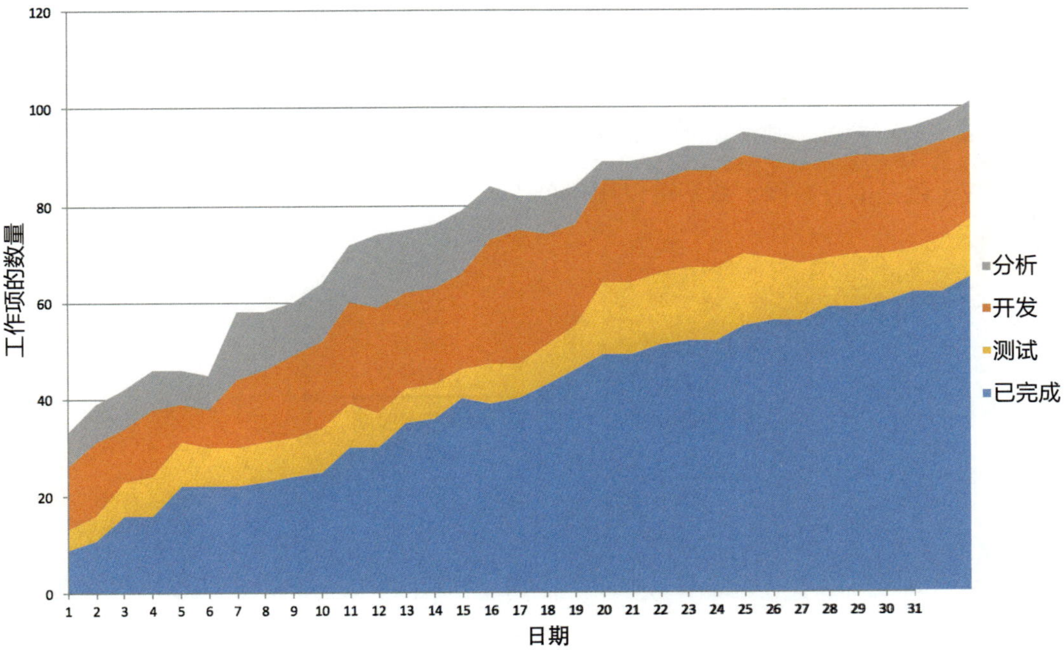

图 6-11　累积流图示例

从图 6-11 中可以看出，团队跟踪的工作项有四种状态，分别对应看板中的四个泳道——分析、开发、测试、已完成。图中横坐标代表日期，纵坐标代表工作项的数量。通常，团队会以天为单位进行观测，将每个泳道中的工作项的数量进行累加，形成一幅可以长期跟踪的累积流图。从累积流图中，我们可以观测到以下三个因素。

- 在制品数量：每条线之间的垂直距离，代表处于当前泳道中的工作项的数量。
- 前置时间（Lead Time）：每个工作项从“分析”到“已完成”的横向距离，也就是持续的时间。
- 吞吐量（Throughput）：“已完成”曲线向上张开的角度越大（也就是斜率越大），代表单位时间内完成的工作项越多（也就是产能越大）。

排队论中有一个著名的等候理论——利特尔法则（Little's law），是指在一个稳定的系统中，长期的平均顾客人数（L）等于长期的有效抵达率（λ）乘以顾客在这个系统中平均的等待时间（W）。如果反映到累积流图中，那么长期的平均顾客人数（L）就是在制品，长期的有效抵达率（λ）就是吞吐量，平均的等待时间（W）就是前置时间，我们可以用一个代数式来表达平均吞吐量，具体如图 6-12 所示。

$$\text{平均吞吐量（Throughput）} = \frac{\text{在制品（WIP）}}{\text{平均前置时间（Lead Time）}}$$

图 6-12　利特尔法则

累积流图可以帮助团队通过观测工作项完成的趋势，以及其中颜色区域的宽度变化来识别瓶颈，进行风险预警，从而采取相应的改进措施，确保价值可以快速地流向客户。

6.3.15　待办事项列表的梳理

待办事项列表的梳理（Backlog Grooming/Refinement）是指产品负责人对待办事项列表进行持续的更新和维护，保证列表上的内容都是实时、有效的。当产品负责人对待办事项列表进行梳理时，需要考虑“DEEP”的属性。

- 详略得当（Detailed Appropriately）：待办事项列表中的用户故事需要有适当的详细程度，在下一个迭代中实现的用户故事需要有足够多的细节，而在将来实现的用户故事则不必太过详细。
- 做过估算（Estimated）：待办事项列表中的用户故事需要被估算，从而使团队清楚地知晓这些用户故事的大小。
- 涌现（Emergent）：待办事项列表不是静态的，随着时间的推移，会有新的用户故事涌现出来，列表中的用户故事会被调整和更新。

- 排定了优先级（Prioritized）：待办事项列表中的用户故事需要被排定优先级，按照价值从高到低进行排序，从而确保团队每次都能实现价值最高的用户故事。

通常，当敏捷团队在进行当前迭代开发的工作时，产品负责人就会开始着手考虑下一个迭代的待办事项列表的梳理，并将梳理得出的成果作为下一个迭代计划会的输入。也就是说，产品负责人要比敏捷团队快一个迭代，准备好足够的待办事项条目，将其作为“需求池”，供团队在迭代计划会上进行“捞取”。图 6-13 显示了待办事项列表梳理会的节奏。

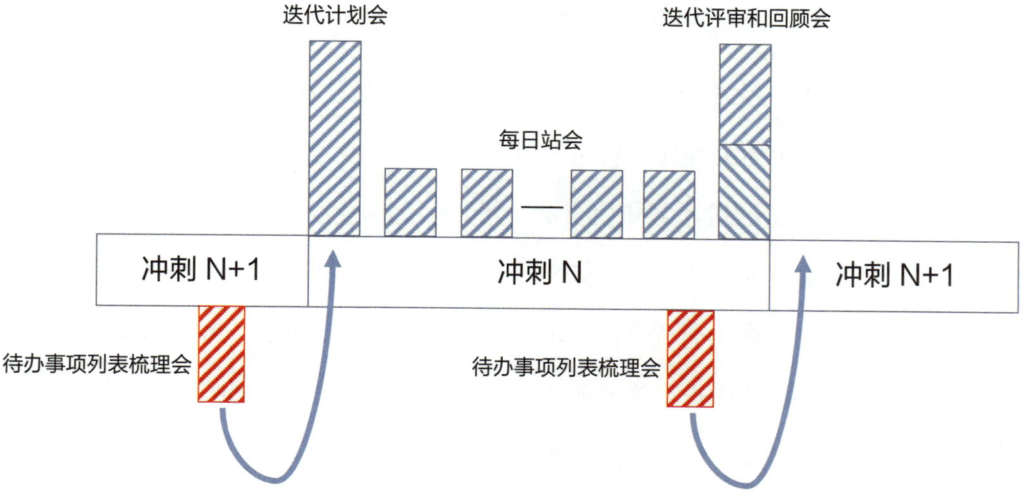

图 6-13　待办事项列表梳理会的节奏

6.3.16　产品反馈环路

产品反馈环路（Product Feedback Loop）是指在产品研发的过程中，从概念形成到需求实现，再到客户使用产品并给出反馈的完整环路。比如，精益创业（Lean Startup）中的“开发—测量—学习”（Build-Measure-Learn），就是一个完整的产品反馈环路。

美国空军上校约翰·博伊德（John Boyd）根据自己驾驶飞机的经验和对能

量机动性的研究，发明了“观察—判断—决策—行动”（Observation-Orientation-Decision-Action）的决策环路，这一决策环路被称为OODA循环（见图6-14），它非常有助于建立产品反馈环路。

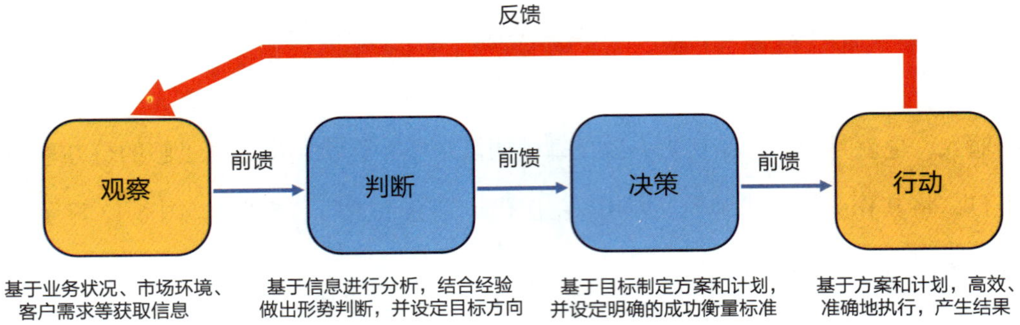

图 6-14　博伊德的 OODA 循环

通常，我们可以参考 OODA 循环将产品反馈环路分成两个部分：第一部分是“前馈”，也就是以价值为导向交付研发成果的部分，典型的活动包括产品愿景、路线图、优先级排序、迭代开发和评审演示等；第二部分是“反馈”，也就是对已交付的成果进行衡量，为前馈决策提供参考，典型的活动包括建立度量指标基准、业务数据和用户数据采集、衡量价值实现。敏捷团队还可以通过“A/B 测试”或“灰度发布”等方式，探测用户行为或业务成效在不同的产品版本间的差异，从而根据产品运营反馈的数据和关键指标的发展趋势来调整产品方向。

6.4　敏捷规模与估算

6.4.1　敏捷规模与估算的含义

估算是指大致的推算，根据具体条件及有关知识对事物的数量或结果做出大概的推断或估计。在传统的项目管理中，进行工作量估算常用的方法包括德尔菲估算

（专家判断）法、类比估算法、功能点分析法和三点估算法等，工作量的估算单位一般是“人月、人天、人时”等。

敏捷规模与估算（Agile Sizing and Estimation）是指在敏捷工作方式中对待完成的工作（如产品待办事项列表中的工作条目）进行估算的方法和技术，常用的方法包括宽带德尔菲估算法、亲和估算法等（相关内容参见本章 6.4.4 节和 6.4.5 节），估算单位主要有“故事点”和“理想时间”两种。

通常，敏捷团队使用产品待办事项列表来记录和跟踪需求，并且可以根据待办事项的颗粒度不同进行分层，以便采取不同的方法进行估算。敏捷专家肯尼思·鲁宾（Kenneth Rubin）在其著作《Scrum 精髓》（*Essential Scrum*）中介绍了三个不同层面的估算，具体如表 6-7 所示。

表 6-7 敏捷估算的三个层面

待估算的条目	投资组合中的条目（史诗）	产品待办事项列表中的条目（用户故事）	迭代待办事项列表中的条目（任务）
估算方法	亲和估算（相对估算）	宽带德尔菲估算（相对估算）	工时估算（绝对估算）
估算单位	T 恤衫尺寸	故事点 / 理想天数	理想小时数
估算时机	投资组合规划	产品梳理活动	迭代计划会议

此外，敏捷估算是一个团队行为，即需要团队成员共同参与，而不是由某位领导或专家自行给出。团队估算的目的是让大家对待完成的工作有一个全面的认识，大家相互讨论，从而澄清不确定性。团队给出的估算并不是承诺，而是对待办事项的一种预估，随着团队趋于成熟，其估算的准确程度也会有所提升。

6.4.2 管理敏捷的关键绩效指标

《敏捷宣言》中第 7 条原则明确指出：“可工作的软件是测量进度的首要指标。”不难看出，敏捷的度量指标是面向成果的，关注客户价值的交付，而不是中间的过程指标。所以，我们在管理敏捷的关键绩效指标（KPIs）时，要从价值交付的角度审视度量指标的含义，有效使用这些指标和数据，帮助团队进行预测和决策。

《敏捷实践指南》一书中强调，关注“经验性度量指标”（如已完成的功能）比关注“替代性度量指标”（如某项工作完成的百分比）更加重要。因为敏捷团队往往面对的是高度不确定性的工作，所以更倾向于使用基于经验和价值的度量指标，而不是预测型的度量指标。

敏捷工作方式中的绩效指标主要分为以下三大类。

- 业务类指标：包括获得的商业价值、净现值、投资回报和内部收益率等。
- 过程类指标：包括速度、吞吐率、生产率、周期时间、前置时间、每个迭代完成的用户故事的数量、每个迭代清除的障碍、延续到下个迭代的障碍和用户故事、团队成员的负荷等。
- 质量类指标：包括单个用户故事的验收测试、单个用户故事的缺陷数量、单个循环“逃逸”的缺陷数量、测试运行时间、测试运行频率、测试覆盖率和单元测试自动化百分比等。

对于一些关键指标，如速度、吞吐率、生产率、周期时间、前置时间、挣值、缺陷率和在制品等，后文将逐一介绍。

6.4.3　相对规模、故事点、T 恤衫尺寸

相对规模（Relative Sizing）是指在估算的过程中不考虑估算对象的绝对值，而是找到一个基准（通常是团队成员都能够清晰理解的）作为参照，再将其他的估算对象与之相比较。

通常，在传统项目管理中，人们会采用“绝对规模”的估算方法，比如，对于待完成的需求和工作条目，以绝对时间（月、天、小时）为单位进行估算；但是在敏捷工作方式中，人们采用的是“相对规模”的估算方法，比如，当人们对用户故事进行估算时，是通过对比用户故事之间的大小来进行估算的，它们之间的差异会

通过彼此之间的相对值体现出来。下面将介绍两种常用的相对估算的方法，分别是“故事点”和“T 恤衫尺寸”。

故事点（Story Points）是对用户故事进行相对规模估算时使用的一种度量单位，代表用户故事的总体规模。敏捷专家迈克·科恩（Mike Cohn）在其著作《敏捷估算与计划》（*Agile Estimating and Planning*）中描述了影响故事点的三个关键因素。

- 需要执行的工作的数量（The Amount of Work），即“有多少工作”，也就是用户故事的实际大小，一般通过投入的工作量来反映。
- 复杂程度（Complexity），即“工作有多难”，也就是用户故事实现的难易程度，一般需要考虑为构思设计、试错试验和反复验证等所付出的工作量。
- 风险和不确定性（Risk and Uncertainty），即“哪些工作是已知的，哪些工作是未知的”，也就是产品负责人能否清晰地表达用户故事，通常指处理风险的工作量。

敏捷团队除了要综合考虑以上三个因素之外，还要针对“完成定义”（DoD，相关内容参见本书 8.2.3 节）的要求，用一个数字来表示故事点。最常用的数值范围是修改过的斐波那契数列（0，1/2，1，2，3，5，8，13，20，40，100），这个数列反映了在估算中存在不确定性，较小的用户故事一般会比较明确，但是较大的用户故事往往是非常不确定的，需要对其进行拆分。

T 恤衫尺寸（T-shirt Sizing）是一种比较简易的相对估算的方法，将用户故事的规模用 T 恤衫的尺码作为单位来表示，如“小码、中码，大码，加大码”或者“XS、S、M、L、XL”（见图 6-15）。敏捷团队在进行用户故事估算之前，先确定好“T 恤衫尺寸”，然后使用亲和估算（后文将介绍）技术进行估算。

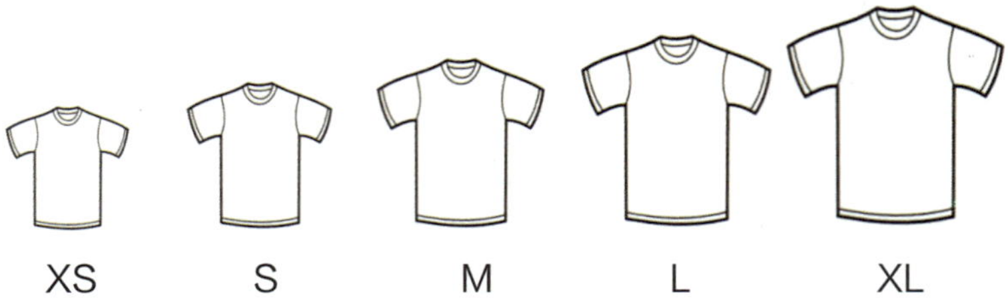

图 6-15　T 恤衫尺寸估算法

6.4.4　宽带德尔菲和计划扑克

宽带德尔菲（Wideband Delphi）是建立在德尔菲技术基础之上的一种估算方法，它结合了专家判断和小组讨论，即首先让每位团队成员进行独立估算，不受彼此的干扰，也就是使用经典的德尔菲技术；然后每位团队成员展示出各自的估算结果，并就不同意见进行充分沟通，达成共识，从而增加了德尔菲技术的宽度。

《敏捷宣言》的签署人之一，詹姆斯·格朗宁（James Grenning）发明了敏捷计划扑克（Planning Poker）（见图 6-16），它可以帮助敏捷团队对用户故事进行估算。敏捷计划扑克是一种载体，有助于敏捷团队有效使用宽带德尔菲估算技术。

图 6-16　敏捷计划扑克

产品负责人并不参与估算，只有具体参与用户故事实现的成员参与估算。

使用计划扑克进行敏捷估算的具体操作步骤如下。

第 1 步：团队中的所有人都参与估算，每个人手中都持有一副计划扑克。

第 2 步：所有人针对“1”点的用户故事达成共识，也就是有一个共同的用户故事基准。

第 3 步：产品负责人讲解待估算的用户故事，并回答团队提出的问题。

第 4 步：每个人独立进行估算，从计划扑克中选出一张，暂时不要翻开。

第 5 步：所有人同时翻开各自所选的扑克牌，彼此都能看到对方出牌的点数。

第 6 步：出牌点数最高和最低的人，解释各自给出估算的原因。

第 7 步：团队成员经过讨论，每个人都获得了更多的信息，对用户故事有了更多的理解，于是，再进行一轮估算和出牌。

第 8 步：如果估算的点数趋同，那么用户故事的点数就可以确定下来，如果还存在较大差异，就再重复第 4 步至第 6 步。

6.4.5　亲和估算

亲和估算（Affinity Estimating）是一种用于对大量用户故事（一般来说，用户故事的颗粒度也较大）进行快速估算和分类的估算技术，通常结合“T 恤衫尺寸”方法加以使用。亲和估算的优势是简单、快速，制定决策的过程透明可见，而且是由敏捷团队成员一起合作产生估算成果。

亲和估算的具体实施步骤如下。

第 1 步：团队所有人都参与估算，团队将待估算的用户故事卡片都张贴到故事墙上。

第 2 步：团队成员经过讨论，选出典型的用户故事，将符合不同的“T 恤衫尺寸”的用户故事作为标杆，即针对每个尺寸（XS、S、M、L、XL），选一个用户故事，使其占据一列。

第 3 步：产品负责人选出下一个用户故事，团队成员展开讨论，按照其规模大小将其移动到不同的列中，也就是与标杆用户故事进行“亲和”。

第 4 步：团队成员对其他用户故事依次执行上一步操作，直至所有用户故事归类完成。

6.4.6 理想时间

理想时间（Ideal Time）是一种用于估算工作量的度量单位，表示人们在专注于一项工作且没有中断的前提下所花费的时间。与理想时间相对应的是实际耗费时间，也就是开展工作实际花费的时间。通常，实际耗费时间大于理想时间。

使用理想时间的好处是，可以排除外界因素的干扰，不考虑其他并行的工作，也不计算未投入在该用户故事上的工作量，从而聚焦于用户故事本身，估算出完成用户故事所需要的工作量。

敏捷专家迈克·科恩（Mike Cohn）在其著作《用户故事实战》（*User Story Applied*）中描述了“故事点”和“理想工作日”的关系，我们可以把一个“理想工作日”作为一个“故事点”。当然，使用“故事点”和“理想工作日”各有优劣，“故事点”是用户故事规模和复杂程度的客观体现，有助于团队成员共同讨论和做出决策，但是故事点有些抽象，参考基准（“1”点的用户故事）可能无法适用于所有类型的工作；而“理想工作日”更加具体、更加容易理解，团队使用起来也更加方便，但是“理想工作日”可能会存在一些与人有关的因素，比如，不同团队成员所理解的“理想工作日”可能会有所不同。

所以，当敏捷团队选择估算单位时，无论是“理想工作日”还是“故事点”，都需要建立在对二者含义的正确理解之上，并且根据团队的实际情况做出合理的选择。

6.4.7 速度、吞吐量、生产率

对敏捷团队来说，速度（Velocity）、吞吐量（Throughput）和生产率（Productivity）这三个度量指标的含义基本相同，都是指在单位时间内团队交付成果的数量。

具体来说，速度是一个敏捷团队在一次迭代中完成的故事点数的总和。速度不是迭代目标和承诺，是团队用来对当前迭代所完成的工作量的观察，团队将基于当前迭代的速度来更好地对下一次迭代进行计划。通常，速度是针对一个团队跨迭代的纵向比较，而不是用来在多个团队之间进行横向比较。

表 6-8 是一个敏捷团队在一次迭代中所完成的用户故事的情况。当我们计算团队速度时，只考虑已经完成的用户故事，即故事 A、B、C，所以，速度为 16 点（3+5+8=16）。而对于未完成的故事 D 和 E，则不计入速度中。

表 6-8　用户故事完成情况示例

用户故事	故事点	完成情况
A	3	100%
B	5	100%
C	8	100%
D	5	80%
E	8	50%

通常，在敏捷团队经过一段时间的磨合之后，速度会趋于稳定，我们可以用多次迭代计算出平均速度，以此来预测未来迭代和版本的交付能力。

6.4.8　周期时间

周期时间（Cycle Time）也叫循环时间，是精益生产中的概念，是指一项工作从开始到完成所花费的执行时间。周期时间考察的是实际处理该项工作所花费的时间，比如，一个用户故事从进入产品待办事项列表到交付至生产环境，需要经历设计、开发、测试和部署几个步骤，周期时间是指经历这些步骤的时间总和。

敏捷工作方式提倡尽量缩短周期时间，一般是通过将用户故事进行拆分，使其颗粒度变小，这样既能澄清用户故事、减少其不确定性，又能快速地通过向客户或产品负责人进行演示，获得反馈，从而加快交付价值的速度。

6.4.9 前置时间

前置时间（Lead Time）也叫前导时间，是指一项工作从开始到结束所花费的总时间，包括前期的准备、中间的等待，以及后期的相关活动等。前置时间是一个时间跨度，包括周期时间（也就是增值的处理时间），以及所有不增值的时间（通常是等待时间）。

前置时间和周期时间的关系如图 6-17 所示。不难看出，前置时间就是最终的交付时间，直接决定了交付价值的效率。

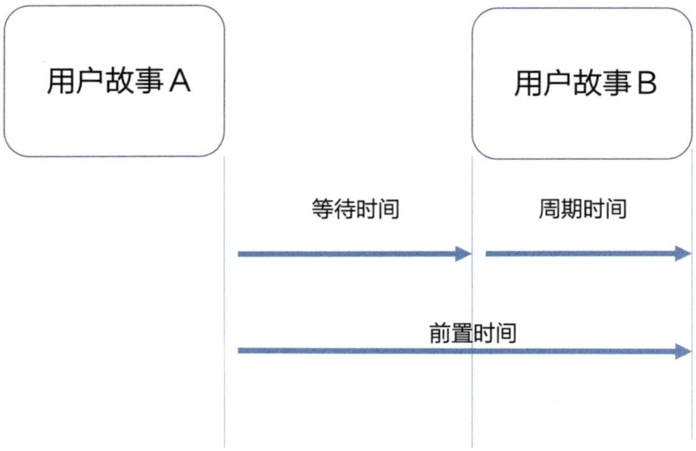

图 6-17 前置时间和周期时间的关系

6.4.10 敏捷项目的挣值管理

挣值管理（Earned Value Management，EVM）是一种偏差分析方法，用于对项目进度和成本绩效进行综合分析，在衡量项目状况时，重点关注已经转化的成果和已经实现的价值。其中有以下三个基本概念。

- 计划价值（Planned Value，PV）：也叫计划工作的预算成本，是项目执行过程中某个阶段计划要完成的工作的价值。
- 挣值（Earned Value，EV）：也叫已经完成的工作的预算成本，是项目执行过程中某个阶段已经完成的工作的价值。

- 实际成本（Actual Cost，AC）：也叫已经完成的工作的实际成本，是项目执行过程中某个阶段已经完成的工作所耗费的实际成本。

通常，在传统的项目管理方法中，人们会在项目的启动和计划阶段基于挣值管理方法，设定各种指标（PV、EV、AC）的基线，并且在项目的执行过程中，设定考核时点，定期检查指标的偏差情况，主要的偏差评价指标如下。

- 进度偏差（Schedule Variance，SV）：在考核时点挣值与 PV 之间的差值，即 SV=EV−PV。若 SV>0，表示进度提前；若 SV<0，表示进度落后。
- 费用偏差（Cost Variance，CV）：在考核时点挣值与 AC 之间的差值，即 CV=EV−AC。若 CV>0，表示成本节约；若 CV<0，表示成本超支。
- 进度绩效指标（Schedule Performed Index，SPI）：在考核时点挣值与 PV 之间的比值，即 SPI=EV/PV。若 SPI>1，表示进度提前；若 SPI<1，表示进度落后。
- 费用绩效指标（Cost Performed Index，CPI）：在考核时点挣值与 AC 之间的比值，即 CPI=EV/AC。若 CPI>1，表示成本节约；若 CPI<1，表示成本超支。

在敏捷工作方式中，挣值管理方法需要基于已经完成的用户故事进行计算。我们可以使用故事点作为衡量单位，使用燃起图来观测进展和成本的状况。通常，敏捷团队会把每个迭代的边界作为测量点，对挣值结果进行评估，然后决定是否需要在下一个迭代中做出调整。

例如，敏捷团队在迭代计划会中计划了 25 个故事点，但实际只完成了 20 个故事点，那么 SPI=20/25=0.8，表示产品整体的发布计划是落后的。同样，敏捷团队还可以通过计算已经完成的用户故事的价值与 AC 的比值，计算出 CPI（CPI=EV/AC），用于显示费用绩效的情况。

6.4.11 缺陷率

缺陷率（Defect Rate）是一种用于软件测试的度量指标，一般是指在单位代码数量中产生的缺陷数。能力成熟度模型集成（Capability Maturity Model Integration，CMMI）中，定义了千行代码的缺陷率，其计算公式为：

缺陷率 =［缺陷数量 / 代码行数（以千行为单位）］× 100%

缺陷率越低，说明代码质量越高。

此外，软件团队还会计算缺陷逃逸（Escaped Defects），即在研发过程中未被发现的缺陷，当这些缺陷随着最终产品直接交付到客户的环境中时，将会产生严重的后果。敏捷团队更加看重缺陷逃逸指标，因为它与是否能够交付价值和产生正确的结果直接相关。

6.4.12 获得认可的迭代

获得认可的迭代（Approved Iterations）是指迭代的目标达成，成果得到了交付，获得了产品负责人或客户的反馈和认可。敏捷团队可以从被认可的迭代中总结经验，为接下来的迭代工作提供参考依据。

通常，敏捷团队在进入第一个迭代之前，需要做一系列准备工作。我们一般可以将执行这些准备工作的时间周期称之为“迭代 0”。敏捷专家艾伦 · 沙洛维（Alan Shalloway）在其著作《精益—敏捷软件开发》（*Lean-Agile Software Development*）中描述了在“迭代 0”中需要考虑的四个层面。

- 创建产品：理解商业价值和产品愿景，可视化产品待办事项列表。
- 组建团队：团队要准备好所需的知识、技能、工具、流程。
- 构建环境：确定工作环境和协作空间，安装和配置好开发测试环境。
- 搭建架构：定义高级别的架构和设计目标，设置团队的开发标准。

在“迭代 0”获得认可之后，团队就开始进入正式的迭代执行了。团队设定迭代的完成定义（DoD），将其作为迭代的验收标准和获得认可的依据。一个成功的迭代就是实现了迭代的完成定义，交付了业务价值，得到了客户的反馈和认可，这会进一步激励敏捷团队持续进行改进和提高。

6.4.13　在制品

在制品（Work In Progress，WIP）是一个生产领域的术语，是指正处于加工制作的、尚未完成的产品，也就是半成品。WIP 是需要进行管理的，如限制 WIP 的数量、规范 WIP 的存放等。

在敏捷工作方式中，WIP 是指团队已经开始但尚未完成的工作，如已经开始实现的需求分析、代码、测试等。通常，管理 WIP 时需要关注以下内容。

- 限制 WIP 的数量，保持一个比较合理的批量规模。对一个敏捷团队来说，并行处理的用户故事（也就是批量规模）不宜过多，要在“单件流”和大批量之间找到一个平衡点。
- 识别和管理库存，促进价值的良好流动。WIP 就是库存，它造成了积压，带来了很高的管理成本。敏捷团队注重价值交付，也就是减少库存，让 WIP 尽早流动到客户那里，为其创造价值。
- 关注闲置的工作，而不是关注闲置的人员。让有价值的工作流动起来，产生价值；而不是为了让人员都能满负荷工作，去做一些没有价值的工作。

通过限制 WIP 的数量，可以确保团队聚焦在高价值的工作上，提升团队的吞吐量，从而使团队快速开发产品，让价值产生流动。这样做，还可以在敏捷团队中产生一种积极的协同效应，即以目标为导向，逐渐把团队培养成一支高绩效的敏捷团队。

6.5 小结

本章介绍了“适应性计划”的相关知识，强调了敏捷实施中计划是分层执行和持续适应性演进的。

其中，三个子领域是总分关系：“计划的层级”是总述，总体分析了敏捷计划的不同层级；“适应性”和“敏捷规模与估算”是分述，详细说明了敏捷计划的相关工具和方法，以及如何采用敏捷的相对估算方法。

敏捷管理专业人士要深刻地理解敏捷工作方式中计划的特点和执行方式，恰当地应用分层策略和工具技术，从而建立起一个持续进行适应性计划的动态机制。

第 7 章

问题探测和解决

7.1 概述

问题（Problem）有时也可以表述为障碍（Impediment），是指现实（当前的状态）和理想（未来的状态）之间的差距。在敏捷场景中，我们要承认不确定性的存在，持续地明确目标以及当前的状态和目标之间的差距，识别和理解问题，寻找和实施解决方案，进而不断趋近目标。

PMI-ACP® 考纲中的第六个知识领域是“问题探测和解决”，考纲中详细描述了如何持续地识别问题、障碍和风险，并按照优先级顺序来解决问题，同时，对问题的解决状态进行跟踪，并实施流程改进措施，从而防止问题再次发生。“问题探测和解决”知识领域中包含 5 项任务，其具体内容及对敏捷管理专业人士（ACP）的要求如表 7-1 所示。

表 7-1 “问题探测和解决”知识领域任务列表

任务序号	内容描述	对 ACP 的要求
1	通过鼓励对话和实验，**创造一个开放和安全的环境**，从而暴露出那些减慢团队速度和阻碍价值交付能力的问题和障碍	ACP 要为团队营造一个透明的环境，鼓励团队成员开诚布公地说出自己的想法，并允许团队进行实验和犯错，只有这样团队才能通过不断创新来解决问题和提升价值交付能力
2	通过在项目的各个阶段培训团队和鼓励团队参与**识别威胁和问题**，从而在适当的时机解决这些问题，并改进导致问题产生的流程	ACP 教授团队如何发现问题，鼓励团队共同参与讨论，识别问题产生的根本原因，找到和尝试解决问题的方法，不断改进工作流程
3	确保问题由适当的团队成员来解决，并**根据无法解决的问题来重新设定期望**，从而使交付的价值最大化	ACP 持续关注问题的解决状态，及时识别那些超出团队能力之外而无法解决的问题，修改和更新解决问题的目标，使之更加切实可行
4	维护一个可见、可监测、按优先级排序的**威胁和问题列表**，从而提高团队的责任意识，鼓励团队采取行动，并能跟踪责任人解决问题的状态	ACP 创建一个问题列表，并参考待办事项列表的形式，对问题列表进行梳理和状态更新，通过可视化的方式让团队和干系人知晓解决问题的进展情况
5	通过维护威胁和问题列表，并**将相应的活动纳入工作待办事项中**，来沟通威胁和问题的状态，从而呈现出透明性	ACP 帮助团队识别需要优先解决的问题，确定解决方案，并将解决方案转化为具体的工作内容，纳入待办事项列表中，采取相应的行动措施，跟踪和确保问题的最终解决

“问题探测和解决”知识领域所涉及的“知识和技能”（KS）与“工具和技术”（TT）如表 7-2 所示。

表 7-2 “问题探测和解决”知识领域所涉及的 KS 与 TT

领域	KS	TT
问题探测和解决	KS19：问题解决 KS22：敏捷发现	TT28：谈判 TT29：冲突解决 TT61：按风险调整的待办事项列表 TT62：风险燃尽图 TT63：风险探针 TT64：架构探针

7.2 问题探测

7.2.1 敏捷发现

敏捷发现（Agile Discovery）是指在工作过程中，通过使用敏捷方法，尽早发现和识别问题，经过分析采取相应的措施，处理和解决问题。

敏捷方法是为了应对软件开发中的挑战而出现的，它需要我们承认风险和不确定性的存在，采取拥抱变化的积极态度，使用经验性的过程，与客户频繁地沟通和澄清需求，通过迭代和增量交付尽早获得验证，从而识别出当前方案与客户期待之间的差距，然后采取新一轮的迭代，产出更新后的增量，并通过向客户演示来获得反馈。这就构成了敏捷工作方式中发现问题、分析问题和解决问题的闭环，即敏捷发现过程。

问题是当前状态与应有状态之间的差距。为了弥补差距，我们要清晰地认识现实状况。所以，在敏捷实施过程中，发现问题与解决问题同样重要。敏捷是一个“放大镜”，在解决问题之前，先将问题暴露出来，然后结合具体情况，制定和执行问题解决方案，并进行快速验证。

如图 7-1 所示，在问题发现和解决方面，敏捷方法比传统瀑布式方法具有明显的优势，具体表现在以下几个方面。

- 可视化（Visibility）：持续保持产品、进展、流程的透明性，通过频繁的沟通和演示，尽早暴露问题，并采取应对措施。
- 适应性（Adaptability）：在讨论最初的产品需求后，保留其灵活性，预见到会发生的变化，并针对发现的问题，及时采取适应性行动。
- 价值（Value）：增量式地交付价值，通过减小交付内容的颗粒度，加快交付的速度，使问题解决得到快速验证。

- 风险（Risk）：针对存在风险的领域，通过原型和建模等可见的成果来获得反馈，从而消除不确定性，避免发生潜在的问题。

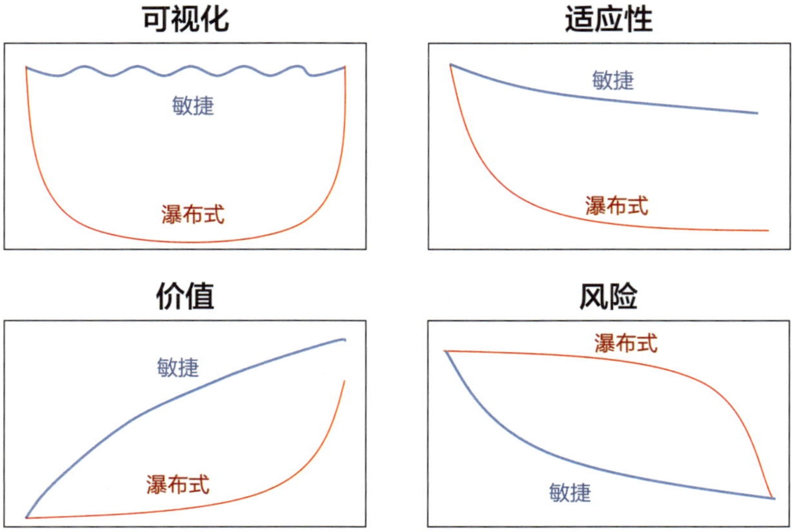

图 7-1　敏捷发现的优势

7.2.2　按风险调整的待办事项列表

风险是指不确定性，即在某种概率下，发生某个事件所造成的某种影响。有关风险管理的内容，在项目管理领域已经有非常详细的讨论，此处不再赘述。

按风险调整的待办事项列表（Risk Adjusted Backlog）是指在创建和维护待办事项列表的过程中，考虑了风险因素，并将其与价值进行综合考虑，对待办事项列表的优先级做出相应的调整，从而使团队更加合理地安排敏捷实施工作。

敏捷团队在考虑按风险调整的待办事项列表时，可以参考风险和价值矩阵（见图 7-2）。对于待办事项列表中的每个条目（通常是用户故事），需要综合考虑价值和风险两个维度，将其依次分成四个区域。

一般来说，敏捷方法提倡先做最有价值的工作，也就是“低风险、高价值”的工作，这可以让敏捷团队避免过早地接触一些不必要的风险，同时也可以减少一些不必要的工作，把精力集中在最有价值的工作上，从而尽早交付价值。但是，即使以价值优先为导向，敏捷团队在排定优先级顺序的时候，仍然需要考虑风险因素，因为高风险的工作往往与基础性的工作（如架构）有关，是需要优先考虑的，所以敏捷团队应先做高风险的工作。

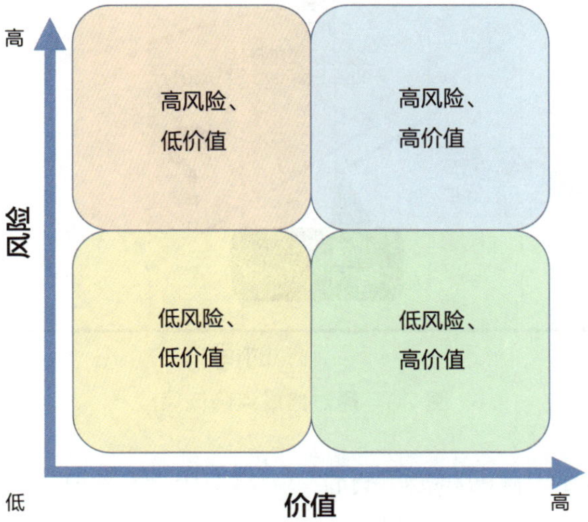

图 7-2　风险和价值矩阵

先做“高风险、高价值”的工作，还是先做“低风险、高价值”的工作？对于这个问题，是没有定论的，要根据客户的需要和团队的情况进行综合考虑。但是，有一点可以确定，就是在排定待办事项列表的优先级时，需要考虑风险因素。

7.2.3　风险燃尽图

风险燃尽图（Risk Burn-down Chart）是一种描述项目风险变化趋势的图形，通过跟踪剩余风险的情况，显示出风险随着时间的推移呈线性下降趋势。风险燃尽图的具体呈现形式，类似于本书 6.3.14 节中所介绍的燃尽图。

精益管理专家丹塔·奥斯特沃尔（Dantar Oosterwal）在其著作《精益机器》（*The Lean Machine*）中提出了在产品研发中存在的一个重点问题，即人们在处理风险时存在一种“假的积极可行性”（False Positive Feasibility），意思是人们在早期设计时做出了单一的选择，假设风险都在可控的轨道上，但是直到项目交付时才发现结果和预期的差距很大，具体如图 7-3 所示。

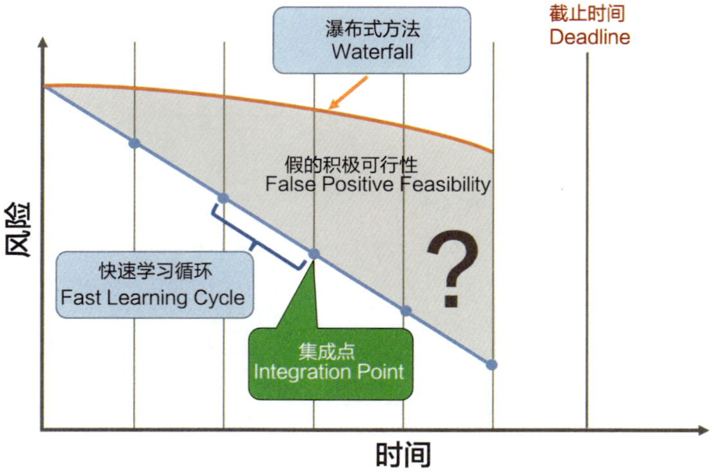

图 7-3　通过集成点降低风险

风险之所以存在“假的积极可行性”，是因为团队在项目执行过程中所使用的一些管理报告（如风险登记册、风险跟踪表等），使其产生了一种虚假的安全感。实际上，团队并没有交付实际的内容，也无法真实地评估进展。

为了解决这个问题，在敏捷工作方式中，提倡尽早完成工作、尽早验证。如果是由多个团队分别执行的工作，就需要尽早地进行集成。如图 7-3 所示，敏捷团队将整个项目时间分成若干时间盒（迭代），每个迭代结束都是一个集成的时点，需要将交付的内容进行演示，所以，每个迭代都是一个对不确定性（风险）进行验证的循环，也是一个获得反馈的快速学习循环。从而，在整个项目的生命周期内，敏捷团队可以有效地跟踪风险“燃尽”的真实状态。

敏捷专家迈克·科恩（Mike Cohn）认为，在敏捷工作方式中，通过频繁地交付和验证，可以积极地消除风险，甚至在周期短、风险低的项目中，可以不必采取正式的风险管理。同时，他借鉴了敏捷教练约翰·布拉泽斯（John Brothers）在《敏捷时报》（*The Agile Times*）中提出的风险燃尽图的思路，并给出了一个示例，具体如图 7-4 所示。

从图 7-4（a）中可以看出，“风险待办事项列表”（Risk Backlog）中记录了已识别出的风险（通常重点关注前十大风险），“概率”表示风险发生的可能性，“影响”是指风险发生后所带来的损失（通常以理想人天为单位来计算）。有了这些信息之后，就可以计算出预期的“风险暴露”（Risk Exposure）：

风险暴露 = 概率 × 影响

风险待办事项列表	概率（%）	影响（天）	风险暴露（天）
备份和恢复，可能需要引入第三方的产品	20%	15	3
缺少相关数据，会影响合作伙伴 A 对产品的验证	35%	20	7
合作伙伴A没有足够的时间对分析报表的格式提供反馈，这意味着只有在验证期间才会发现报表不能用	10%	5	0.5
合作伙伴A的员工要到很晚才能去验证新功能，这使我们无法发布额外的版本，以此来解决他们可能没有发现的问题	20%	5	1
测试人员缺少验证所有的操作系统和浏览器的时间	40%	5	2
合作伙伴A可能需要比我们所能提供的更多的用户文档	20%	20	4
风险暴露总计			17.5

（a）

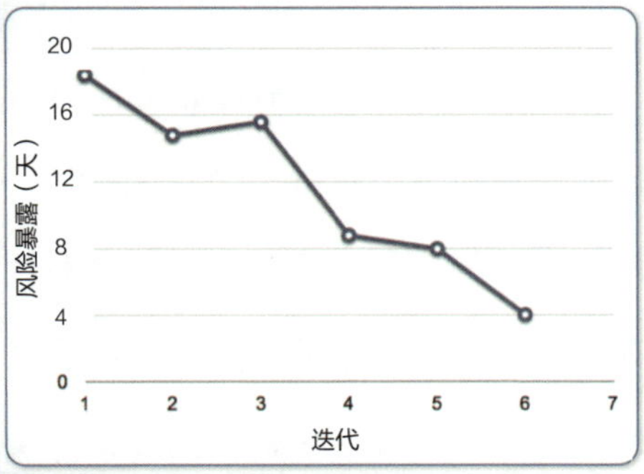

（b）

图 7-4　风险燃尽图示例

资料来源：Mountain Goat Software 公司。

接下来，敏捷团队就可以通过跟踪表格中“风险暴露”的累计值来绘制风险燃尽图，如图 7-4（b）所示。风险燃尽图记录了随着时间的推移，风险的变化情况。在理想情况下，风险的趋势是向下的，直至风险全部得到解决，燃尽至零。

7.2.4　风险探针

探针（Spike）是极限编程中的一个发明，它是一类特殊的工作任务，用于收集信息或澄清问题，消除风险和不确定性，从而帮助敏捷团队找到解决问题的方法。

通常，敏捷团队会在以下场景中使用探针。

- 当涉及新领域、新技术、新方法、新工具时，可以设置探针，进行基本的研究。
- 当需求（如用户故事）规模过大、复杂度极高，难以进行估算时，可以先拆分出一个探针，在较短的时间内，针对小部分内容进行研究并得出结果，将其作为下一步实现的输入。
- 当面临重大风险（可分为功能风险和技术风险）时，可以通过探针进行研究和原型化的验证，从而澄清不确定性，明确用户故事的意图和收益。

风险探针（Risk-Based Spike）是为消除风险而设定的探针，一般会基于存在风险的用户故事，拆分出“功能探针”和“技术探针”。“功能探针”的用途是澄清用户与系统的交付方式，通过原型对用户体验进行评估，消除用户意图和系统功能上存在的风险和不确定性；“技术探针”的用途是研究架构或技术方案，通过对原型的演示、验证进行评估，消除技术实现上存在的风险和不确定性，从而增强团队对技术方案的信心。

规模化敏捷专家迪恩·莱芬韦尔（Dean Leffingwell）在其著作《敏捷软件需求》（*Agile Software Requirements*）中，就如何将一个存在风险的用户故事拆分成“功能探针”和“技术探针”进行了举例，具体如图 7-5 所示。

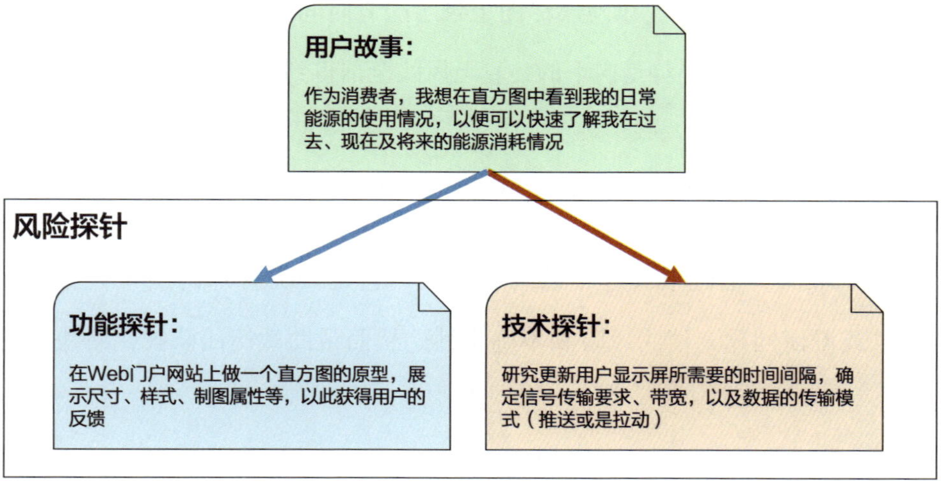

图 7-5　风险探针的两种类型示例

7.2.5　架构探针

架构探针（Architectural Spike）是指为消除架构风险和不确定性而设定的探针，通过设计和编码来验证技术的不确定性，从而消除风险。常见的架构探针包括简单设计、快速原型设计、领域建模、浮现式架构和意图架构等。

敏捷专家斯科特·安布勒（Scott Ambler）在其著作《规范敏捷交付》（*Disciplined Agile Delivery*）中指出，架构是项目风险的主要来源之一，需要引入一个专门的角色——“架构负责人”（Architecture Owner）来有效控制架构风险。

架构负责人不仅需要具备较强的技术背景，还需要对产品所涉及的业务领域有深入的理解，能够带领团队通过架构探针持续消除技术风险。架构负责人的主要职责如下。

- 通过架构探针，把握产品的整体架构设计方向，澄清技术风险，并确保团队理解整体架构和关键技术。
- 在进行产品架构初始分析时，通过架构探针对技术方案的非功能性需求进行分析和预测。
- 指导团队对技术方案的架构进行创新，带领团队更好地执行架构方面的实践。
- 在技术决策方面，综合考虑团队的意见和建议，对于关键技术策略和技术风险应对，拥有最终决定权。
- 在日常工作方面，架构负责人也要参与编写代码的工作，为团队进行技术评审（包括代码、设计、流程、数据库建设等方面），以便提前发现问题，持续优化架构设计。

不论使用风险探针还是架构探针，主要目的都是用最小的投入、最短的时间，通过对可能性的假设和验证来消除不确定性、降低风险。因此，在设定探针时，应该尽量保持较小的颗粒度，并且在一个迭代内完成，甚至有的探针仅需要 1～2 天的工作量。

创建探针的方式与创建用户故事类似，需要描述预期的结果，并设定验收标准。被创建好的探针需要纳入待办事项列表中，以便团队对其进行估算，并通过迭代计划将其纳入迭代执行中。当探针产生了原型、概念验证或者其他成果，有助于推动最终结果时，需要对其进行演示和验收，从而完成探针创建。创建探针的目的是试验，而不是直接交付用户价值，所以，我们只需要利用探针开发出足够的信息来解决用户故事中的不确定性即可，这样就可以对用户故事的其他部分获得更加清晰的了解，并能够进行相应的估算和调整。

7.3 问题解决

7.3.1 问题解决方案

问题解决（Problem Solving）是指在一定的情境下，识别出问题，并应用各种认知活动和技能，经过原因分析、方案识别等一系列操作，使问题得以解决的过程。敏捷工作方式鼓励敏捷团队共同参与问题的解决。

规模化敏捷框架（SAFe）中提供了一种结构化的方法——问题解决工作坊，在1~2个小时内，通过执行如下6个主要步骤，即可获得问题解决方案，具体如图7-6所示。

第1步：描述待解决的问题，团队成员就问题的理解达成一致。

第2步：使用“五个为什么”“鱼骨图分析”等相关工具，进行问题的根本原因分析。

第3步：使用“帕累托分析”（又称“80/20法则”）将原因缩小到一个较小的范围，并从中识别出最主要的根本原因。

第4步：根据最主要的根本原因，重新对问题进行描述，使问题的表达更加清

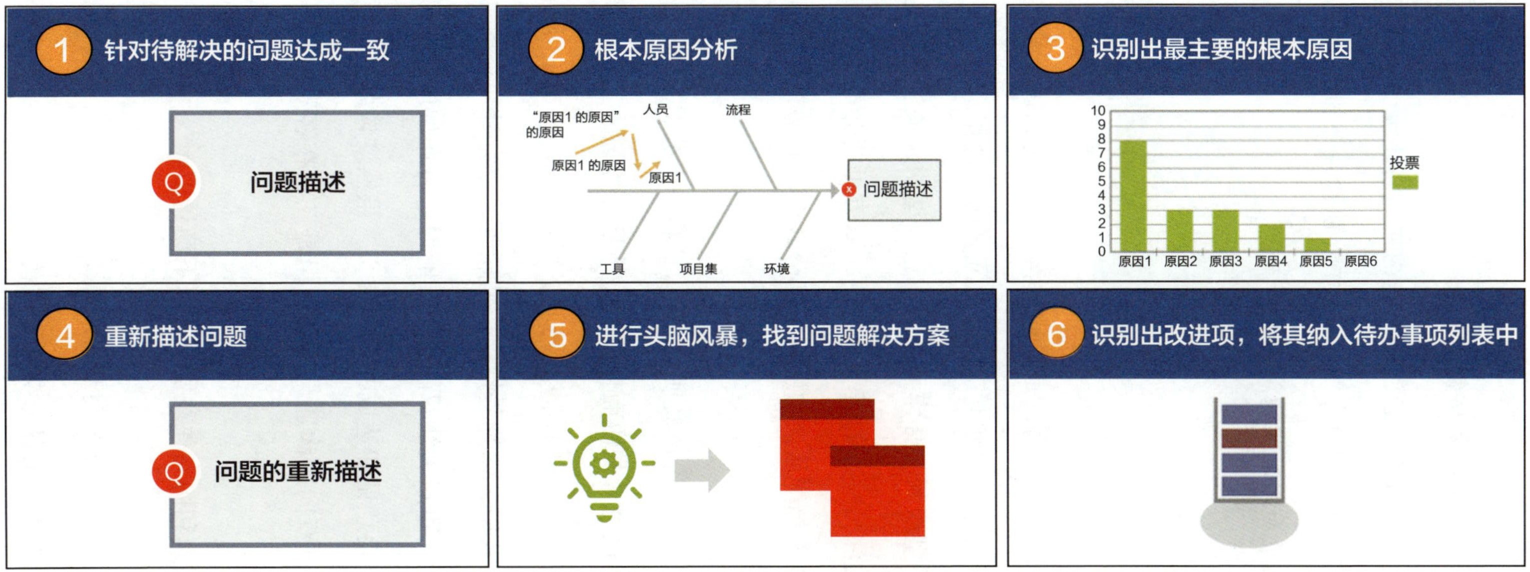

图 7-6　问题解决工作坊的步骤

注：Q 代表问题。

资料来源：Scaled Agile 公司。

晰明确。

第 5 步：通过头脑风暴，找到问题解决方案。

第 6 步：团队通过投票，最多选出三种可能的问题解决方案，将其纳入下一个时间盒的计划中。此外，团队还可以创建一个改进项的待办事项列表，用于记录和跟踪问题解决的情况。

7.3.2 谈判

谈判（Negotiation）也称为协商，是指通过沟通和讨论，确定某些重大问题的解决方案，或者对某件事在一定程度上达成一致或妥协的过程。

通常，谈判分为竞争型谈判与合作型谈判。竞争型谈判关注的是为其中的一方获得最佳的收益，而不关注另一方的需求和利益，双方可能会产生激烈的冲突；合作型谈判关注的是参与各方都能从谈判中获得部分或全部收益，并将未来可能发生的冲突最小化。

《敏捷宣言》中第 3 条核心价值观明确指出，“客户合作高于合同谈判”，这充分体现了敏捷实施鼓励换位思考与协商合作，而不是在传统的工作方式中，通过竞争性谈判来签订合同，进行双方都不希望看到的“零和游戏”（Zero-sum Game）。

所以，在敏捷工作方式中，谈判是指合作型谈判，双方针对彼此之间的不同意见，可以进行充分的沟通，重点关注双赢思维。有时，合作型谈判还可以被称为协商，用来表达双方平等交换意见和达成共识的含义。虽然“谈判”一词更加注重申明立场，“协商”更加注重双向的沟通与理解，但是二者在客观上都是为某件事寻求更好的解决方案。

通常，敏捷项目的谈判和协商往往发生在以下场景中。

- 当产品负责人与客户或干系人讨论业务需求时，通过将其描述成用户故事，注重客户的价值和收益，来保持实现方式的可协商性。

- 当产品负责人与开发团队讨论待办事项列表时，产品负责人决定解决哪些“Why”的问题（告诉团队需求的价值），开发团队决定如何解决“How”的问题（如何实现这些需求）。

此外，敏捷团队还可能会在排定优先级、讨论依赖关系、平衡价值和风险、确定技术策略和方案、分解和领取工作任务等方面进行谈判和协商。如果敏捷团队采取积极的态度，基于共同的愿景和目标，本着解决问题和产生有价值的解决方案为目的，就会使得谈判和协商更加有效、更加“健康”，从而推动和优化敏捷工作方式，产生最佳的结果。

7.3.3　冲突解决方法

冲突（Conflict）是指人们由于某种抵触或对立状况，产生了彼此之间的意见分歧。冲突解决（Conflict Resolution）是指人们采取恰当的方式，处理和解决冲突的过程。敏捷团队鼓励适当的冲突，从而可以引发工作过程的改进，获得更好的交付成果。

管理学专家肯尼思·托马斯（Kenneth Thomas）和拉尔夫·基尔曼（Ralph Kilmann）共同提出了一个冲突解决模型。该模型给出了五种冲突解决方法，具体如图 7-7 所示。

- 竞争（Competing）：当冲突需要紧急解决，或者解决方案不是一般的常规解决方案时，多采用这种方法，目标是获得最佳收益。
- 协作（Collaborating）：综合考虑不同的观点和意见，引导各方达成共识，并加以遵守，目标是获得双赢。
- 迁就（Accommodating）：通过满足另一方的需求而牺牲自己的利益来解决冲突，即采取一定的让步来缓解冲突，减少负面影响，目标是退让。
- 回避（Avoiding）：既不合作也不维护自己的利益，逃避冲突，维持暂时的利益平衡，目标是搁置。

- 妥协（Compromising）：双方各让一步，强调一致性而非差异性，没有明显的赢家和输家，达到中等程度的合作，目标是找到一种折中方案。

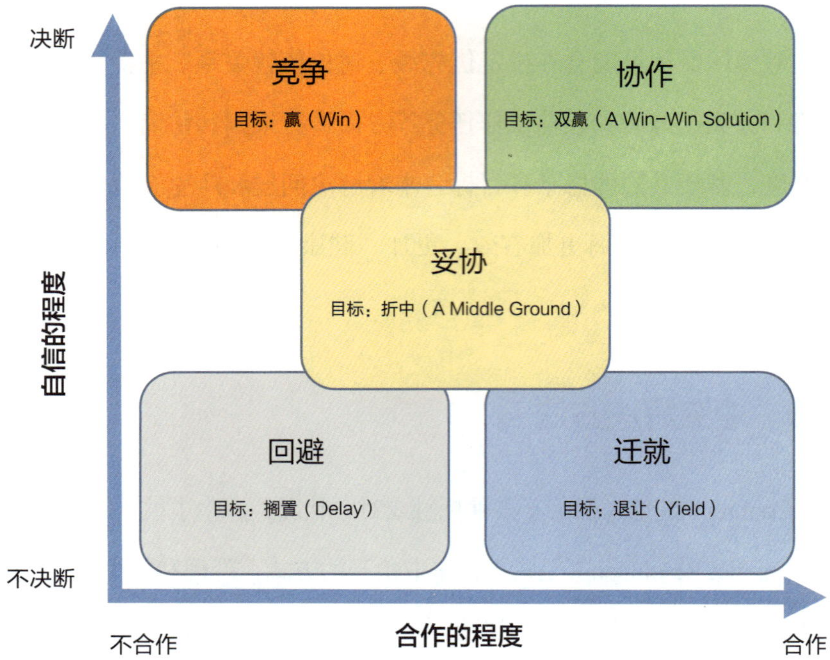

图 7-7　冲突解决模型

敏捷团队在发生冲突时，可以通过观察团队成员的行为、语言等来判定冲突的严重程度，以便采取相应的解决措施。管理学家斯皮德·雷斯（Speed Leas）在其著作《发现你的冲突管理风格》（*Discover Your Conflict Management Style*）中提出了一个冲突等级框架。该框架可以帮助团队有效地识别冲突情况并找到解决策略，具体如表 7-3 所示。

表 7-3　冲突等级和解决策略

等级	名称	现象	环境	解决策略
第 1 级	解决问题	• 行为：信息分享与合作 • 语言：开放、以事实为基础	团队成员具有不同的想法和观点，对于目标有所冲突，为此，团队成员感觉到不舒适，但是并没有被情绪所控制	合作：寻求双赢 共识：综合各方需求，达成一致

（续表）

等级	名称	现象	环境	解决策略
第 2 级	异议	• 行为：个人保护胜过解决冲突 • 语言：保守，各自进行表述	团队成员倾向于个人的自我保护，并没有发生公开的冲突。团队成员之间有所疏离，往往在私下进行议论	支持：授权每个人去解决问题
第 3 级	竞赛	• 行为：赢得胜利胜过解决冲突 • 语言：言语间存在人身攻击	冲突演变为竞赛。团队成员开始寻找同盟，并站在不同立场上相互责备，关注点不再是解决问题，而是一定要赢得竞赛	• 事实：收集信息、建立事实依据 • 迁就：当关系比问题重要时，遵从他人的观点 • 谈判：在价值观和理念层面，不要退让
第 4 级	运动	• 行为：注意保护自己所在的团体 • 语言：言语间出现了意识形态的差别	冲突演变为运动。团队成员带着“正义”和纠正的态度，都认为冲突的另一方是不会改变的，必须将其打倒	建立安全的组织结构，吸取第三方建议，缓和问题与冲突
第 5 级	战争	• 行为：目的是摧毁对方 • 语言：极少说话或者根本不说话	冲突演变为战争。团队成员攻击和摧毁对方，高喊着打倒对方的口号，不会产生任何建设性的成果	尽最大的努力来阻止相互伤害

在敏捷工作环境中，冲突是普遍存在和不可避免的，敏捷领导者或者敏捷教练不要急于解决冲突，而要首先观察和判断冲突的状况，再选择恰当的应对策略。有时，“健康”的冲突可以鼓励敏捷团队差异化，激发团队成员的潜能，促进团队的演进和发展。

7.4　小结

本章介绍了“问题探测和解决”的相关知识，强调了敏捷实施中的问题和风险意识。

其中，两个主要部分是递进关系：“问题探测”是发现和分析问题，“问题解决”是进一步采取行动措施解决问题。

敏捷管理专业人士要清晰地认识到，敏捷工作方式中的问题（差距）和风险是普遍存在的，通过有效使用方法和工具，正确识别问题、分析问题、解决问题，从而形成一个敏捷发现和问题解决的闭环。

第 8 章

持续改进（产品、流程、人员）

8.1 概述

改进（Improvement）也可称为提升，通常是指一些较小的改善，经过持续的努力，随着时间的推移，产生累加的效应，获得提高和进步。在敏捷场景中，团队通过定期回顾，识别出改进项，并在下一个时间周期中加以执行，从而促进团队绩效的持续提升。

PMI-ACP® 考纲中的第七个知识领域是“持续改进（产品、流程、人员）”，考纲中详细描述了如何从产品、流程、团队的维度，对质量、有效性及价值等要素实施持续改进。“持续改进（产品、流程、人员）”知识领域包含 6 项任务，其具体内容及对敏捷管理专业人士（ACP）的要求如表 8-1 所示。

表 8-1 “持续改进（产品、流程、人员）”知识领域任务列表

任务序号	内容描述	对 ACP 的要求
1	通过对团队实践、组织文化、交付目标进行定期评审和整合来**裁剪和调整项目流程**，从而可以在既定的组织方针和规范内确保团队的有效性	ACP 需要理解流程是为团队服务的，由于组织环境、团队和项目的特点不同，流程也要有所不同。所以，不存在一套对所有团队都适用的标准流程，而需要根据具体情况对其进行裁剪和定制
2	通过经常性的回顾和改进实验来**改进团队流程**，从而可以持续增强团队、项目及组织的有效性	ACP 需要理解随着组织环境、团队和项目的发展，流程是需要持续演进的。所以，ACP 不能僵化地固守现有流程，而要与团队一起探索和实验更加适合团队的流程
3	通过增量交付和频繁演示来**寻求对产品的反馈**，从而提升产品价值	ACP 需要理解随着客户对产品的使用和反馈不断增多，会产生更多的需求和期待。所以，ACP 要保持产品的适应性，从而可以持续改进产品，以满足未来客户的需求
4	通过为员工提供发展技能的机会来**创造持续学习的环境**，从而培养一个高产能的通才型专家团队	ACP 需要理解团队是创造价值的主体，提升个体成员的能力将会帮助团队交付更大的价值。所以，ACP 要持续关注团队成员的成长，营造学习和分享的氛围，培养高绩效团队
5	通过进行价值流分析并消除浪费来**挑战现有的流程要素**，从而提高个人的执行效率和团队的实施效果	ACP 需要通过识别当前价值流的瓶颈和产生浪费的环节，分析当前流程中可以提升和改进的地方，并采取相应的优化措施
6	通过跨越项目和组织边界，进行知识和实践的传播，**创建系统性的改进**，从而避免同类问题的再次发生，并提高整个组织的有效性	ACP 需要理解有些问题是无法在团队内部解决的，需要团队间、项目间，甚至组织间的协调，通过应用系统思考的方法，持续地从整体上进行改进，打造学习型组织

“持续改进（产品、流程、人员）”知识领域所涉及的“知识和技能”（KS）与“工具和技术”（TT）如表 8-2 所示。

表 8-2　"持续改进（产品、流程、人员）"知识领域所涉及的 KS 与 TT

领域	KS	TT
持续改进 （产品、流程、人员）	KS16：自我评估的工具和技术 KS25：流程分析 KS26：持续改进 KS27：敏捷混合模型 KS33：PMI 职业道德规范	TT24：情商 TT49：改善 TT50：五个为什么 TT51：回顾和反思 TT52：流程裁剪和混合模型 TT53：价值流映射 TT54：控制限制 TT55：事前验尸 TT56：鱼骨图分析 TT57：频繁的验证与确认 TT58：完成定义（DoD） TT59：持续集成 TT60：测试

8.2　产品的改进

8.2.1　持续改进

持续改进（Continuous Improvement）是一种持续改善和进步的过程。国际标准化组织（ISO）对持续改进的定义是，增强满足各方要求的能力的循环活动。一个组织需要关注包括产品、流程、人员等各个方面的因素，开展持续改进活动，从而持续增强能力。持续改进不是一次性完成的活动，而是一种循环，是需要反复执行的过程。持续改进也是一种不断提升、追求卓越的理念。

《ISO9001 质量管理体系》描述了持续改进的基本活动、步骤和方法，主要包括：

（1）分析和评价现状，以识别改进区域；

（2）确定改进目标；

（3）寻找可能的解决办法，以实现这些目标；

（4）评价这些解决办法并做出选择；

（5）实施选定的解决办法；

（6）测量、验证、分析和评价实施的结果，以确定这些目标已经实现；

（7）正式采纳更改。

著名的戴明环（PDCA）就是一个非常实用的持续改进的循环，在项目管理中得到广泛应用。比如，在项目启动和计划的时候，需要明确目标并制订计划（Plan），然后按照计划具体执行（Do），在收尾的时候对结果进行检查（Check）并改进过程（Act）。但是，在传统项目管理中，人们采取计划驱动的预测型生命周期，执行时间往往很长，也就是一个 PDCA 循环的周期很长，获得反馈的速度较慢，以至于持续改进的效果受到了限制。

在敏捷工作方式中，人们要在短周期内交付价值，PDCA 循环的周期变短，每个迭代（通常为 2 周）就是一个 PDCA 循环，人们可以快速地针对当前迭代中暴露出来的问题进行修正，真正将改进措施分散到日常工作中。当通过执行若干个迭代完成一次发布时，可以开展一次更高层面的评审和回顾，也就是一个更大的 PDCA 循环。敏捷组织只有营造更大范围、全员参与的持续改进的氛围和环境，才能真正实现不断提升产品质量和交付能力的目标。图 8-1 呈现了一个扩展的 PDCA 循环嵌套方式。

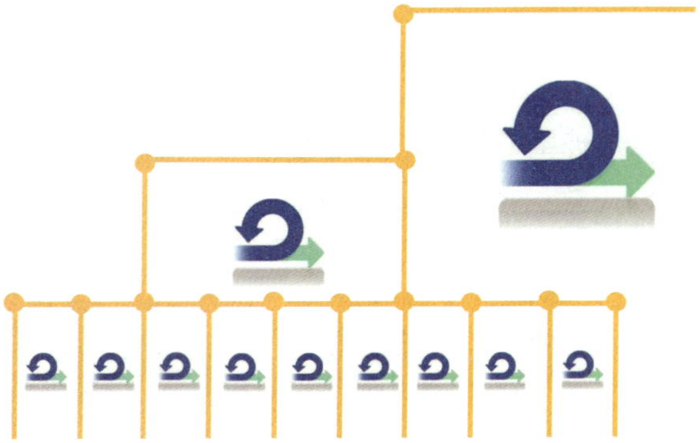

图 8-1　扩展的 PDCA 循环嵌套方式

8.2.2　频繁的验证与确认

验证（Verification）与确认（Validation）都是指对产品和解决方案进行检查，是项目管理和系统工程中的重要组成部分。二者既有联系，又有区别。

- 验证：强调过程的正确性，是通过提供客观证据，对技术规格要求是否已得到满足进行认定。通常，敏捷团队站在开发的角度，检查需求、架构设计等方面是否符合已经约定好的标准。验证的目的是检查输出是否满足输入的“规格要求”，例如，通过功能测试来检查软件的功能是否满足既定的要求，或者通过文档评审，检查文档是否达到了预先设定的标准，等等。
- 确认：强调结果的正确性，是通过提供客观证据，对业务应用要求是否已得到满足进行认定。通常，产品负责人站在用户的角度，检查产品是否满足用户的使用需要，是否达到了用户的预期。确认的目的是检查输出是否满足输入的“使用要求”，例如，通过验收测试来检查产品是否与用户的需要保持一致，能否在真实的环境下运行，是否达到了客户的使用要求，等等。

不难看出，验证要保证“事情做得正确”，即执行过程正确；确认要保证“做正确的事情”，即执行方向正确。在敏捷工作方式中，更加强调通过频繁验证和确认，做到两者兼顾。

如图 8-2 所示，敏捷团队重视反馈，并建立了不同层次的反馈环路。团队内部的工作（也就是“验证”）需要更加频繁地反馈与客户或者市场相关的工作（也就是“确认”），其反馈循环可能会稍长。

频繁的验证与确认，需要敏捷团队综合考虑不同类型的工作内容，把验证与确认安排到不同层次的反馈循环中。比如，敏捷团队通过结对编程、持续集成、自动化测试及每日站会，频繁地开展验证工作，以保持系统功能的正确性；产品负责人或业务干系人通过对用户故事的验收，在迭代、发布、产品路线图及组织战略层面，频繁地开展确认工作，以保证产品方向的正确性。

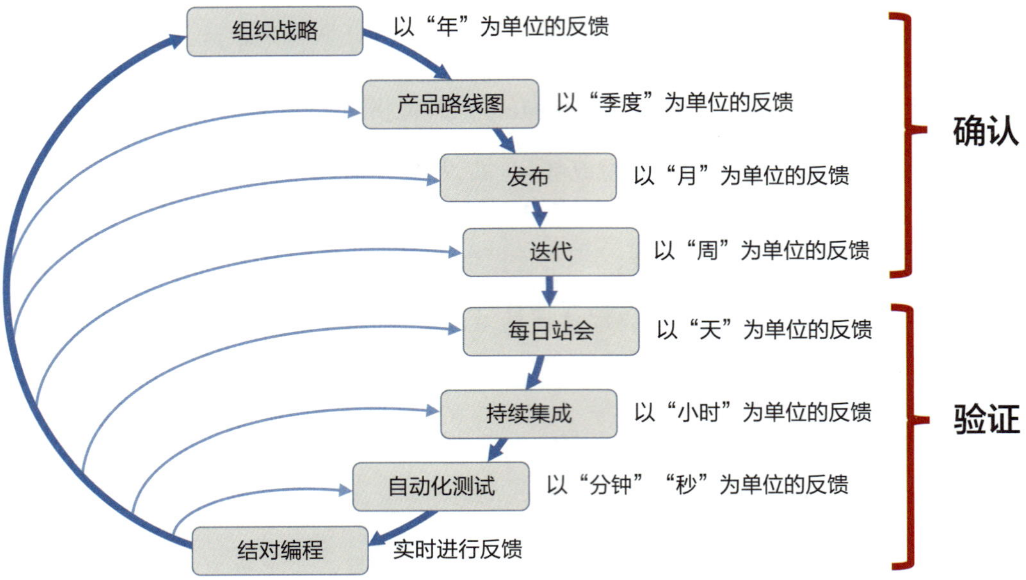

图 8-2　通过多层次反馈循环实现频繁的验证和确认

8.2.3　完成定义

完成定义（Definition of Done，DoD）是指事先确定一个“完成”的标准，即团队中的每位成员对于工作达到什么程度可以视为完成，有一个共同的理解。《Scrum 指南》一书中对 DoD 的定义是，当增量符合产品所需的质量度量标准时，对其状态的正式描述。也就是说，当一个工作条目符合 DoD 时，就会产生一个增量。

通常，敏捷团队会将 DoD 作为自己的工作协议。比如，典型的应用场景是，团队成员共同设定不同层面的 DoD，包括完成一个用户故事、完成一个迭代、发布到集成环境、发布到生产环境等。如图 8-3 所示，敏捷专家米奇·莱西（Mitch Lacey）在其著作《Scrum 实战》（*The Scrum Field Guide*）中给出了不同层级的 DoD 示例。

此外，DoD 不是固定不变的，它是可以演进的。随着敏捷团队逐渐成熟，“完成”所覆盖的范围逐渐扩大，可以用更为严格的标准来保证更高的交付质量。

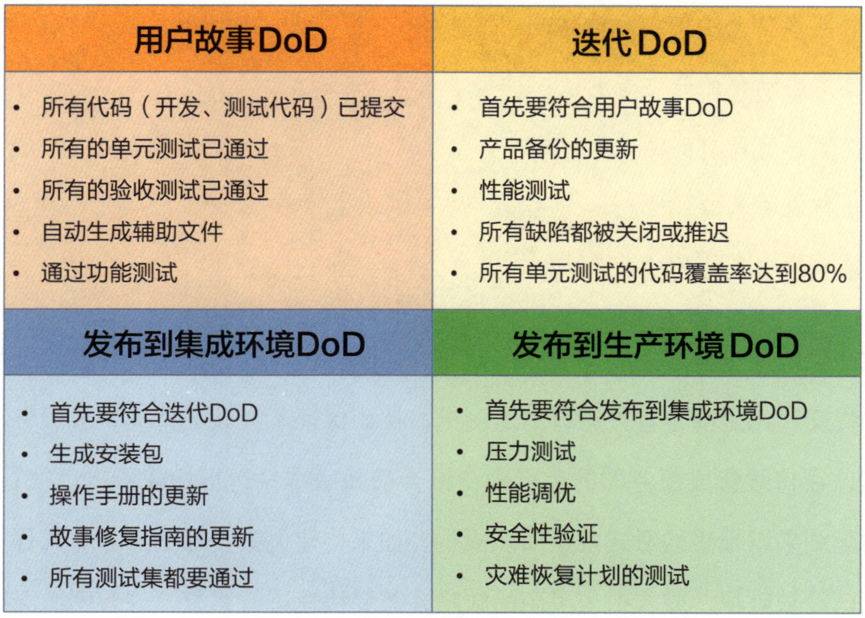

图 8-3　不同层级的 DoD 示例

8.2.4　持续集成

《敏捷宣言》的签署人之一，马丁·福勒（Martin Fowler）对持续集成的定义是，持续集成（Continuous Integration，CI）是一种软件开发的实践，团队成员频繁地将自己完成的工作进行集成。通常，每位团队成员每天至少集成一次，这就意味着每天可能会发生多次集成。每次集成都通过自动化的构建（包括编译、发布、自动化测试）来进行验证，从而尽快发现集成错误。

持续集成是极限编程中的核心实践，敏捷技术专家保罗·杜瓦尔（Paul Duvall）等人在其著作《持续集成》（*Continuous Integration*）中介绍了持续集成的基本原则和工具，还介绍了在持续集成领域中所运用的多种方法。其中，持续集成的原则如下：

- 经常提交代码；
- 不要提交无法构建的代码；

- 立即修复无法集成的构建；
- 编写自动化的开发者测试；
- 必须通过所有的测试和评审；
- 执行私有构建；
- 避免签出无法构建的代码。

敏捷团队通过搭建持续集成服务器，为构建提供可靠和稳定的环境。开发人员在每次提交代码之前，首先运行本地测试，从而保证不会破坏持续集成服务器的构建过程；在持续集成服务器的运行中，检查最新版本、运行构建脚本、执行测试，并将构建结果以报表的形式发给团队成员。如果构建失败，那么意味着软件中现有的功能已经被破坏，或者引入了新的缺陷，需要快速进行修复。许多团队会通过搭建持续集成仪表板，将构建结果做到全团队可视化。

持续集成的最大优势在于减少缺陷引入，减少发现和修复缺陷之间的时间间隔，及时发现和解决问题，及时进行解决，将风险前移，从而降低修复缺陷的成本。此外，持续集成通过自动化运行，大大减少了重复性的手工操作及不必要的手工错误，缩短了等待时间，有助于敏捷团队建立起价值交付的流动性，从而保证了产品交付的质量。

8.2.5 测试

《敏捷宣言》的签署者之一，布莱恩・马瑞克（Brian Marick）描述了一个关于测试的矩阵，从而开创了敏捷测试的先河。后来，丽萨・克里斯平（Lisa Crispin）和珍妮特・格雷戈里（Janet Gregory）两位测试专家在《敏捷测试》（*Agile Testing*）一书中提出了四象限的敏捷测试矩阵（见图 8-4），用于指导何时测试、采取何种方式，以及测试什么内容。

从图 8-4 中可以看出，矩阵的左边是支持开发团队工作的测试（评估内部代码质量），右边是评价产品和解决方案的测试（站在用户角度进行评估），上边是面向业务的测试（用户可以理解的），下边是面向技术的测试（使用技术语言进行的）。这样就可以建立四个象限，呈现出一个全面的测试策略。

图 8-4　敏捷测试矩阵

- 第一象限（Q1）是支持开发团队的面向技术的测试，包含单元测试和组件测试，其目的是确认系统是否能够正常工作，核心的敏捷实践是测试驱动开发（Test Driven Development，TDD）。Q1 中的测试是通过自动化完成的。
- 第二象限（Q2）是支持开发团队的面向业务的测试，包含用户故事验收测试，其目的是验证系统是否按照产品负责人（或用户）的意图来工作，核心的敏捷实践是验收测试驱动开发（Acceptance Test Driven Development，ATDD）和行为驱动开发（Behavior Driven Development，BDD）。Q2 中的测试应该尽可能通过自动化完成，只有在没有其他选择的时候才进行手动测试。
- 第三象限（Q3）是面向业务的评价产品的测试，包含系统级别的验收测试，其目的是确认整个系统的行为是否满足可用性和功能性需求，核心的敏捷实践是探索性测试、可用性测试和用户场景测试等。Q3 中的测试通常是手动完成的。

- 第四象限（Q4）是面向技术的评价产品和解决方案的测试，包含验证系统是否满足非功能性需求（NFR），从技术角度帮助团队提高产品和解决方案的质量，核心的敏捷实践是性能和压力测试、安全性测试等。Q4 中的测试通常是由一套自动化测试工具支持完成的。

敏捷产品交付非常注重与用户的互动，所以敏捷测试矩阵第三象限中的探索性测试和可用性测试在交付高质量产品时尤为重要。

探索性测试要求测试人员设计出创造性的方法来对软件进行测试，强调基于软件的实时交互和变化，测试人员可以根据上一次的测试结果进行分析，构造下一次的测试用例并进行测试，并根据软件的反馈进行分析与评估。探索性测试更加依赖测试人员的能力、思维，而不是既定的测试流程，所以团队主要采取手动测试的方式，有时也会借助相应的工具来提高测试效率。

可用性测试关注最终用户对于正在开发的软件系统的反馈，用户可以评估产品并表达他们使用过程中的各种体验。可用性测试是一种黑盒测试，典型的测试内容包括页面布局、导航、速度、应用程序使用的便利性、错误处理情况等。进行可用性测试的主要目的是确保产品和解决方案能够符合最终用户在操作和使用上的期望。

8.3 流程的改进

8.3.1 流程分析

流程（Process），原义是指水流经的路程，一般多指工艺程序，即从原料到制成品的各道工序安排的程序，包括各项具体活动和模板、人员和职责等。例如，软件开发的流程一般包括需求分析、功能设计、编码、测试、部署等；项目管理的流程一般包括启动、计划、执行、监控、收尾等。

在敏捷场景中，流程是为团队服务的，由于组织环境、团队情况、项目特点各不相同，流程也要有所不同。而且，流程会随着团队成熟度的提升而持续演进。所以，对所有团队都适用的一套标准流程是不存在的，团队也不能僵化地固守现有流程，而是要一起探索和试验更加适合团队的流程。

流程分析（Process Analysis）是敏捷团队进行流程改进的主要实践，一般会按照时间盒的节奏（如每个迭代或每个发布）定期进行。常用的流程分析方法包括头脑风暴、改善（Kaizen）、回顾和反思、鱼骨图等。

8.3.2　敏捷混合模型

产品和项目具有不同的种类和形式，所以实施的方式也多种多样。《敏捷实践指南》一书中定义了四种项目生命周期，包括预测型、迭代型、增量型和敏捷型。没有哪一种生命周期能够完美地适用于所有项目，但是存在一个连续区间（见图 8-5），每个项目都可以在这个区间内找到一个位置，根据各自的特点，实现最佳的平衡。

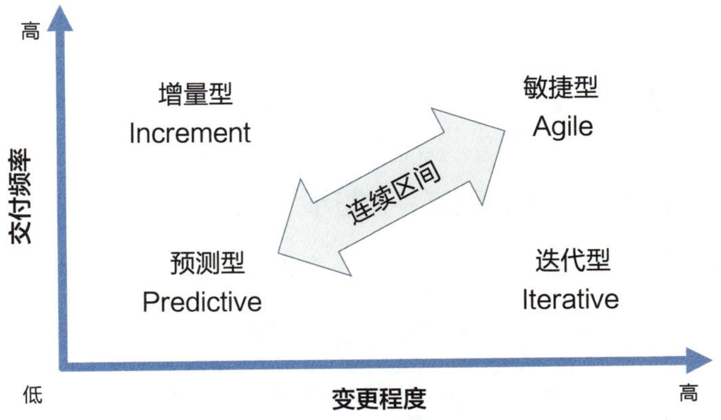

图 8-5　项目生命周期的连续区间

基于不同的项目生命周期，以及组织环境、团队规模和能力、产品的复杂性、监管合规性等多种因素的综合考虑，可能需要将计划驱动的方法与敏捷方法进行结合，将传统项目管理实践和敏捷实践进行组合使用，从而形成一些敏捷混合模型（Agile Hybrid Models）。

敏捷学者肖恩·贝灵（Shawn Belling）在其著作《混合型敏捷开发》（*Succeeding with Agile Hybrid*）中提出了敏捷混合模型图谱（见图 8-6）。其中一些典型的敏捷混合方法包括 AgileFall（需求范围确定，通过迭代执行保持灵活性）、ScrumBan（Scrum 和 Kanban 的混合体）、WAgile（瀑布式计划和敏捷式执行的结合）等。

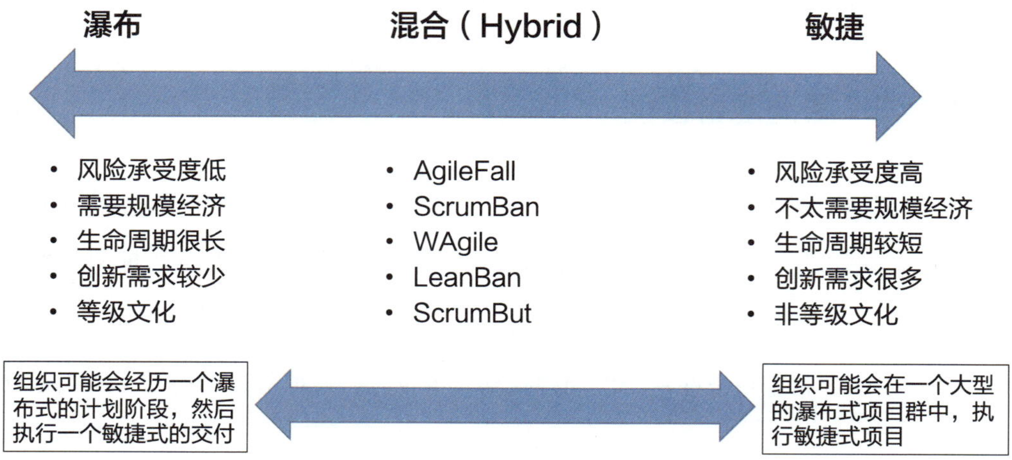

图 8-6　敏捷混合模型图谱

8.3.3　改善

改善（Kaizen）是一个日语词汇，是指小的、渐进的、持续不断的改进。日本学者今井正明（Masaaki Imai）在其著作《改善：日本企业成功的奥秘》中指出，Kaizen 意味着每个人、每个环节都需要进行不间断的改进和提高，企业通过在一系列生产经营活动的细节中做出改进，如消除浪费、优化操作程序、减少不增值的活动、缩短生产时间、持续激励员工等，从而实施一个长期的渐进变革。

Kaizen 的实施过程遵循 PDCA 循环，首先针对要做的任务收集数据并进行分析，然后研究对策并执行，观察和记录产生的影响，最后修改或重新制定标准。这个过程不断重复，通过小的改变带来大的成果，即由量变引起质变。

敏捷工作方式倡导检视和调整，为实施 Kaizen 提供了良好的环境，团队成员所执行的迭代就是 PDCA 循环，通过每日站会、迭代回顾会等活动，进行定期的回顾和反思，识别出改进项，并将其作为 Kaizen 的输入持续进行改进，不断提升敏捷团队的价值交付能力。

8.3.4 五个为什么

五个为什么（The Five WHYs）是一种通过不断重复询问“为什么”来识别问题根本原因的技术。每个“为什么”的答案将成为识别下一个“为什么”的驱动力。

确切地说，这种技术并不是限定我们只能使用五次“为什么”，“五”只是一个指示性的数字，其目的是找到问题的根源，有时可能只需要使用三次，而有时也许要使用十次。这种技术的关键是，能够鼓励团队成员避开主观判断和假设，从结果着手，沿着因果关系链条，找出问题的根本原因。

通常，我们可以将“五个为什么”与“鱼骨图”结合起来使用，将解决问题的过程进行可视化的呈现。

8.3.5 回顾和反思

《敏捷宣言》中第 12 条原则明确指出：“团队定期反思如何能提高成效，并依此调整自身的行为。”它强调了回顾（Retrospective）和反思（Introspective）的重要性。

通常，敏捷团队会基于迭代或者固定的时间盒来组织回顾会议（也叫复盘会议），用于反思当前迭代中做得好的地方、做得不好的地方，从而识别出在下一个迭代中可以采取的改进项，如果改进项较多，可以通过投票的方式选出最重要的几项，在下一个迭代中执行。

敏捷专家埃斯特·德比（Esther Derby）和黛安娜·拉森（Diana Larsen）在其著作《敏捷回顾》（*Agile Retrospective*）中介绍了敏捷回顾的基本原理和许多有效的方法。书中提出了一个结构化的敏捷回顾会议流程，流程分为以下五个阶段：

- 设定基调；
- 收集数据；
- 激发灵感；
- 决定行动；
- 会议收尾。

以 1 小时的敏捷回顾会议为例，各阶段的时间安排如图 8-7 所示。

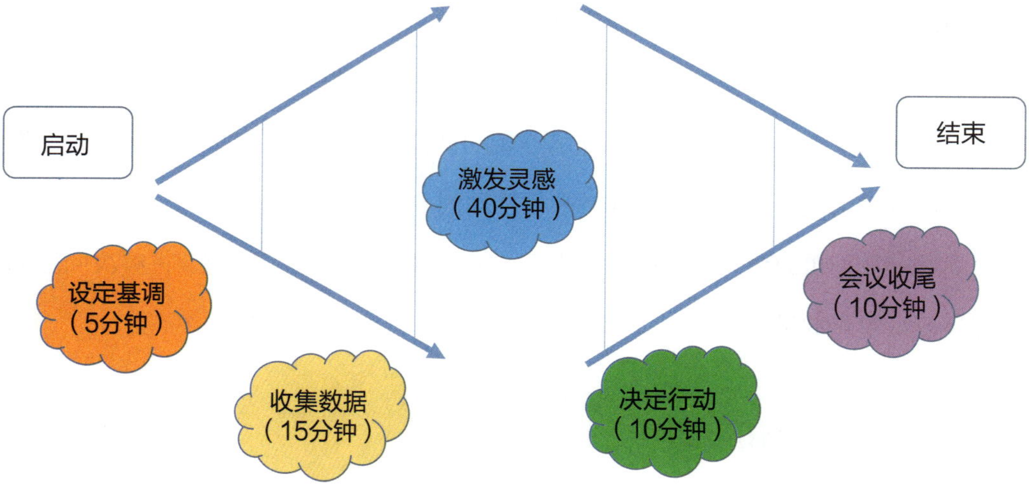

图 8-7　敏捷回顾会议流程

8.3.6　流程裁剪和混合模型

流程裁剪（Process Tailoring）是指根据环境的需要，对敏捷流程进行增加、删除、修改，或者通过调整顺序、排列组合等方式，对流程进行优化。流程裁剪包括人员角色和职责、工件、事件等方面的因素，例如，增加或移除项目的角色、改变工件的规范和要求、设定评审或验收责任、建立进展报告或合规性要求等。

比较复杂的一种情况是，在组织内的项目交付环境中，将瀑布式、敏捷式及混合式项目都交织在一起，这就需要非常成熟的项目管理实践，并且对于每种方法论和框架，都做到完全理解和精通。《敏捷实践指南》一书中提供了定制化敏捷混合模型的裁剪方案，具体如表 8-3 所示。

表 8-3 定制化敏捷混合模型的裁剪方案

序号	因素	裁剪方案
1	指令模式：环境稳定性	使用固定节奏（固定时间盒），有助于演示、回顾等
2	需要进行流程改进	使用更加频繁的回顾和改进措施
3	工作流经常被打断	使用看板，增加 WIP 限制，改进工作流
4	产品增量的质量不佳	引入测试驱动开发（TDD）等实践，尽早发现和解决缺陷
5	多个团队共同工作	采纳由单团队到多团队的规模化扩展的实践
6	团队成员缺乏敏捷经验	通过培训建立敏捷思维和理念，采取主流的敏捷实践，如 Scrum、XP、看板等

8.3.7 价值流映射

价值流映射（Value Stream Mapping）也称为价值流图，是指通过对成果的工作流和反馈的信息流进行分析和管理，识别出产生问题的瓶颈，减少不增值的活动，从而优化和改进价值流动的过程。

一个价值流图包含三个主要部分，即开始点（触发价值流产生的因素）、一系列中间步骤（包括增值和非增值活动）和结束点（最终产生了价值）。通常，我们可以遵循五个步骤来进行价值流映射，图 8-8 至图 8-12 展示了你与客户就一个用户故事达成共识的价值流图的制作过程。

- 第一步：识别价值流的起点和终点。起点就是“你”，终点就是你与客户就用户故事达成共识。

图 8-8　价值流映射的第一步

- 第二步：识别价值流的中间步骤，包括增值活动（执行工作）和非增值活动（等待和延迟）。识别出的三个增值活动是“选择一个用户故事”“与客户见面”“确定验收标准”。

图 8-9　价值流映射的第二步

- 第三步：识别价值流各中间步骤的支持群体。例如，在选择一个用户故事时，需要用到“用户故事卡片”；在与客户见面时，需要确认“客户代表”等。

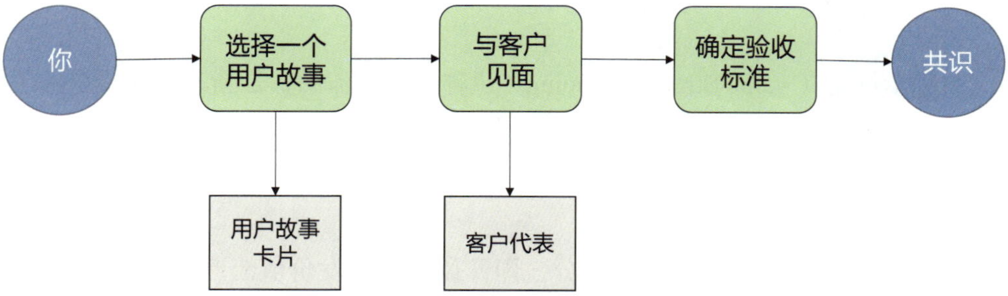

图 8-10　价值流映射的第三步

- 第四步：确定价值流各中间步骤的持续时间，包括增值活动的时间和非增值活动的时间，并计算出价值流过程循环的效率，从而识别出产生问题的瓶颈。

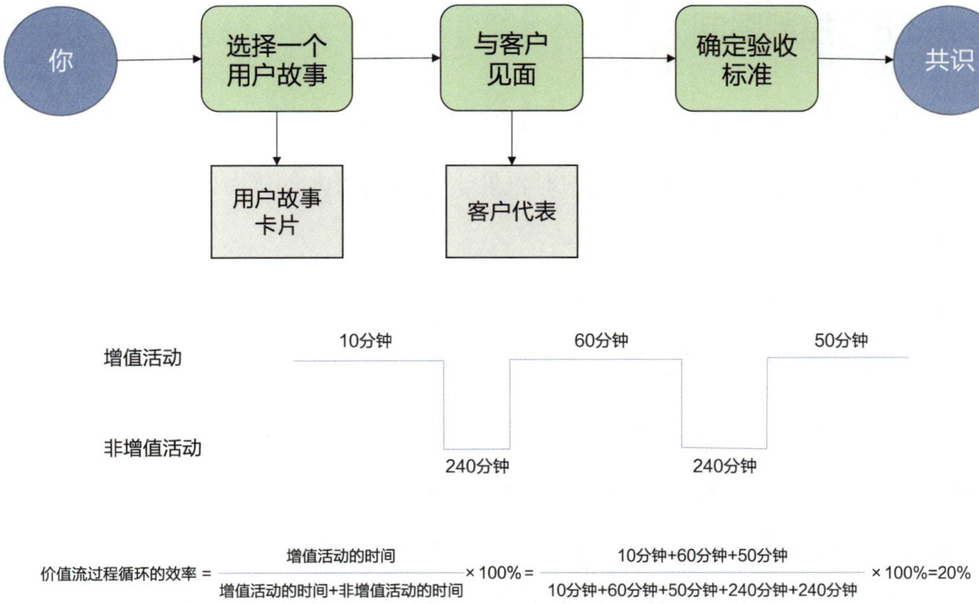

图 8-11　价值流映射的第四步

- 第五步：针对价值流中的非增值活动（等待）进行优化，减少非增值活动的时间，从而优化整个价值流过程循环的效率。

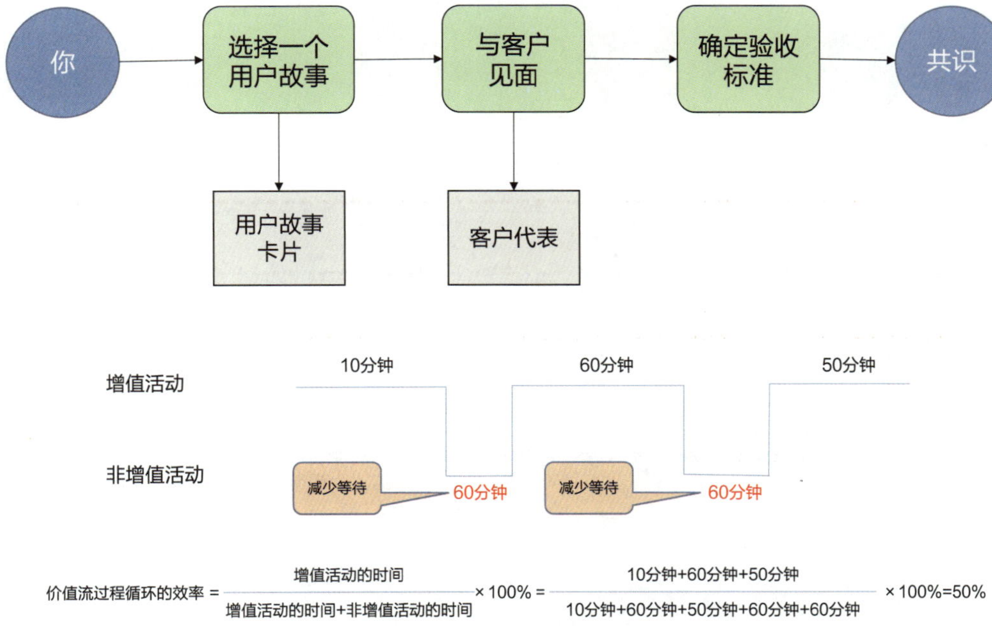

图 8-12　价值流映射的第五步

8.3.8 控制限制

控制限制（Control Limit）是指通过设定控制区间（控制上限和控制下限），并对过程进行分析和判断，使所研究的对象处于控制范围内，从而区分正常波动和异常波动。

常用的控制限制工具是控制图（Control Chart），它是对过程质量特性进行测定、记录、评估，从而观察过程是否处于控制状态的一种统计图。在控制图中，有三条平行于横轴的直线：中心线（Central Line，CL）、控制上限（Upper Control Limit，UCL）和控制下限（Lower Control Limit，LCL），按照时间顺序，将抽取的样本统计量数值的描点序列呈现在图中。

在敏捷工作方式中，一般会通过计算敏捷团队在一段时间内交付的所有待办事项条目的前置时间，创建散点图来显示这些数据。图 8-13 是一个团队的控制图示例。从图 8-13 中我们可以看出，样本范围足够大，绝大部分工作项的前置时间都落在了控制区间内，说明工作项前置时间的偏差不大。此外，图中有几个工作项的前置时间超出了控制上限，说明这是一些异常情况，需要团队重点关注和分析。

图 8-13 控制图示例

8.3.9　事前验尸

事前验尸（Pre-mortem）这个词最早被引入项目管理领域，是源于心理学家加里·克莱因（Gary Klein）在《哈佛商业评论》上发表的一篇论文《实施一个项目的事前验尸》（*Performing a Project Pre-mortem*）。该论文指出，当采取这种方法时，团队成员首先要做好计划，但是在开始执行项目之前，需要假设他们的项目失败了，然后找到项目失败的原因。接下来，针对项目失败的原因，查看是否需要做出调整。

通常，医务人员通过事后验尸可以了解导致患者死亡的原因，每个人都会获得一些有用的信息，但是患者却不能复生。而事前验尸与之相反，团队在项目开始的时候，就假设“患者”已经死亡，并询问“出现了什么问题”导致项目失败，团队成员的任务是为项目失败找出合理的原因。事前验尸采用批判性思维，识别、评估和排除潜在的隐患，从而确保项目成功。

企业管理学者爱德华·赫斯（Edward Hess）在其著作《学习的科学》（*Learn or Die*）中描述了进行事前验尸的具体步骤。

第 1 步：假设行动方案失败。

第 2 步：详细审查失败原因，也就是“验尸”环节。

第 3 步：调整行动方案。

针对敏捷项目执行过程中常见的导致失败的原因，《敏捷宣言》的签署人之一，阿利斯代尔·科克伯恩在其著作《敏捷软件开发》中分析了五种失败模式：犯了错误，即便失败也要选择保守，只创新而不研究，听命于自己的习惯，不能始终如一。

如果能够在项目开始之前，有效地利用事前验尸的方法，针对常见的失败模型，识别出潜在的问题，并做出相应的调整，既可以保证顺利地交付价值，又可以持续地改进流程。

8.3.10 鱼骨图分析

鱼骨图分析（Fishbone Diagram Analysis）是一种针对问题产生的原因进行分析的方法。鱼骨图又名因果图、石川图，由日本管理学者石川馨（Ishikawa Kaoru）发明。通常，“鱼骨图”与“五个为什么”可以结合使用，用于找到问题的根本原因。

在绘制鱼骨图时，首先将结果（也就是要分析的问题）标注在“鱼头”的位置；其次使用头脑风暴的方法识别问题产生的原因（原因的类别），针对原因的主要类别建立分支，将其标注在“鱼身”的相应位置上；再次针对各个分支，进一步识别具体的原因，将其标注在“鱼刺”的相应位置上；最后将问题和原因合成一个层次分明、条理清楚的图形，其形状类似一条“鱼骨”，所以被称为“鱼骨图”。

图 8-14 是一个分析“打字员错误率增加”问题的鱼骨图示例，图中将原因分成了四大类，在每一类中都有相关的原因。

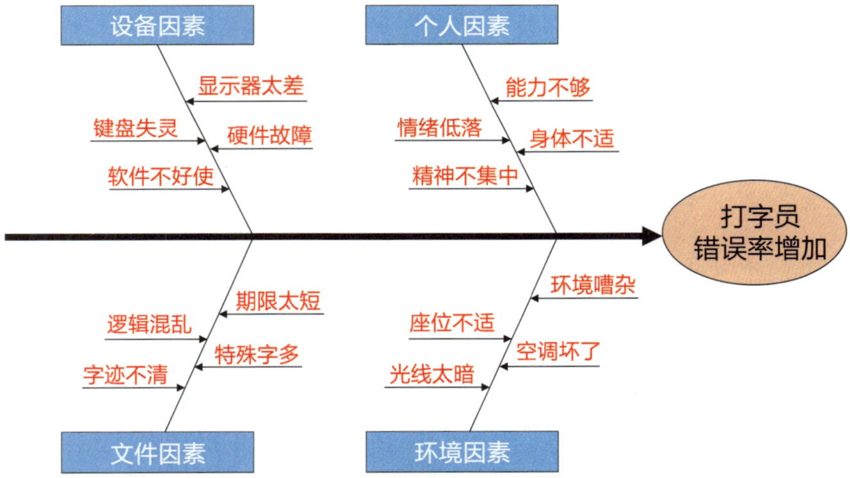

图 8-14　鱼骨图示例

在使用鱼骨图进行原因分类的时候，常见的方法如下。

- “4P”方法，即产品（Product）、价格（Price）、地点（Place）、促销（Promotion），一般在分析与市场相关的问题时采用。
- “5M”方法，即人力（Manpower）、机器设备（Machine）、材料（Material）、方

法（Method）、环境（Environment），一般在分析与产品质量相关的问题时采用。

- “7S”方法，即结构（Structure）、制度（System）、风格（Style）、员工（Staff）、技能（Skill）、战略（Strategy）、共同的价值观（Shared Values），一般在分析与企业管理相关的问题时采用。

8.4 人员的改进

8.4.1 自我评估的工具和技术

自我评估的工具和技术（Self-Assessment Tools and Techniques）是指参与敏捷实践的个人、团队和组织，基于一定的评估标准，开展自我检查，明晰自己的优势和劣势，从而识别出需要改进的措施，并加以实施和持续提升。通常，自我评估就像健康体检一样，需要周期性地进行。

目前，敏捷行业内尚未形成统一的自我评估方法，多是敏捷实践者根据具体情况创建各自的评估工具和技术。但是，这些评估方法的思路是类似的，通常会分成若干个维度进行评估，通过对其分别打分（低分代表做得不好，高分代表做得好，打分区间可以是 0 ~ 100 分、0 ~ 10 分等），最终汇总成一幅雷达图，可进行直观的可视化呈现。

敏捷专家詹姆斯·肖尔（James Shore）在其著作《敏捷开发的艺术》（*The Art of Agile Development*）中提出了一套针对 XP 实践的自我评估工具，其中包含五个维度：思考、协作、发布、计划、开发，每个维度的满分为 100 分。敏捷团队可以通过回答每个维度的问题来获得相应的分值，最终汇总成一张雷达图（见图 8-15）。敏捷团队在获得评估结果之后，采取的策略如下：75 分以下，需要马上改进；75 ~ 96 分，有必要改进；97 ~ 99 分，有可能改进；100 分，不需要改进。

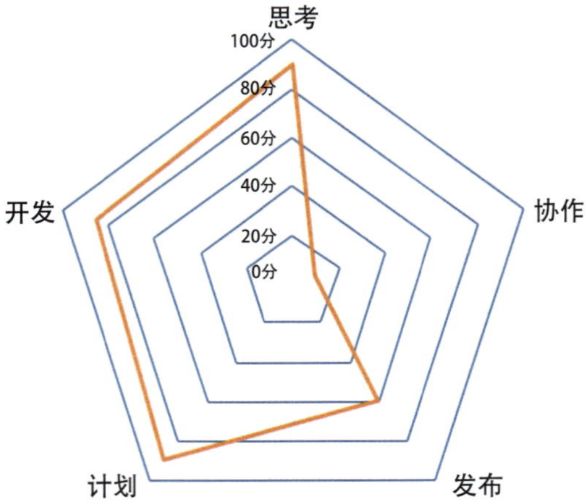

图 8-15　敏捷团队自我评估雷达图

《敏捷实践指南》一书中提供了一套针对项目管理的敏捷适应性的筛选工具，通过对文化、团队和项目这三个维度的 9 个小项进行打分（每个小项的得分是 0～10 分），最终汇总成一张雷达图。该工具的评估项和结果示例如图 8-16 所示。在获得评估结果之后，团队可以初步判定项目类型：1～4 分，属于敏捷型项目；4～8 分，属于混合型项目；8～10 分，属于传统的预测型项目。

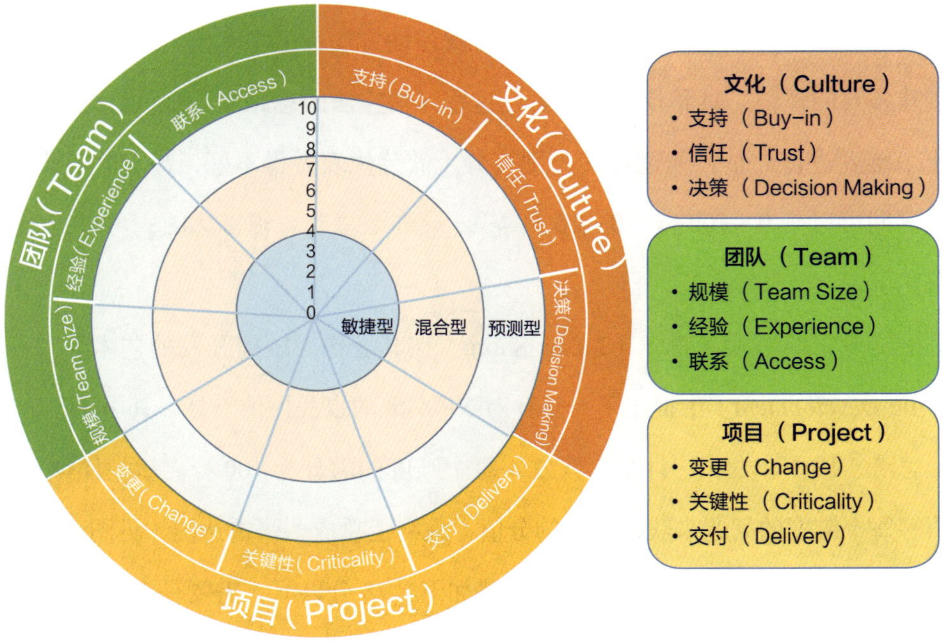

图 8-16　敏捷项目自我评估雷达图示例

不管敏捷团队采用哪一种自我评估工具和技术，进行敏捷成熟度评估时都需要遵循以下核心理念：

- 建立视角高于评估体系，要建立一组可衡量的视角；
- 识别问题高于评估标准，要识别一组可改进的问题；
- 提供建议高于评估得分，要提供一组可执行的建议。

对敏捷成熟度进行评估，需要通过打分获得定量的数据，主要目的不是与其他团队比较得分的高低，而是建立一组可衡量的视角，识别出可改进的问题，从而实施一组可执行的建议，帮助团队持续改进。

8.4.2　PMI 职业道德规范

PMI 职业道德规范（PMI's Code of Ethics）是指 PMI 正式颁布的项目管理从业人员的《道德规范与专业操守守则》，其适用范围是全体 PMI 会员、PMI 相关证书的申请者和持有者，以及为 PMI 活动提供服务的志愿者。

《道德规范与专业操守守则》中包含了体现项目管理业界最重要的四个核心价值观。

- 责任（Responsibility）：项目管理从业人员需要对做出的或未做出的决定、采取的或未采取的行动，以及因此导致的后果承担责任。
- 尊重（Respect）：项目管理从业人员需要对自己、他人，以及所受托付的资源，显示出高度的尊重。（所受托付的资源可能包括人员、资金、声誉、他人的安全，以及自然或环境资源。）
- 公平（Fairness）：项目管理从业人员需要以公正、客观的态度做出决定和采取行动，不得涉及自我利益、偏见和偏袒。
- 诚信（Honesty）：项目管理从业人员需要在交流和行动中理解事实，以诚实的方式行事。

《道德规范与专业操守守则》对于以上四个核心价值观，分别定义了理想的标准和必须遵守的标准。理想的标准描述了项目管理从业人员努力坚持的操守，是让人期待的行事标准；必须遵守的标准规定了严格的要求，在某些情况下限制或禁止项目管理从业人员的行为，不依照这些标准行事的项目管理从业人员将受到 PMI 道德审查委员会的纪律处罚。关于 PMI 职业道德规范的详细内容，可以从 PMI 的官方网站上下载获取。

8.4.3 情绪智力

情绪智力（Emotional Intelligence）也称为情商，是指人们作为个体，监控自己及他人的情绪和情感，并识别、利用这些信息指导自己的思想和行为的能力。

情商专家特拉维斯·布拉德伯利（Travis Bradberry）在其著作《情商 2.0》（*Emotional Intelligence 2.0*）中描述了情商的四种核心能力：自我意识、自我管理、社会意识和关系管理，具体如图 8-17 所示。

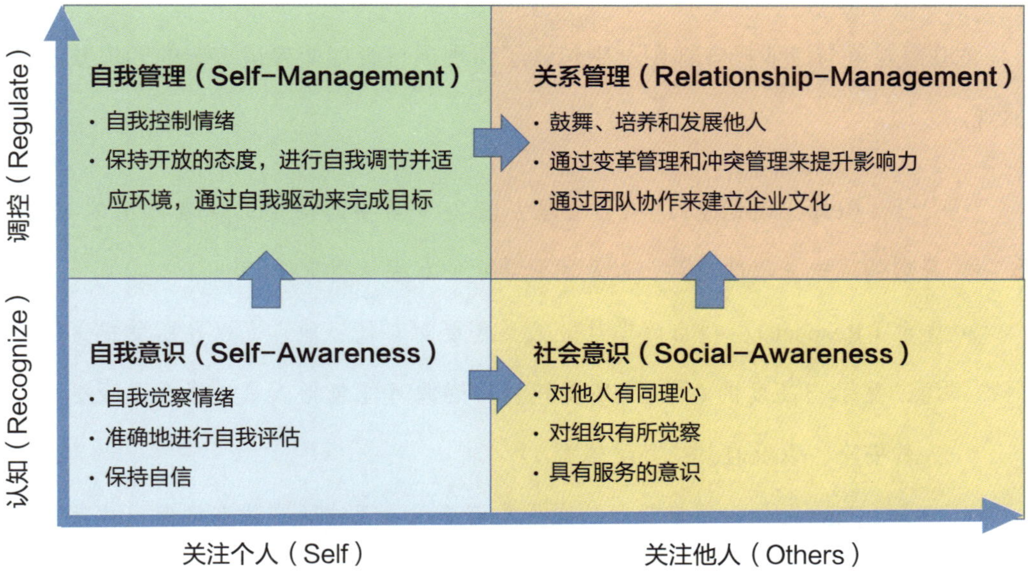

图 8-17 情商四象限

从图 8-17 中可以看出，左侧的两个象限是与个人（自我）相关的，右侧的两个象限是与他人（社会环境）相关的；上方的两个象限是与调节和控制相关的，下方的两个象限是与认知相关的。

当处于“自我意识”象限时，人们能够准确地感知自我情感，并在不同情况下理解自身的反应能力，包括时刻关注自己对特定事件、挑战及周围人员的典型反应。当处于“自我管理”象限时，人们可以运用情感意识来保持灵活和积极引导自身行为的能力，即管理自己对他人和环境的情感反应。与此同时，人们还会发展与他人的关系。当处于“社会意识”象限时，人们能够培养准确感知他人情感并了解其真实情况的能力，这通常意味着即使感受和别人不一样，也要感知别人的想法和感受。当处于“关系管理”象限时，人们能够通过建立自己和他人的情感意识来成功管理互动的能力，确保清晰的沟通和有效的冲突处理。

在敏捷工作方式中，情商是敏捷领导者需要具备的一项重要能力，他们需要通过理解和有效地管理团队成员的情绪来激励团队、化解冲突、促成交付成果，进而帮助团队建立高效的协作机制，持续提升团队人员的能力，使其更加灵活地响应不断变化的外部环境。

8.5　小结

本章介绍了“持续改进（产品、流程、人员）”的相关知识，强调了敏捷实施中全面的持续改进。

其中，三个主要部分是并列关系：“产品的改进”促进了价值交付和质量提升，“流程的改进”促进了持续优化和改进管理流程，“人员的改进”促进了人员的能力和修养的持续提升。

敏捷管理专业人士要有机地融合不同角度的多种因素，通过有针对性的改进策略、方法和工具，促进各个领域的改进，从而构建起一套在敏捷团队中全面、有效的持续改进机制。

第三篇

敏捷实战篇

第 9 章

敏捷实施方法

9.1 概述

敏捷是一套哲学体系，其核心理念是响应变化，其具体表现形式是各种各样被证明了的有用实践。理念和实践有机融合，相辅相成，相互促进。

在本书第 1 章中，我将敏捷理念和敏捷实践的关系比喻成“敏捷洋葱圈”，其内圈是理念，即敏捷的价值观和原则；外圈是实践，即遵循理念所形成的具体方法、技术和工具。当处理具体问题而缺乏实践经验时，可以依赖敏捷的价值观和原则，开创新的实践。

具体的敏捷实践是在现实环境的应用中产生的。由于场景和问题的多样性，因此适应场景和解决问题的敏捷实践也具有多样性。业界出现过的敏捷实践的方法、框架、工具多达 500 种以上，敏捷实践在应用层面无法统一，也不应该统一，但是在理念层面是统一的，也就是与敏捷的价值观和原则保持一致。

在敏捷实施中，理念、实践及环境共同构成了一个生态系统。我们可以将“敏捷洋葱圈”进一步演变成“敏捷生态圈”，具体如图 9-1 所示。

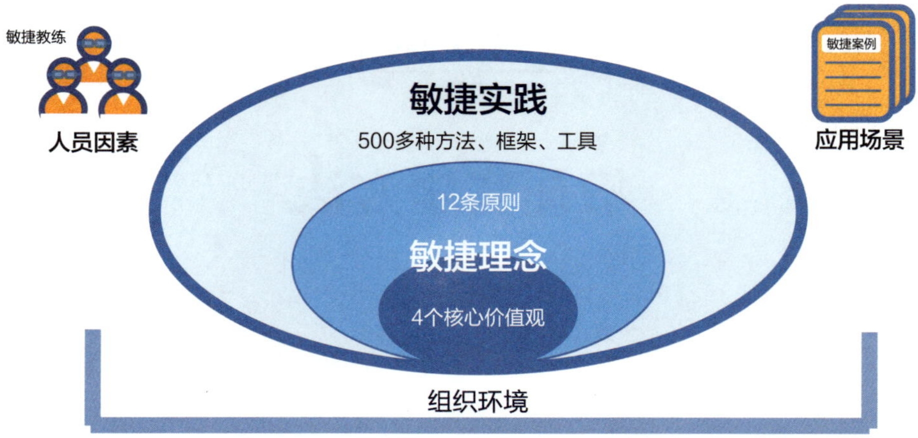

图 9-1 “敏捷生态圈”中的理念、实践和环境

本章将详细介绍敏捷理念的应用，以及敏捷实践在单团队单迭代和多团队多迭代两种典型场景下的具体实施方法。

9.2 敏捷理念的应用

理念（Mindset）是指一种思想和观念。

敏捷理念是一种积极响应变化的心态，是一种适应性的思维方式，《敏捷宣言》中定义了敏捷的价值观和原则。但是，敏捷理念不仅仅存在于软件开发中，生活中也存在敏捷理念。比如，在辩论赛中，选手攻辩得当、申论有力，我们会形容其“思维敏捷”；在运动场上，撑竿跳高选手轻盈地越过横杆，我们会形容其“动作敏捷”。这些正是敏捷理念所包含的两个部分：思维敏捷和动作敏捷。

思维敏捷是在思考层面，针对“乌卡”问题，剥丝抽茧，发现事物的内在联系和规律，制定可行的解决方案。动作敏捷是在执行层面，针对“乌卡”过程，快速验证，灵活处理，及时反馈，高效地实施解决方案。二者共同的目标是快速地让价值得以实现。

9.2.1 思维敏捷

英国组织理论家拉尔夫·斯泰西（Ralph D. Stacey）在其著作《组织的复杂性和创新》（*Complexity and Creativity in Organizations*）中提出了一致性和确定性矩阵（Agreement & Certainty Matrix）（见图 9-2）。该矩阵也称为 Stacey 矩阵，它可以很好地帮助我们在复杂的适应性系统中，根据问题的一致性水平和确定性程度，选择恰当的方法。

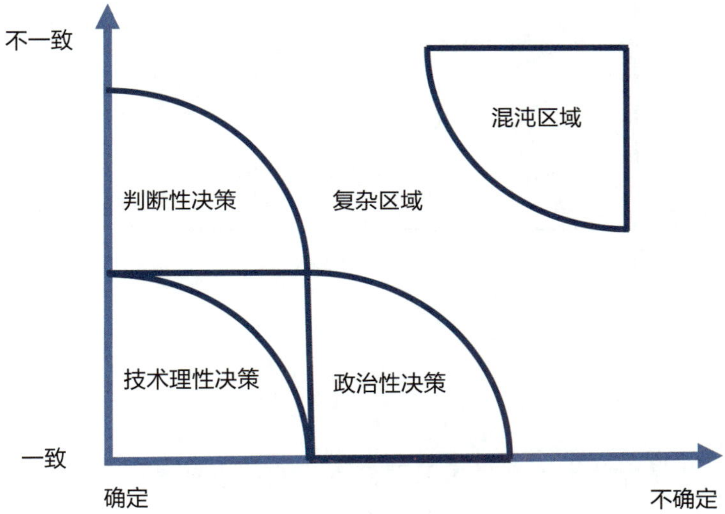

图 9-2 一致性和确定性矩阵

从图 9-2 中可以看出，纵轴表示从“一致”到“不一致”，它衡量的是团队或组织内部对某个问题或决策达成一致性的程度。横轴表示从“确定”到“不确定”，它衡量的是方法的因果影响和确定性关系，团队是否能从过去的经验中获得正确的执行参考。

我们可以从 Stacey 矩阵中得到启发，做出一些调整，为两个坐标轴赋予特定的含义。比如，在软件领域中，可以用纵轴代表“需求”，横轴代表“技术”；在非软件领域，甚至在日常生活中，可以用纵轴代表“目标”，横轴代表“方法”，等等。

通过这两个维度对问题进行分析，识别出问题所在的区域，再选取恰当的应对方法，这就是思维敏捷力的体现。

下面以在组织中选取的合适的项目管理模型为例（见图 9-3），分析如何使用 Stacey 矩阵。

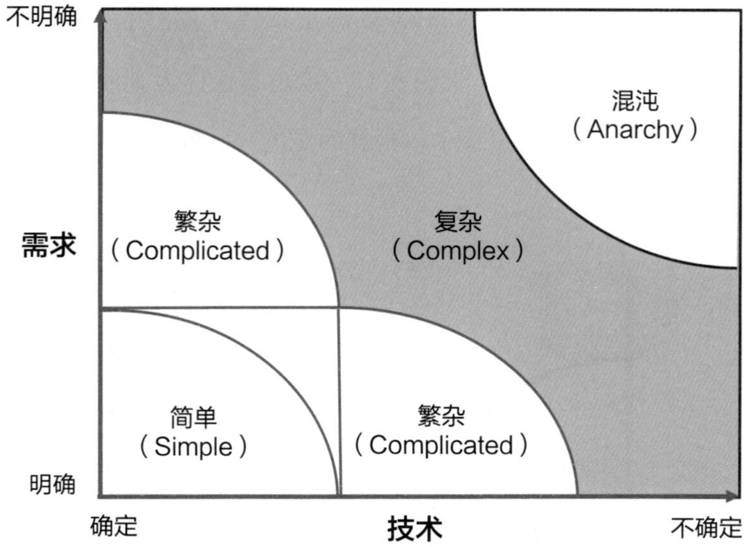

图 9-3 Stacey 矩阵应用示例

- “简单”区域在左下角，代表“需求明确、技术确定”。对于这类问题，主要目标是提升效率，可以采用预测型方式，也就是用传统的瀑布模型进行处理。
- “繁杂”区域在左侧和下方的中部，分别代表的是“需求不明确、技术确定”，以及“需求明确、技术不确定”。这类问题的特点是总会有一个维度是明确和确定的，也就是“部分复杂”的问题，处理的办法是将问题进行分解，聚焦在需要进一步澄清的部分，通过增量或迭代的方式来解决。
- “复杂”区域在中部，代表“需求不明确、技术不确定”。这类问题介于“繁杂”和“混沌”之间，与“部分复杂”的问题不同，其复杂程度在于问题本身，问题往往无法被拆分。也就是说，我们无法对其进行预测，只能通过不断探索尝试、审视现状、做出调整，即不断重复 PDCA 循环（计划—执行—检查—处理）。这就是适应性的方法，属于敏捷工作方式。

- “混沌”区域在右上角，代表“需求和技术都极度的不明确、不确定”，处于混乱状态。企业一般会远离这类问题，将其交由科研单位开展长期的研究工作。

传统的项目管理方式对于处理“简单”和“繁杂”区域的问题是有效的，因为这些问题是可预测的。但是，“复杂”问题的可预测性明显降低，那是一个创造性的领域，只有采取基于适应性的敏捷工作方式，才可以解决根本性问题。

Stacey 矩阵给我们的启示是，要打破所谓的传统理性决策，也就是那些追求稳定和可预测的思维模式。在“乌卡”时代，要把不一致性和不确定性作为新常态，建立和提升适应性的能力，而这正是思维敏捷（Agile Thinking）的含义。

9.2.2　动作敏捷

美国工程院院士巴巴通德·奥格耐克（Babatunde A. Ogunnaike）在其著作《过程动力学、建模与控制》（*Process Dynamics*，*Modeling*，*and Control*）中指出，过程控制有两种主要模型 —— 预定义的过程控制模型（Defined Process Control Model）和经验性的过程控制模型（Empirical Process Control Model），它们可以应用在不同的环境中，以保证成果的有效输出。

预定义的过程是指人们定义了一系列明确的执行步骤，基于可重复的执行过程，产出符合要求的输出的过程。预定义的过程强调命令和控制，制订计划并强制执行，人们不希望发生变化，并对变化进行控制。预定义的过程一般在需求稳定的环境中，人们在这种环境中处理可预测的问题，更加注重效率。

经验性的过程是指基于对过往的观察和实验，参考所得的经验和数据，不断进行检视和调整。经验性的过程倡导授权和灵活，边前进边学习，当预计到变化会发生时，拥抱变化。经验性的过程适合在需求和技术不确定性的环境中，处理复杂的问题，更加注重效果。

如图 9-4 所示，我们对预定义的过程和经验性的过程进行了关键因素的对比。在过程运行的根本机制简单易懂的情况下，典型的做法是采用预定义的建模方式；如果过程的复杂程度超出预定义方式的能力范围，就需要采用经验性的建模方式。

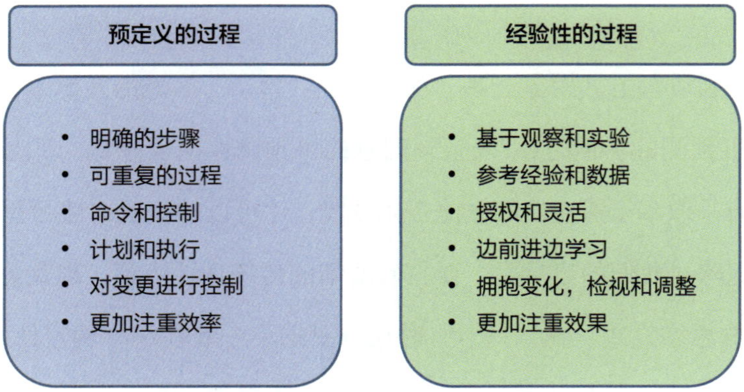

图 9-4　预定义的过程和经验性的过程

过程控制模型给我们的启示是，要克服固定型思维，不能一味地选择使用预定义的过程控制模型。在“乌卡”时代，正如问题变得“复杂”一样，过程也变得“复杂”起来，所以人们要在具体的行动中保持灵活性，通过经验性的过程及时响应变化，这就是动作敏捷（Agile Doing）的含义。

思维敏捷有助于洞察“复杂”的问题，使目标得以清晰；动作敏捷有助于执行“复杂”的过程，使价值得以实现。

9.3　敏捷实践的应用

实践（Practice）是一个哲学名词，它的范畴很大，一般是指人们能动地探索和改造现实世界一切客观物质的社会性活动的总和。

所以，人们在敏捷实施过程中所执行的各种活动，只要跟敏捷的核心价值观保持一致，遵循敏捷的原则，就可以根据实际环境中的不同场景，找到适合的应用，进行定制化的处理，这些活动都可以被称为敏捷实践。不难看出，这里所谈及的敏捷实践是一个广义的概念。一般来说，敏捷实践涉及三个层面 —— 敏捷方法、敏捷技术和敏捷工具，具体如表 9-1 所示。

表 9-1　敏捷实践中的方法、技术和工具

分类	含义	举例
敏捷方法	针对某种特定的场景，将角色、工件、活动和流程等进行综合考虑，系统化地形成一套完整的实施体系。有时，敏捷方法也被称为敏捷框架（Agile Framework），其含义是，首先提供一个基本方法的骨架和要素，当需要解决具体问题时，再根据具体情况对基本方法进行定制或延伸	• Scrum • 极限编程（XP） • 看板（Kanban） • 规模化敏捷框架（SAFe） • 大规模 Scrum（LeSS） • 规范化敏捷（DA）
敏捷技术	具体执行过程中的某项技法或工艺。通常我们会将敏捷技术粗略地区分为产品和需求实践、管理和技术实践，以及发布和运营实践等。这里所说的实践可以被理解为狭义的敏捷实践，一般都是在某个场景下解决某个问题时所采取的某项活动	• 每日站会（Daily Standup Meeting） • 回顾会议（Retrospective Meeting） • 迭代计划（Sprint Planning） • 迭代评审（Sprint Review） • 测试驱动开发（Test-Driven Development，TDD） • 持续集成（Continuous Integration）
敏捷工具	在开展工作时所采用的器具。一般敏捷工具可以分为实体化工具（也称为物理工具）、电子化工具。通过使用敏捷工具，可以提高工作效率，扩展实践的广度，更好地支持各项敏捷活动的开展	• 任务板（Task Board） • 索引卡片（Index Card） • 电子表格（Spreadsheet） • 维基网站（Wiki） • 敏捷项目管理工具（Agile Project Management Tool） • 自动化构建 / 测试工具（Automated Build/Test Tool）

组织将根据所处的环境，综合考虑产品的类型、项目的特点、人员的能力等多种因素，选择适合的敏捷实践。下面从单团队单迭代和多团队多迭代两个角度详细介绍敏捷实践的具体实施。

9.3.1　单团队单迭代的敏捷实践

顾名思义，单团队单迭代的敏捷实践是指一个敏捷团队通过执行一次（或者

按照同样的方式执行多次）迭代，完成价值交付的过程。如图 9-5 所示，可以对单团队单迭代的敏捷实施过程从三个视角——产品视角、项目视角和运营视角来进行分析。

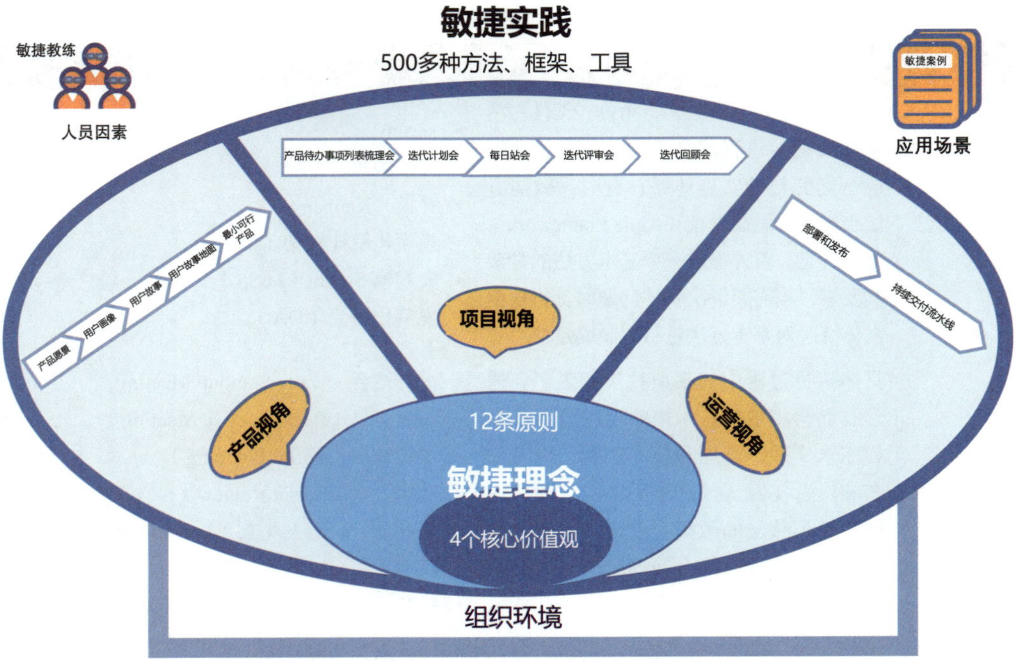

图 9-5 “敏捷生态圈”的三大视角

从产品视角来看，最关键的任务是快速验证，也就是产品从 0 到 1 的过程，其目的不是做出可量产的最终产品，而是做出可验证的最小可行产品，其作用是收集用户的反馈，从而对下一步的工作做出调整。产品视角包含的典型敏捷实践有以下五个：

- 产品愿景；
- 用户画像；
- 用户故事；
- 用户故事地图；
- 最小可行产品。

从项目视角来看，最关键的任务是迭代交付，也就是产品从 1 到 100 的过程，通过不断执行 PDCA 循环，持续地进行增量式的价值交付。项目视角包含的典型敏捷实践有以下五个：

- 梳理产品待办事项列表；
- 召开迭代计划会；
- 召开每日站会；
- 召开迭代评审会；
- 召开迭代回顾会。

从运营视角来看，最关键的任务是促进价值流动，也就是从 100 至 $+\infty$ 的过程，即通过将部署和发布进行解耦，并建立持续交付流水线，打通从开发到运维的职能壁垒，从客户和市场中获得新的灵感，不断进行产品创新。运营视角包含的典型敏捷实践有以下两个：

- 部署和发布；
- 持续交付流水线。

下面通过将以上三大视角的 12 项关键技术贯穿起来，应用到一个开发“酒店预订系统”产品的实战案例中，对应 12 个步骤，来深入理解单团队单迭代的敏捷实践。

第 1 步：制定产品愿景

产品愿景描述了产品或解决方案的未来视图，回答了为什么要开展该项工作，产品的关键成功因素是什么，以及干系人期望的最终状态是什么。产品愿景反映了客户和业务干系人的需要，以及为满足这些需要而提出的需求。

产品愿景可以激励团队成员为了共同的目标而努力，同时，也可以让业务干系人和最终客户清晰地理解产品要表达的概念和意图。

通常，我们可以采用“电梯演讲”(Elevator Pitch）的方式来描述产品愿景。“电梯演讲”是一个结构化的产品声明文件，通过简明的语言，在很短的时间内，阐明产品的主要信息，包括目标客户、关键收益和竞争优势等内容。电梯演讲的格式如图 9-6 所示。

电梯演讲

• 为了	[目标客户]
• 他们的	[需要和机会]
• 这个	[产品名称]
• 是一个	[产品类型]
• 它可以	[关键优点和难以抗拒的使用理由]
• 而不像	[同类竞争者]
• 我们的产品	[差异化声明]

图 9-6　电梯演讲的格式

在“酒店预订系统”实战案例中，我们可以按照电梯演讲的格式（见图 9-7）制定产品愿景。

• 为了	有孩子的家庭
• 他们	想全家一起出游
• 这个	“亲子游”产品
• 是一款	移动端的App
• 它可以	提供符合不同家庭兴趣的出游方案
• 而不同于	一般的酒店预订系统
• 我们的产品	可以提供一站式和具有社交功能的服务体验

图 9-7　产品愿景示例

从上述例子中可以看出，用电梯演讲的方式制定产品愿景，就像做一道填空题，7 个空格中最重要的是第 1 个，也就是要确定目标客户，然后以层层递进的方式进行分析和提炼，最终总结出产品的差异化声明，将其填写到第 7 个空格中。产品愿景的内容不宜过长，最好能在 1 ~ 2 分钟说完，这样能给人留下深刻的印象。

第 2 步：创建用户画像

用户画像的作用是找到真实的用户，抛弃主观臆断的想法和假设，一切以用户为中心，对现实中的人物角色进行理解，通过深入的调查研究收集到真实用户的信息，再提取共性和相关联的用户特征。

用户画像的人物是虚构的，然而这些人物的特征却是真实的。正是由于将众多真实用户的特征集中到一个典型的角色中，用户画像才更加生动和鲜活。比如，电影中所塑造的人物形象正是生活中一个个人物特征的综合展现，这也就是我们常说的“艺术来源于生活，却高于生活”。

创建用户画像的过程是进行用户信息收集、整理、汇总，以及结构化呈现的过程（相关内容参见本书 4.2.5 节）。

在“酒店预订系统”实战案例中，我们可以使用“期待痛点分析法”创建用户画像（见图 9-8）。

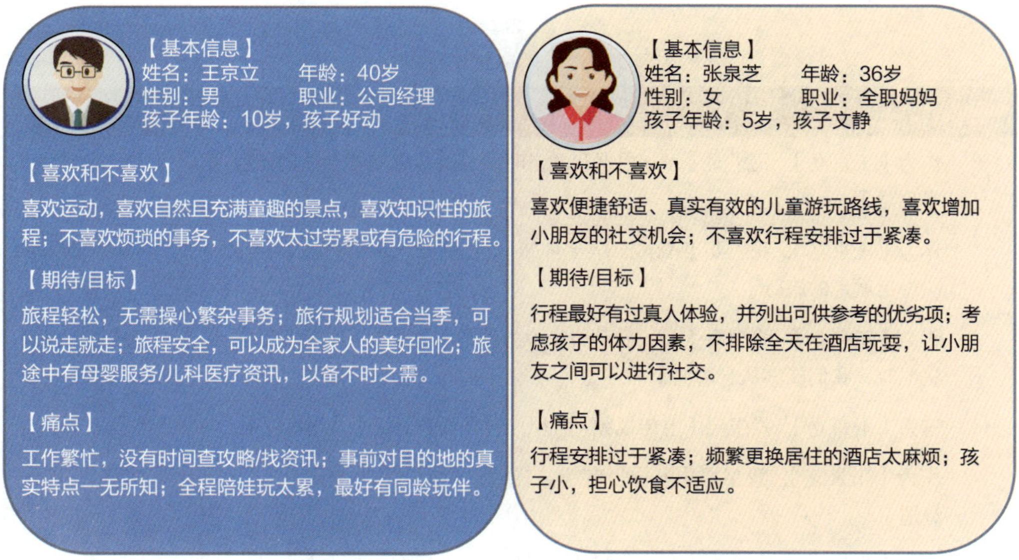

图 9-8　用户画像示例

第 3 步：用户故事

故事侧重于描述场景和事件的发展，强调情节的生动性和连贯性，一般比较适用于口头讲述。

用户故事作为描述产品行为的一种方式，可以向用户提供一些有用的功能。从严格意义上来说，用户故事是需求的组织单位，但不是需求，而是以用户语言进行的简短描述，可以反映用户在某个场景下希望达到的目的，以及此目的所需要的功能。

业务人员和技术人员可以通过对话来进一步讨论和澄清细节，最终双方都能够就用户真正想要获得的价值达成共识。通常，用户故事被记录在卡片上，卡片是团队成员进行讨论的“令牌”。团队成员只在卡片上记录关键信息，对于其他的详细信息，可以将其记录在相关的文档中。

编写用户故事的方法可以遵循特定的格式，从而展示出“用户角色、想要的结果，以及所产生的价值和收益”（相关内容参见本书 4.2.2 节）。

在“酒店预订系统”实战案例中，我们可以基于所创建的用户画像，编写一系列用户故事（见表 9-2）。

表 9-2　用户故事示例

序号	用户故事
1	作为【王京立】，我想要【App 根据我登录时填写的信息推荐合适的旅程】，以便【我不用做太多攻略】
2	作为【王京立】，我想要【App 推荐当季 / 时效性强的亲子游路线】，以便【我们全家可以来一次说走就走的旅行】
3	作为【王京立】，我想要【App 显示旅途中的母婴服务 / 儿科医疗资讯】，以便【小孩遇到突发状况时，我们能够从容解决】
4	作为【王京立】，我想要【上传视频 / 照片，形成美好记忆】，以便【回忆全家的快乐时光】
5	作为【张泉芝】，我想要【安全、有趣、轻松、便捷的旅行规划】，以便【全家的旅行快乐、舒适】
6	作为【张泉芝】，我想要【App 分配和有同龄孩子的家庭一起出游】，以便【孩子有玩伴、有社交，避免全程大人陪玩】
7	作为【张泉芝】，我想要【App 显示其他家庭游玩某景点后的评价及优缺点统计】，以便【我可以参考并选择出更符合预期的行程】

从上面的用户故事示例中可以看出，用户角色可以是我们从用户画像中识别出的用户姓名，从而不用再过多赘述该用户的一系列特征。在创建用户故事的过程中，我们要从用户画像出发，满足用户的一个期待，或者解决用户的一个痛点，这样就可以让用户故事的编写更加流畅和有的放矢。

第 4 步：绘制用户故事地图

绘制用户故事地图的过程，就是将用户故事匹配到用户活动的过程。通常，我们可以借助用户旅程地图（User Journey Map）来识别用户需要完成的活动，并描述用户从开始使用产品到实现其目标的完整过程。

图 9-9 是一个用户旅程地图模板，图中顶部显示出特定用户、特定场景，以及相应的期望或目标；图中中部显示出用户活动的几个阶段，我们可以在上面记录用户的行为、想法和情绪等；在图中底部，我们可以归纳出从用户旅程中发现的机会和洞察。

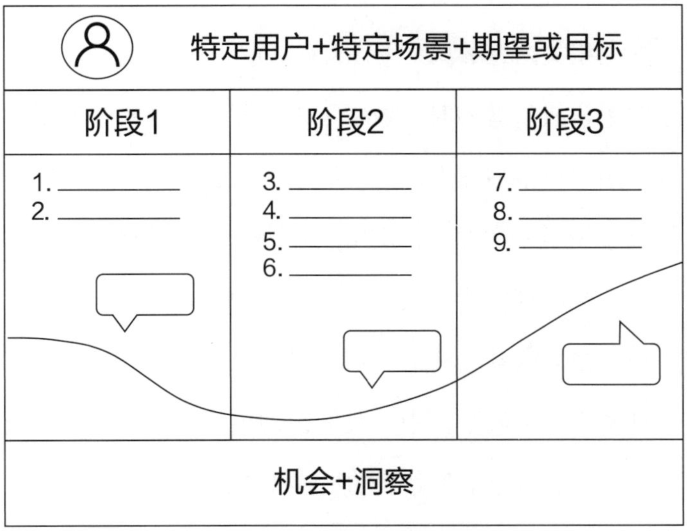

图 9-9　用户旅程地图模板

用户旅程地图能够清晰地呈现出用户活动，我们可以将用户故事匹配到用户活动上，看到用户使用产品的全局视图，从而帮助团队通过可视化的沟通建立共识，生成用户故事地图（相关内容参见本书 4.2.3 节）。

在“酒店预订系统”实战案例中，我们可以创建用户旅程地图，并将已经编写好的用户故事向用户活动进行映射，从而完成用户故事地图的绘制。图 9-10 是用户故事地图示例。

实际工作中的一般做法是，结合我们在用户旅程地图中识别出的用户活动，优化和完善用户故事地图的基本框架，再逐渐添加细节，也就是把用户故事（图 9-10 中黄色的卡片）匹配到用户活动上去。在这个过程中，因为与某个用户活动相关的用户故事有很多，所以要根据用户故事的优先级，按照从上到下的顺序进行排列，完成映射。

需要指出的一点是，用户故事地图是动态演进的，并不是只确定一次，而是需要由产品负责人持续地进行维护和更新，这样才能保持其有效性。

第 5 步：确定最小可行产品

最小可行产品包含了能够完成系统最基本的功能的用户故事，也体现了产品需要验证的用户需求（相关内容参见本书 3.3.3 节）。

当我们在绘制用户故事地图时，通常可以按照从左到右的顺序识别出优先级最高的内容，并且在用户故事地图上横向画一条线，这条线以上的用户故事构成了最小可行产品，可以用于第一次发布，交给用户进行验证并获得反馈。当然，我们也可以使用这种方法，横向划定第二次发布、第三次发布所包含的用户故事，从而形成最初的发布计划（相关内容参见本书 6.2.7 节）。

在“酒店预订系统”实战案例中，我们识别出的最小可行产品包含 6 个用户故事，可以将其转换成产品待办事项列表的形式（见图 9-11）。

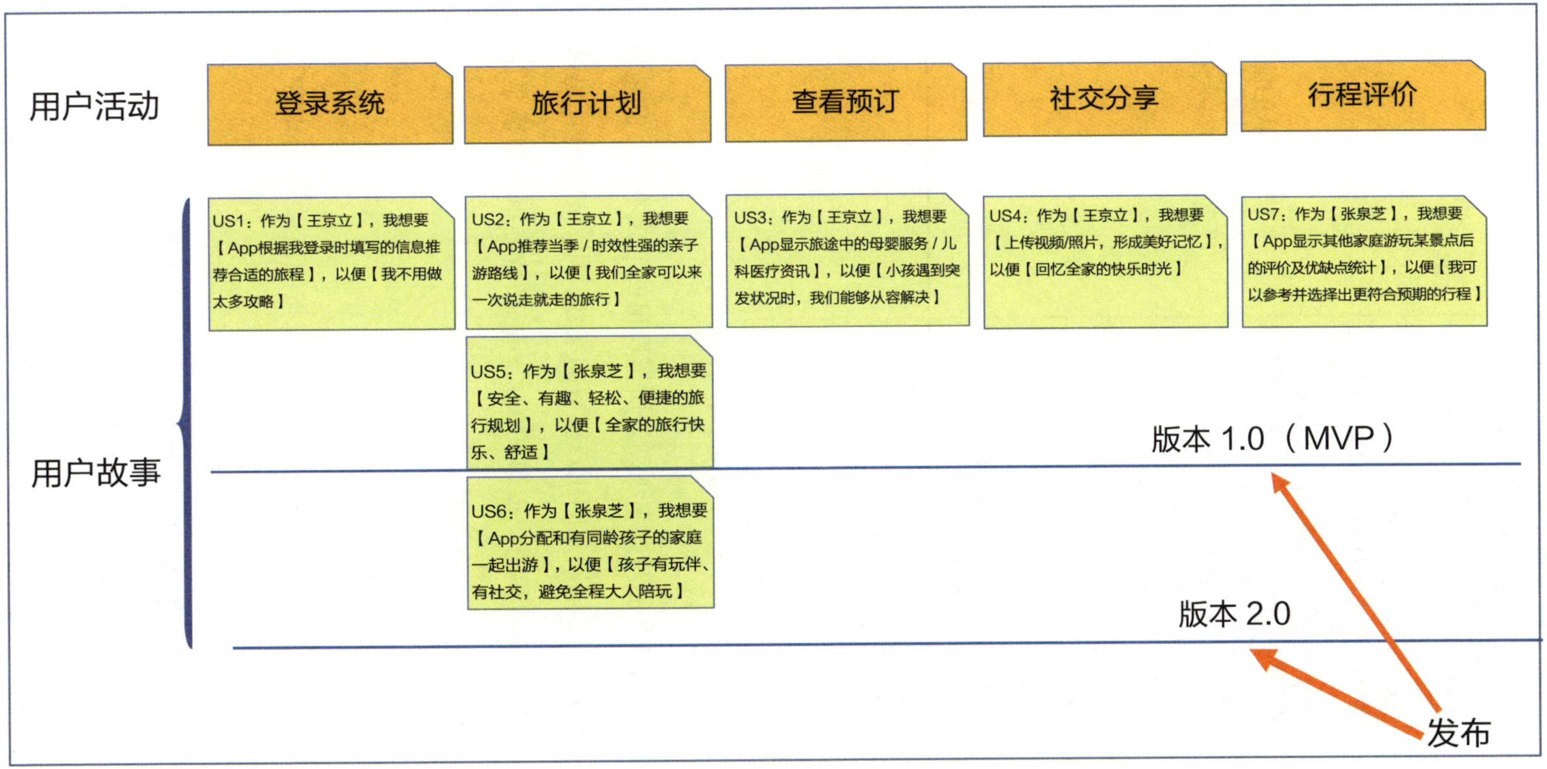

图 9-10　用户故事地图示例

注：US 表示用户故事，MVP 表示最小可行产品。

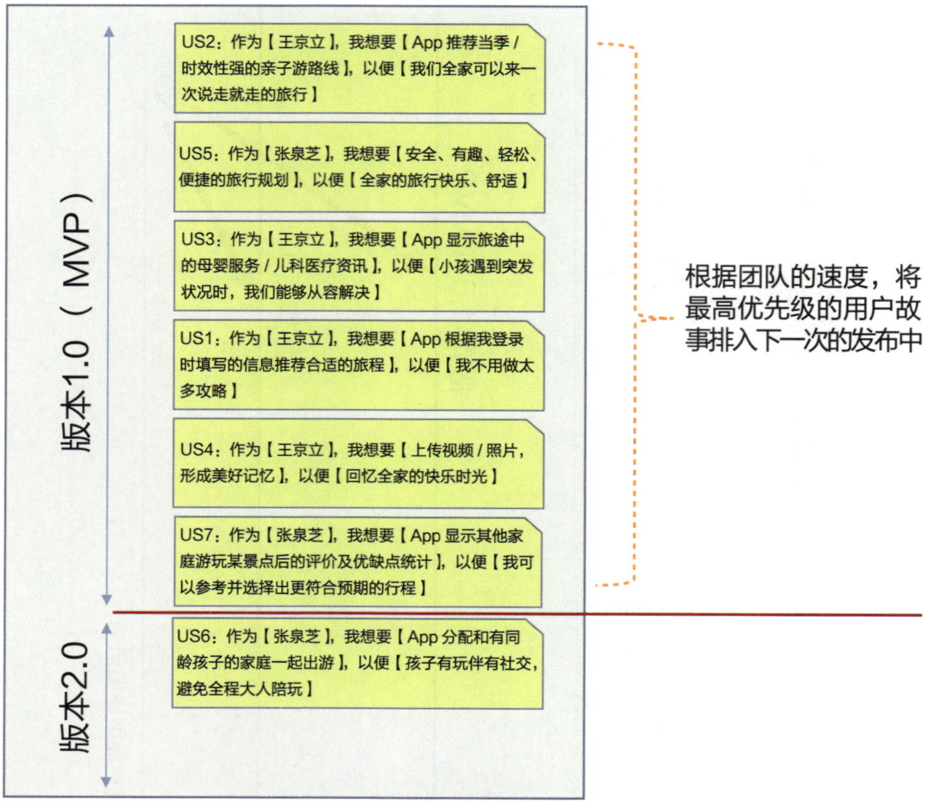

图 9-11　产品待办事项列表示例

虽然用户故事地图和产品待办事项列表所呈现出的形式不同，但它们所包含的内容是相同的，都是当前已识别出的用户故事的集合。用户故事地图是站在产品视角，结构化地呈现用户活动和用户故事的关系；产品待办事项列表是站在项目视角，展示用户故事的优先级关系。

第 6 步：梳理产品待办事项列表

当我们制定了产品待办事项列表之后，就可以按照事项的“DEEP”属性，对其进行梳理（相关内容参见本书 6.3.15 节）。

通常，可以采取会议的形式对产品待办事项列表进行梳理，对于一个为期 2 周的迭代，梳理会在 2 小时内完成。一个典型的产品待办事项梳理会的议程如下。

（1）**讲解用户故事**：也称为“用户故事串讲”，即产品负责人介绍下一个迭代需要实现的用户故事，以及其他待办事项条目。

（2）**澄清用户故事**：也称为“用户故事反串讲”，即团队针对这些用户故事进行理解，并与产品负责人进行讨论，确定是否需要增加、减少、删除相关的内容。

（3）**达成共识**：产品负责人和团队针对每个用户故事，按照如下步骤进行梳理，双方达成一致意见。

- 团队对用户故事进行拆分、估算、排定优先级。
- 产品负责人给出用户故事的验收标准，与团队达成共识。
- 团队识别用户故事的风险和依赖关系。

（4）**产生后续行动**：针对梳理过程中出现的问题，识别出行动项，在会后跟踪执行。

如图 9-12 所示，梳理后的产品待办事项列表除了包含用户故事，还包含新识别出的技术需求和非功能性需求，以及其他关于产品改进的内容。运用 MoSCoW 技术（相关内容参见本书 3.4.5 节），我们对产品待办事项列表中的条目统一进行

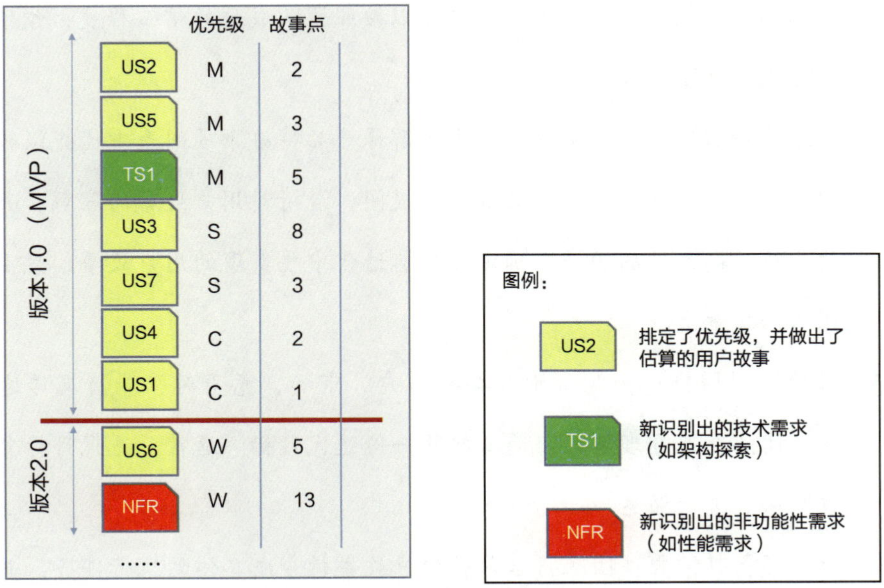

图 9-12 梳理后的产品待办事项列表示例

了优先级排序，并使用故事点的方法（相关内容参见本书 6.4.3 节）进行了规模估算。

通常，在对产品待办事项列表进行梳理的时候，仅需要聚焦在下一个迭代需要做的工作，梳理出比团队速度多 50% 的故事点即可。例如，敏捷团队的速度是 20 个故事点 / 迭代，那么就可以在产品待办事项列表中梳理出 30 个故事点，将其作为输入，在敏捷团队的迭代计划会上进行讨论。

第 7 步：召开迭代计划会

迭代计划会是敏捷团队进入迭代执行阶段的第一个活动，其目的是通过产品负责人和开发团队对当前迭代要完成的需求进行沟通，制定迭代目标和迭代计划，并做出承诺（相关内容参见本书 6.2.7 节）。

通常，对于一个为期 2 周的迭代，团队应在 4 小时内完成迭代计划。迭代计划被分为两个阶段：第 1 阶段的主要工作是“讲故事、起草迭代目标”，第 2 阶段的主要工作是“拆任务、承诺迭代目标”。迭代计划会的具体议程如下。

（1）**确定团队速度**：也就是团队在一个迭代内的容量（产能）。如果团队没有以往的经验数据进行参考，那么可以按照团队成员的信心程度，预估出可以完成的故事点数。

（2）**选取用户故事**：产品负责人向团队解释产品待办事项列表中优先级较高的用户故事，团队可以向产品负责人提问，澄清对用户故事的理解，并按照优先级从高到低的顺序，确定在当前迭代中要实现的用户故事，直至达到团队的容量上限。

（3）**起草迭代目标**：产品负责人要将客户、市场、竞争对手等情况传达给团队，团队在充分理解后，简要起草一份迭代目标。通常，迭代目标要用非技术语言进行描述。

（4）**拆分任务并估算**：团队将选取的用户故事拆分成具体的执行任务，并对任务进行估算，估算的单位是小时。通常，任务的颗粒度要控制在8小时内，从而确保每日站会上都能够有已完成的任务。

（5）**制定完成定义（DoD）**：团队就如何衡量本次迭代完成进行讨论，制定DoD。通常，每个敏捷团队会维护一份自己的DoD，并随着团队能力的逐渐提升，对DoD进行演进，使其越来越严格。

（6）**承诺迭代目标**：产品负责人和团队经过充分的沟通，对本次迭代要做什么（What），以及如何做（How）达成共识，将其汇总成最终的迭代目标，并做出双向承诺，即产品负责人承诺这就是本次迭代要交付的最高业务价值，团队承诺按照迭代目标交付这些价值。

在“酒店预订系统”实战案例中，我们可以在迭代计划会议中设定相应的迭代目标和DoD。图9-13是敏捷团队在该案例中设定的第一个迭代目标和DoD。

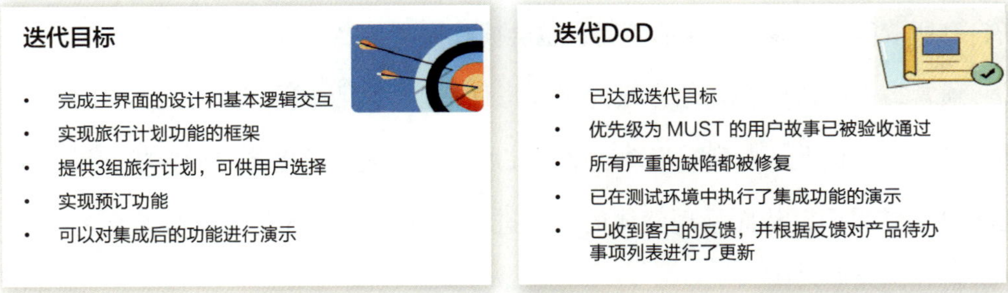

图9-13　迭代目标和迭代DoD示例

当迭代计划会议结束时，团队会将迭代目标、选取的用户故事及拆分的任务统一汇总到任务板上，这也就形成了迭代待办事项列表（Sprint Backlog）。为了便于在迭代执行过程中，跟踪任务的完成情况，团队还要绘制燃尽图。任务板和燃尽图示例如图9-14所示。

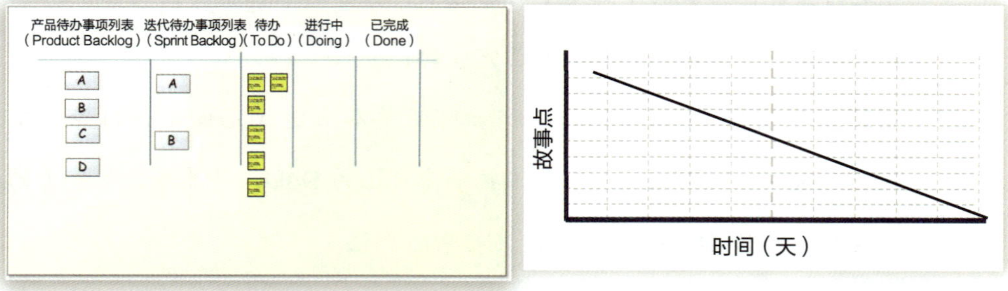

图 9-14　任务板和燃尽图示例

第 8 步：召开每日站会

每日站会的目的是促进协作、同步进展，而不是解决问题（相关内容参见本书 6.3.12 节）。

在每日站会上，团队成员将迭代待办事项列表中的用户故事和任务看作是团队共同的任务，而不是某个人的任务。所有团队成员保持彼此沟通透明化，坦诚地更新自己所取得的进展和遇到的障碍，也会彼此提供必要的帮助。

通常，敏捷团队会在任务板前召开每日站会，团队成员更新自己的任务状态，使任务在任务板上从左到右流动起来。在所有团队成员都更新完任务状态后，团队还将更新燃尽图，从而呈现整体的工作进展情况。图 9-15 是在每日站会上更新的任务板和燃尽图示例。

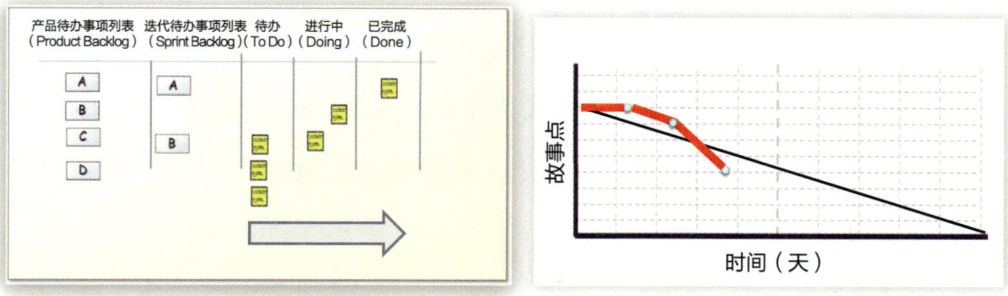

图 9-15　每日站会上更新的任务板和燃尽图示例

第 9 步：召开迭代评审会

迭代评审会在每次迭代结束的时候召开，其目的是针对当前迭代的工作成果进行检查。在迭代评审会上，团队成员向产品负责人进行演示，产品负责人根据验收标准判断这些交付成果是否满足要求，并向团队反馈新的观点和想法。（相关内容参见本书 6.3.6 节。）

通常，对于一个为期 2 周的迭代，迭代评审会在 1 ~ 2 小时召开完毕，具体的议程如下。

（1）**回顾迭代目标**：在开始进行演示之前，产品负责人和团队共同回顾在迭代计划会上所制定的迭代目标。

（2）**演示迭代成果**：针对本次迭代中所完成的每个用户故事，团队向产品负责人进行演示。演示是在测试环境（最好与真实环境接近）中进行的，产品负责人可以在团队演示的过程中给出相应的反馈。对于无法在测试环境中进行演示的内容（如架构、探针等研究性的工作），团队可以采取合适的方式，展示相应的成果。

（3）**团队反思讨论**：如果存在没有完成的用户故事或相关工作，产品负责人和团队成员需要展开讨论，识别出潜在的影响和风险、错误的假设、优先级的变化、不准确的估算、过度的承诺等。

（4）**调整待办事项列表**：产品负责人根据团队演示的成果，对产品待办事项列表进行调整。本次迭代中尚未完成的用户故事，将被放回到产品待办事项列表中，团队可能会将其安排到下一次迭代中完成，也可能经过综合考虑，调低它们的优先级，从而不会将其安排到下一次迭代中。

迭代评审针对的是用户故事，而不是任务，只有达到了用户故事的验收标准，才算是完成了用户故事。当然，对于那些没有完成的用户故事，如果团队觉得已经实现了一些功能，并希望获得反馈的话，也可以进行演示。

第 10 步：召开迭代回顾会

迭代回顾会是敏捷团队在迭代执行中进行的最后一项活动，其目的是对当前迭代中的经验和教训进行总结。对于识别出的做得好的地方，可以继续保持；对于识别出的做得不好的地方，在下一次迭代中采取措施进行改进。（相关内容参见本书 8.3.5 节。）

通常，对于一个为期 2 周的迭代，迭代回顾会大约可以在 1 小时内召开完毕，具体的议程如下。

（1）**回顾迭代过程**：团队成员共同回顾本次迭代的执行过程，以及本次迭代中做了哪些改进，效果如何。大家还可以针对本次迭代中收集到的一些数据（如迭代速度等）进行定量分析和充分的沟通。

（2）**识别改进措施**：常见的做法是，首先，团队成员各自思考本次迭代中哪些工作做得好，哪些工作做得不好，以及有哪些改进项；其次，将其写在卡片上，统一汇总到一个大白板上，保持信息的可视化；最后，团队展开讨论，大家通过头脑风暴，识别出有效的改进措施。

（3）**确定行动计划**：如果团队识别出的有效改进措施比较多，那么可以投票选出其中的 1～2 个，并将其添加到下一个迭代的待办事项列表中，也可以将其作为下一次迭代的目标，加以跟踪执行。

迭代回顾会为敏捷团队提供了畅所欲言、集体反思的机会，应该仅限于敏捷团队自己的成员参加，而管理者或者其他干系人不需要参加。敏捷团队应该聚焦在自己能够采取行动解决的问题上，也就是关注“能做些什么”，而不是“不能做什么”。敏捷团队的行动计划应具有可行性，目标简洁、明确、可达成，从而使团队可以持续地改进、提高。图 9-16 是迭代回顾会中团队识别改进项的场景示例。

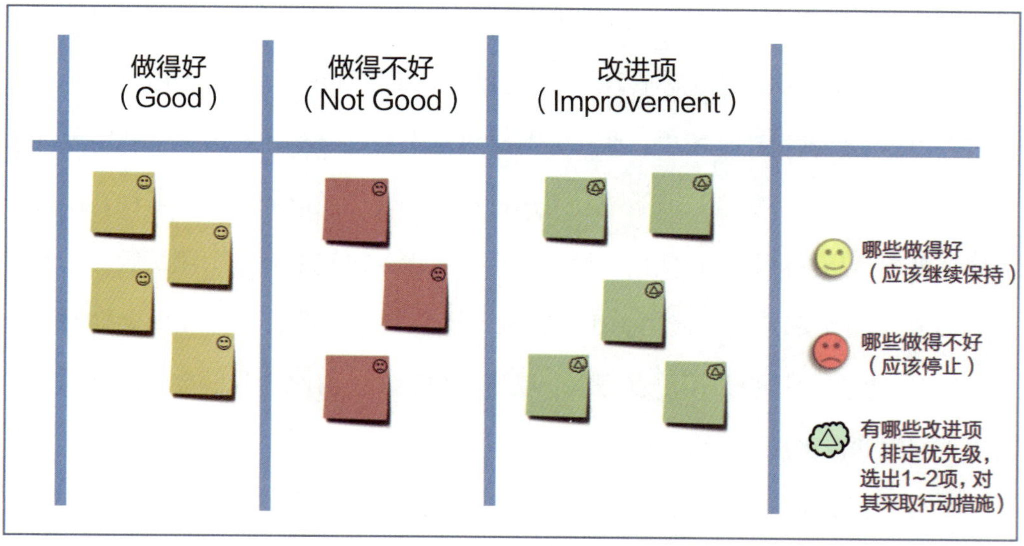

图 9-16 迭代回顾会场景示例

第 11 步：部署和发布

当敏捷团队经过一次迭代，完成了迭代待办事项列表中的用户故事，并且已经通过了验收测试时，就可以在特定环境的基础设施中“安装、配置”这些新的软件服务代码，这个过程被称为“部署”（Deploy）。通常，部署是一个技术动作，只需要保证新的功能在生产环境中正常运行就可以了，而不需要向用户提供新版本的服务。

当敏捷团队经过几次迭代，部署了一系列功能，完成了一个产品或者一个较为完整的特性组合时，产品负责人或业务干系人经过市场分析、竞争对手分析等，决定将这些功能提供给用户使用，也就是公布新的服务版本，这个过程被称为“发布”（Release）。由此可以看出，发布是一个管理动作，因为新的功能已经被部署到了生产环境中，所以业务方可以灵活地对发布时间做出决定，也可以选择对特定的客群进行发布。

在“酒店预订系统”实战案例中，敏捷团队经过第 1 次迭代，完成了系统主界面和交互逻辑的工作，并实现了“制订旅行计划”和“预订”功能。虽然这些功能被部署到生产环境中，但是还不能形成最小可行产品。接下来，敏捷团队执行第 2 次迭代，实现了“用户登录和管理”“周边服务资讯”“社交分享”等用户故事，并将这些功能部署到生产环境中。此时，产品负责人经过分析，虽然这个酒店预订系统的功能尚未被全部实现，但是一套可用的特性集合已经形成了，可以将其作为一个最小可行产品提供给用户使用。所以，产品负责人决定发布一个测试版（一般称为 Beta 版本）给部分用户使用。于是，敏捷团队将已经部署的特性集合打上一个发布标签，提供给用户，用户就可以获取这些功能了。有时，我们会将产品的第一次发布称为“首次发布”（Rollout）。

图 9-17 是敏捷团队部署和发布示例。从该图中可以看出，敏捷团队按节奏开发和部署，在迭代中进行用户故事的梳理、开发、测试，确保新增的功能代码能够与已有的功能进行正确集成，并定期将软件部署到生产环境中；产品负责人和业务干系人“按需发布”，也就是根据业务需要决定发布的日期、内容、客户群等。部署是技术领域的决策，而发布是业务领域的决策，我们称之为“部署和发布解耦”。

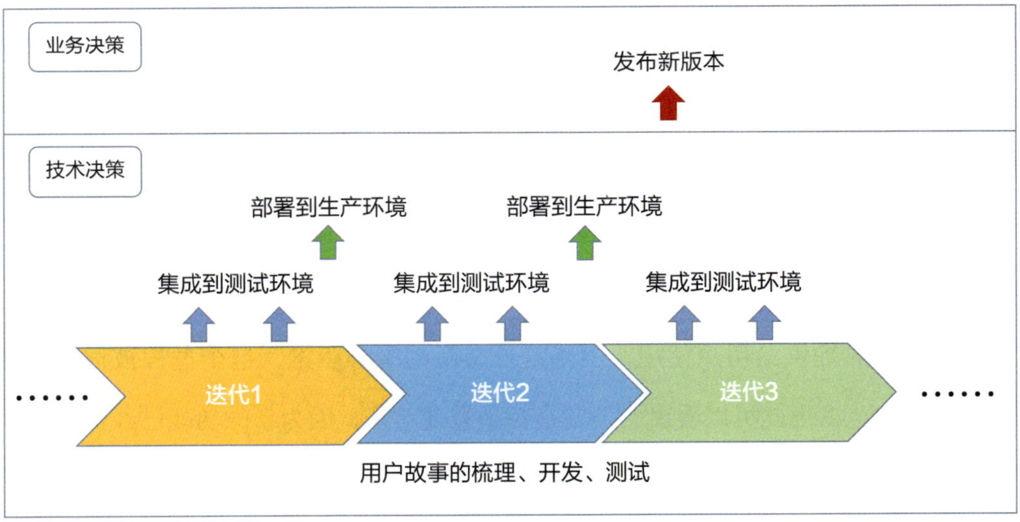

图 9-17 敏捷团队部署和发布示例

第 12 步：持续交付流水线

交付（Deliver）是指将物（如软件功能代码）和权（如软件拥有权、使用权）进行传递、转移的过程。比如，业务干系人将需求列表交给产品负责人，开发团队将可测试的软件版本交给测试人员，测试人员将正式版本交给运维人员，等等。

持续交付（Continuous Delivery）是指保持交付过程的连续性，提高软件交付的速度和质量，可以通过管理手段（如减小批量规模、增加交付频率、保持小版本发布等）实现，也可以通过技术手段（如持续集成、持续部署等）实现。

持续交付流水线（Continuous Delivery Pipeline）也称为持续交付管道，是指通过建立自动化方式，将各项交付活动形成工作流，持续不断地向最终用户交付价值的过程。持续交付专家杰斯·汉博（Jez Humble）在其著作《持续交付：发布可靠软件的系统方法》（*Continuous Delivery*：*Reliable Software Releases*）中提出了持续交付的 8 个原则：

- 为软件的发布创建一个可重复且可靠的过程；
- 将几乎所有的工作自动化；
- 把所有东西都纳入版本控制中；
- 提前并频繁地做让你感到痛苦的事；
- 内建质量；
- “完成”意味着“已发布”；
- 交付过程是每位团队成员的责任；
- 持续改进。

2009 年，业界涌现出开发运维一体化的实践，倡导把“开发”（Development）和“运维”（Operations）进行融合，并创造了一个新的词汇——“DevOps”。DevOps 专家基恩·金（Gene Kim）等人在《凤凰项目：一个 IT 运维的传奇故事》（*The Phoenix Project*：*A Novel aloutIT Devops*）一书中提出了 DevOps 三步工作法，具体如图 9-18 所示。

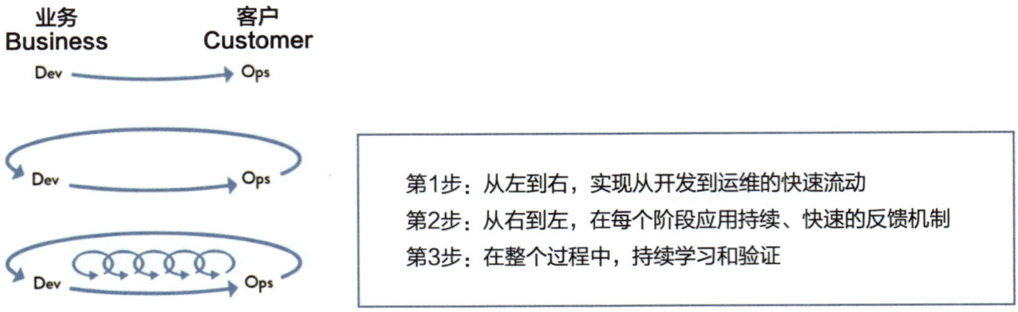

图 9-18　DevOps 三步工作法

DevOps 强调的是一种跨职能的思维方式，用于在创建新功能和引入变化的开发人员与维护环境稳定和不愿引入变化的运维人员之间架起一座桥梁，缓解双方紧张对立的关系。基于 DevOps 文化，将建立起来的持续交付流水线对齐业务和技术目标，促进开发团队和 IT 运维团队之间的合作，从而可以更快地向客户交付价值。

在规模化敏捷 SAFe 框架中，基于敏捷发布火车（Agile Release Train，ART）形成主要的价值交付载体，将“持续探索、持续集成、持续部署、按需发布”综合起来，形成一种持续交付流水线的实现方式，从而加快价值交付的速度，具体如图 9-19 所示。

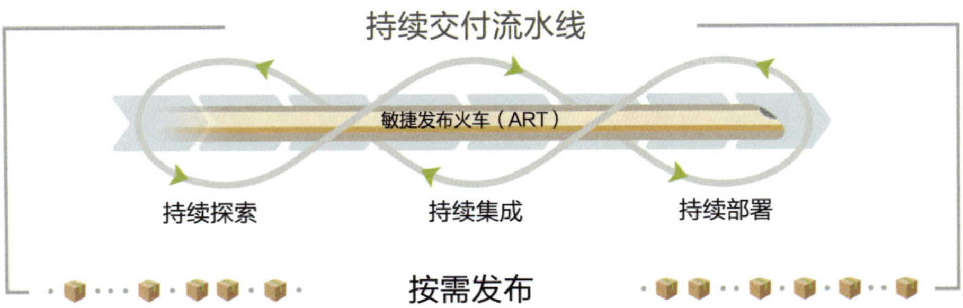

图 9-19　一种持续交付流水线的实现方式

资料来源：Scaled Agile 有限公司。

通过以上三大视角和 12 个步骤，我们可以掌握单团队单迭代的敏捷核心实践。如图 9-20 所示，我们可以在“敏捷生态圈”中找到这些实践的位置。

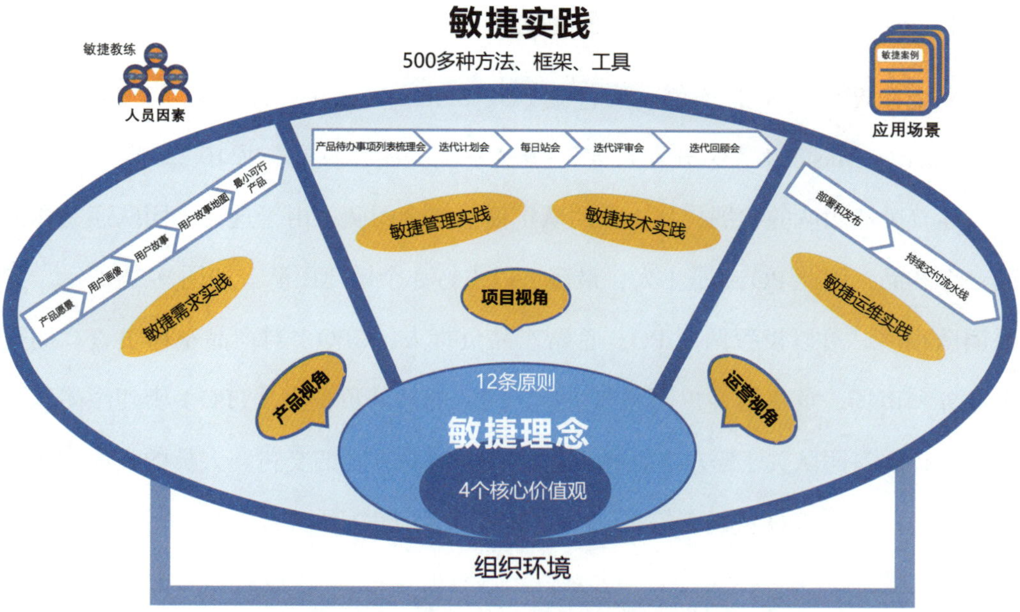

图 9-20　“敏捷生态圈”的三大视角与核心实践

从产品视角来看，敏捷实践的侧重点是获得客户洞察、理解用户需求、进行快速验证，核心实践包括精益创业（Lean Startup）和设计思维（Design Thinking）。从项目视角来看，敏捷实践的侧重点是迭代开发、增量交付，核心实践包括 Scrum、看板、XP。从运营视角来看，敏捷实践的侧重点是持续交付价值，核心实践包括持续交付（CD）、DevOps 等。

9.3.2　多团队多迭代的敏捷实践

在“酒店预订系统”实战案例中，随着时间的推移，敏捷团队成功地完成了几次版本发布，团队的能力逐渐提升。市场和用户在使用该产品时，给出了反馈，并且涌现出了许多新的需求。为了支持产品的发展，敏捷团队需要增加人员，扩大团队的规模。那么，当团队人数从 10 人增加到 30 人，也就是从 1 个团队扩展到 3 个团队时，会发生什么变化呢？下面我们从两个方向来详细讨论。

1. 纵向扩展 ：从单团队到多团队

一个敏捷团队中的角色主要包括 PO、Scrum Master 和开发人员。其中，PO 1 人，Scrum Master 1 人，开发人员 3 ~ 9 人。相关内容参见本书 10.2.1 节。

随着敏捷团队的扩展，从 1 个团队扩展到 3 个团队，由于这几个团队还是在做同一个产品，因此 PO 还是 1 人，最多可以支持 3 个敏捷团队。如图 9-21 所示，如果团队很多，可以设置两层 PO：首席产品负责人（CPO）对产品整体负责，侧重于业务和市场，负责与客户沟通和协作；团队的产品负责人（TPO）密切跟团队一起工作，解答团队关于需求方面的问题，关注解决方案的交付。人员的具体比例关系大致是，1 个 CPO 可以支持 3 ~ 9 个 TPO，1 个 TPO 可以支持 1 ~ 3 个团队。

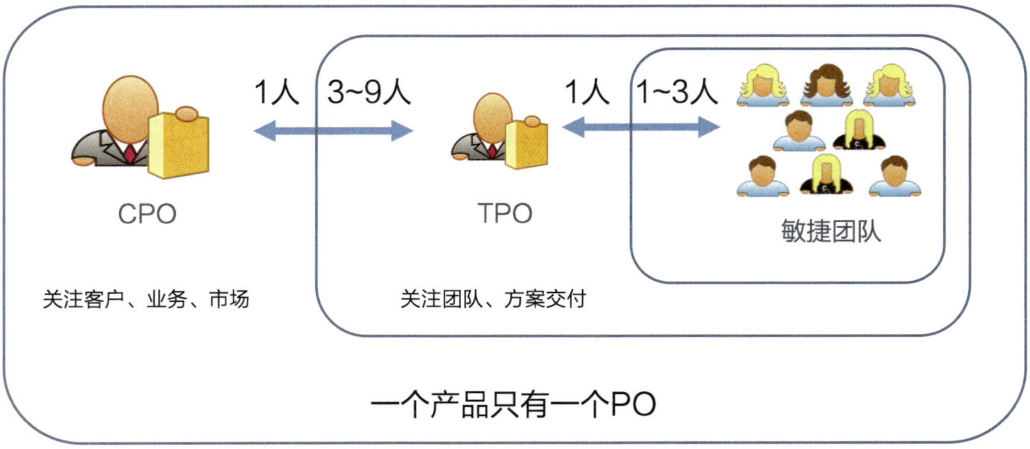

图 9-21　多团队中的 PO 人

敏捷团队中的另一个角色 Scrum Master，与 PO 的情况类似，1 个全职的 Scrum Master 最多可以支持 3 个敏捷团队。如图 9-22 所示，如果团队很多，可以设置两层 Scrum Master：首席 Scrum Master（CSM）是整个规模化敏捷团队的引导者和敏捷教练，支持和协调各团队进行合作，解决彼此的依赖关系问题；而团队的 Scrum Master（TSM）在各团队中起到仆人式领导和教练的作用。人员的具体比例关系大致是，1 个 CSM 可以支持 3 ~ 9 个 TSM，1 个 TSM 可以支持 1 ~ 3 个团队。

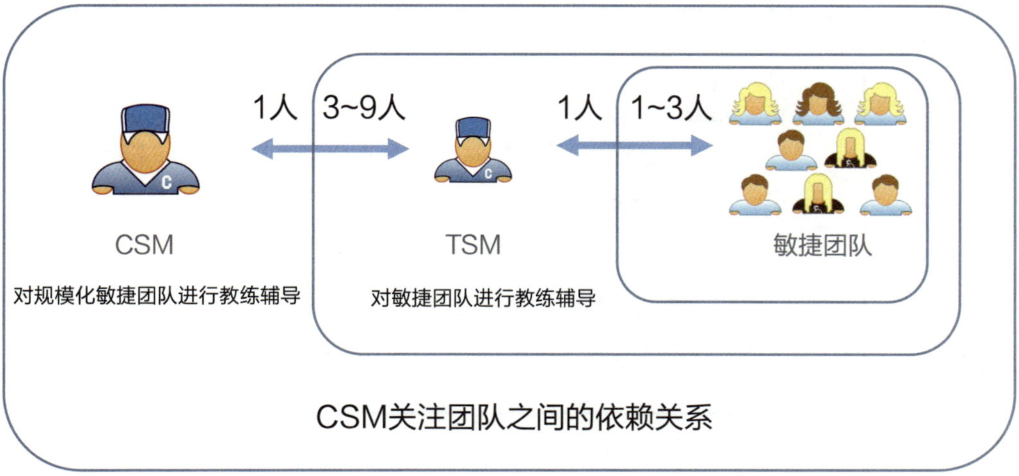

图 9-22　多团队中的 Scrum Master

如图 9-23 所示，敏捷团队扩展的情况比较清晰，存在工作相关性或依赖关系的多个团队共同组成一个更大的团队。通常，这个大团队的人员规模上限是 150 人，这是基于英国人类学家罗宾·邓巴（Robin Dunbar）提出的理论，“人类的智力将允许其所能拥有的稳定社交网络的人数大约是 150 人”。敏捷团队提倡个体和互动，如果超出了“邓巴数”，就很难保持沟通的有效性了。

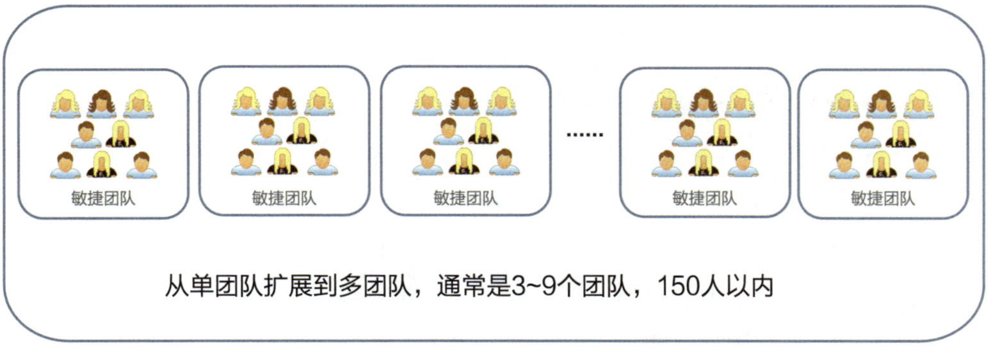

图 9-23　多团队中的人员规模

此外，从单团队扩展到多团队，可能还会需要其他角色，如系统架构师、集成团队、用户体验设计师等，这些角色可以作为多团队共享的资源存在。图 9-24 展现了从单团队到多团队的纵向扩展。

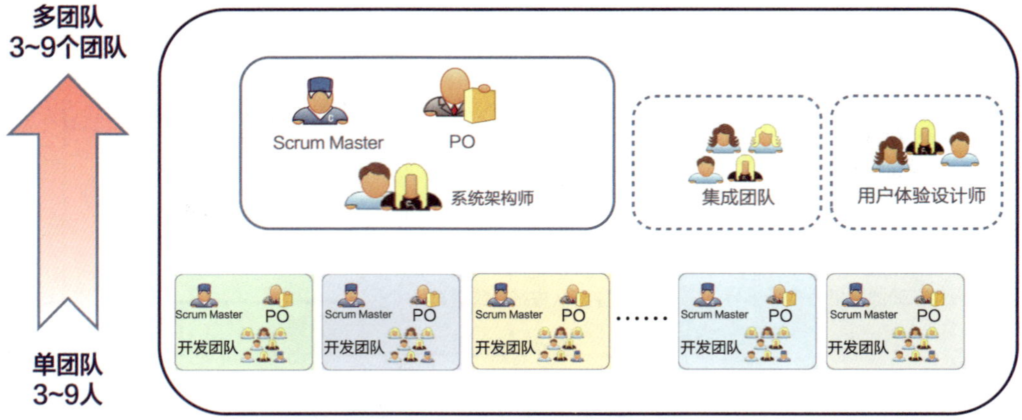

图 9-24　从单团队到多团队的纵向扩展

2. 横向扩展 ：从单迭代到多迭代

在单迭代的敏捷实践中，敏捷团队经过一次迭代，可以经历一个完整的 PDCA 循环，完成一次团队增量的交付。接下来，团队继续按照这个节奏开启下一个迭代，周而复始地循环下去，这就形成了多个迭代的执行过程。通常，比迭代更高一层的时间周期被称为发布。结合上一节中所谈到的部署和发布解耦的策略，我们可以看出，迭代是技术动作，在一次迭代之后，团队增量需要被放到特定的环境中；而发布是管理动作，由多个迭代组成，用于决定何时、以何种方式提供给最终用户。图 9-25 显示了发布和迭代的关系。

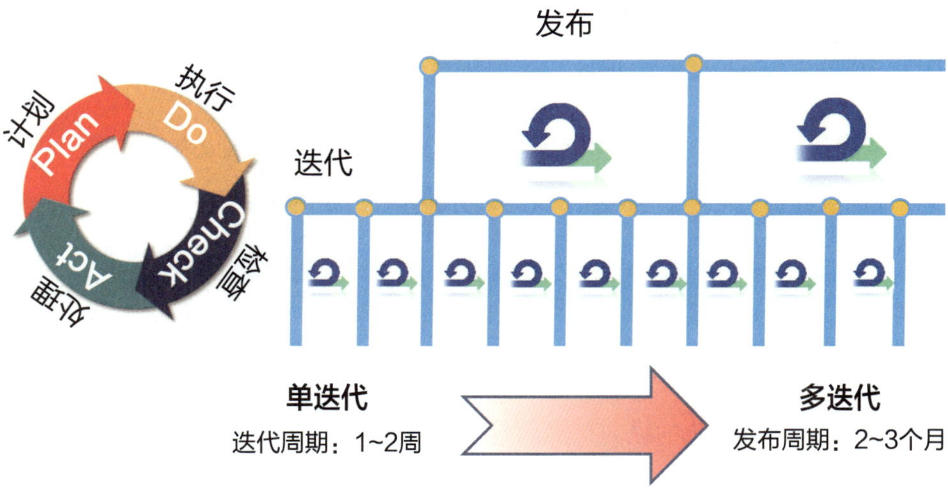

图 9-25　发布和迭代的关系

发布的执行过程与迭代类似，也是 PDCA 循环，但是周期更长，规模更大，范围更广，具体如图 9-26 所示。

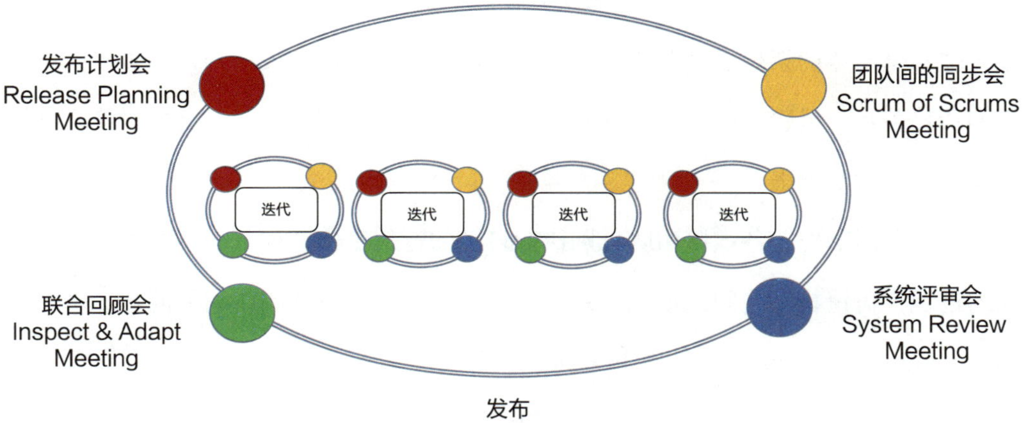

图 9-26　发布周期中的 PDCA 循环

一个发布周期中的典型活动包括：

- 发布计划会；
- 团队间的同步会；
- 系统评审会；
- 联合回顾会①。

发布计划会主要包括以下两个内容。

第一，设定发布目标。站在业务视角，选定发布一个新的产品版本所具备的功能，设定发布目标和发布日期。

第二，建立初始的迭代待办事项列表。根据团队的产能（速度），拟定执行多少个迭代，以及每次迭代的大致工作安排等。对于每个团队初始的迭代待办事项列表，只需计划到用户故事级别，不需要将其拆分成任务。

通常，发布计划会在一个可以容纳百人规模的大房间中进行，参会人员包括所

① 联合回顾会也称为检视和调整会。

有的敏捷团队成员、PO 和 Scrum Master、系统架构师、用户体验设计师等。此外，还会邀请业务干系人介绍市场和战略，从而帮助团队了解产品的宏观定位。CSM 主持发布计划会，TSM 协调各自的团队，CPO 介绍产品路线图、优先级等，系统架构师支持整体的架构设计和相关的技术问题。发布计划会关注的是各敏捷团队之间的依赖关系、风险及障碍。当发布计划会结束时，各团队经过充分的讨论，共同对发布目标做出承诺。

在发布周期内，各敏捷团队分别执行自己的迭代工作，为了同步各敏捷团队之间的进展，讨论相互之间的依赖关系等，各敏捷团队会召开团队间的同步会，一般称为 Scrum of Scrums 会议（以下简称 SoS 会议）。SoS 会议与团队中的每日站会有所不同，不需要每天召开，一般每周召开 2 ~ 3 次；会议时长通常为 30 ~ 60 分钟；参会人员可以在会上针对问题进行讨论和解决，也可以将问题留到会后解决。参加 SoS 会议的人员不一定是各团队的 Scrum Master，也可以是每个团队派出的团队成员，作为代表来参会。图 9-27 是发布周期中典型的 SoS 会议议程。

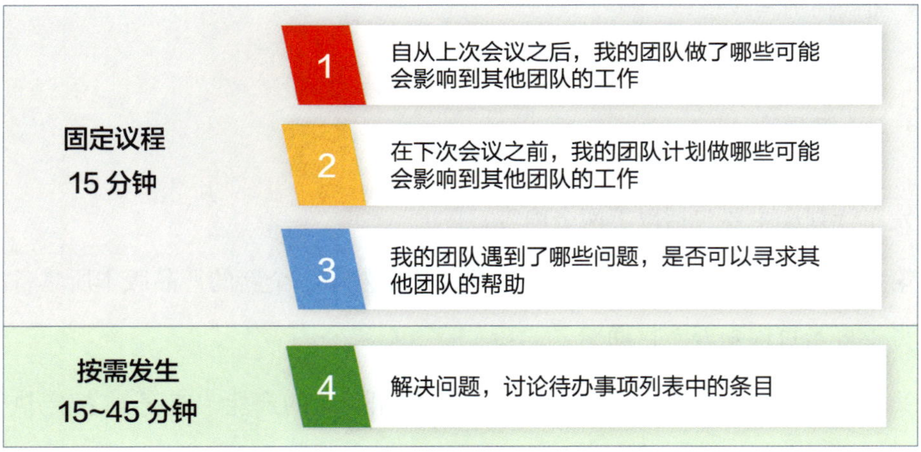

图 9-27　发布周期中典型的 SoS 会议议程

当敏捷团队完成了迭代的工作，产生了团队增量之后，就可以与其他团队所交付的增量进行集成，进行系统级别的演示（Demo），也就是召开发布周期中的系统评审会（System Review Meeting）。在系统评审会上，团队展示新交付的功能或者相关的技术实现，不需要正式演示文档，演示环境尽量贴近真实的生产环境。需要注意的是，系统评审会是在敏捷团队完成了各自的迭代评审之后，再由本次迭代中需要相互集成的团队联合召开。如果在当前迭代中尚未完成团队间的集成，那么最多可以延迟一个迭代；如果需要集成的工作较为复杂，往往会需要专门的系统集成团队提供支持。系统评审会是以迭代为周期举行的，在一个发布周期内，可能会举行多次。在发布周期的最后，敏捷团队可以对所有的交付内容进行完整的演示和评审。图 9-28 显示了在系统评审会上，各团队所交付的团队增量集成为产品增量的过程。

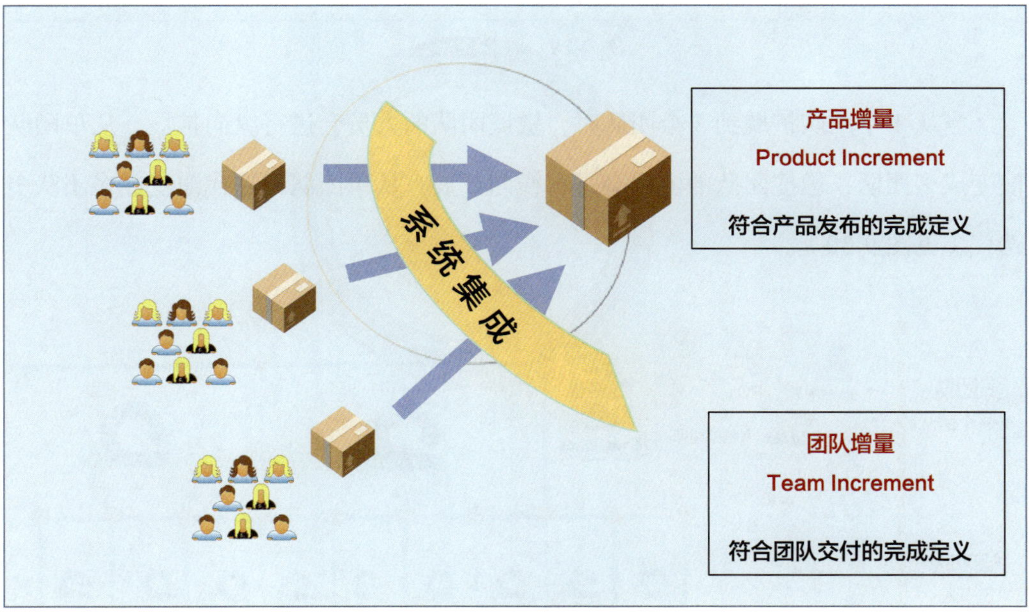

图 9-28　系统评审会

在发布周期的最后，所有敏捷团队的成员都集中到一起，共同组织联合回顾会，一起总结在本次发布周期中的经验和教训，关注点是团队之间发生的事项——做得好的地方、做得不好的地方、需要改进的措施。如图 9-29 所示，各敏捷团队把自己团队中识别出的需要在团队间讨论的议题，带到联合回顾会上进行讨论。如果无法让所有团队成员都参加联合回顾会，可以由每个团队的 Scrum Master 或者每个团队的代表参加，这样可以起到相同的效果。

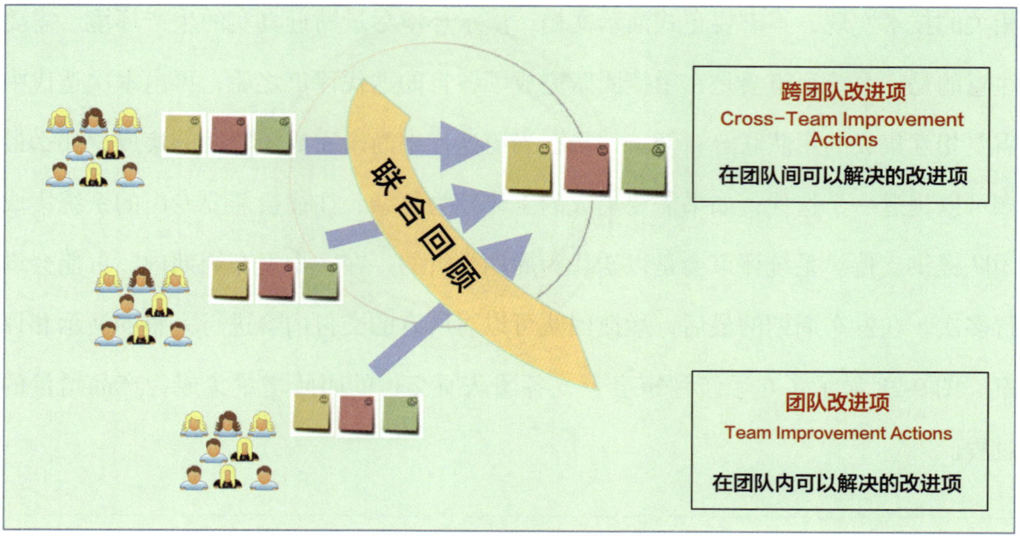

图 9-29 联合回顾会

当从 1 个团队扩展到 3 个团队时，敏捷团队的人员会进行纵向扩展，从单团队演变成多团队；敏捷团队的流程会进行横向扩展，从单团队单迭代演变成多团队多迭代（见图 9-30）。

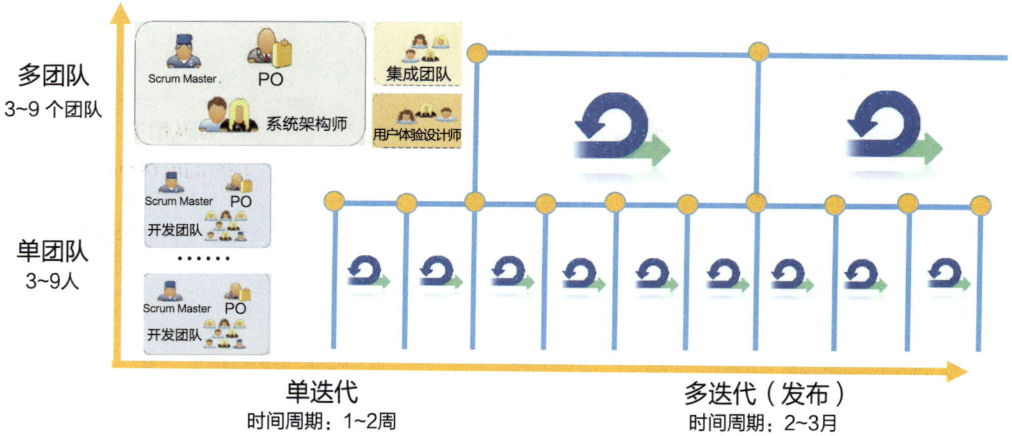

图 9-30 从单团队单迭代到多团队多迭代

从“敏捷生态圈”视角，我们可以将多团队多迭代的敏捷实践归纳为敏捷规模化实践，用于解决如何在规模化组织中开展敏捷实施的问题，具体如图 9-31 所示。业界常见的规模化敏捷实践包括规模化敏捷框架（SAFe）、大规模 Scrum（LeSS）、规范化敏捷（DA）等。

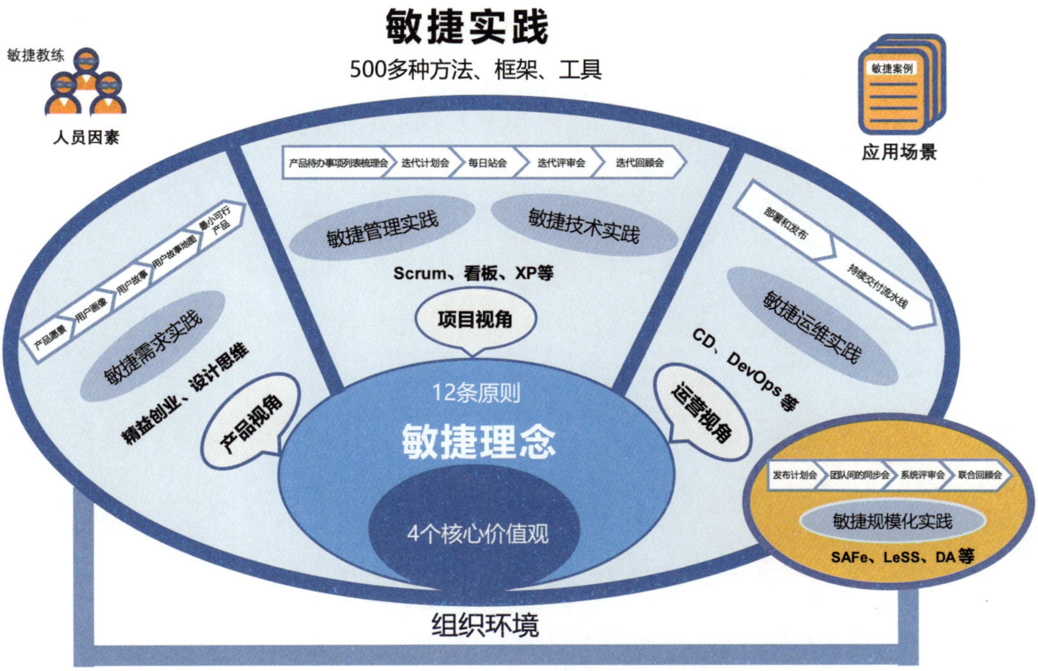

图 9-31　敏捷生态圈中的规模化敏捷实践

9.4　小结

本章介绍了敏捷理念和实践的应用，从“敏捷生态圈”视角，将敏捷理念、实践及环境进行结构化的呈现。

“敏捷生态圈”的内圈是响应变化的敏捷核心理念，包括思维敏捷和动作敏捷两个维度。“敏捷生态圈”的外圈有产品视角、项目视角和运营视角三大视角，其中包含了单团队单迭代 12 个步骤的敏捷实践。通过“酒店预订系统”实战案例，详细讲述了如何使用敏捷方法进行产品研发，从 0 到 1，从 1 到 100，再从 100 到 + ∞的完整过程。当团队规模扩大时，我们可以通过横向扩展和纵向扩展，演进出多团队多迭代的敏捷实践。

第 10 章

敏捷实施环境

10.1 概述

敏捷实践不是存在于“真空”中，而是在具体的组织环境中落地实施，我们需要综合考虑企业环境和组织文化、人员角色和能力责任、应用场景和案例故事等不同的因素。

在本书第 1 章中，我们讨论了正确剥开“敏捷洋葱圈”的三种方法：第一，从内向外剥；第二，戴上“护目镜”；第三，把“敏捷洋葱圈”放到水里。沿着这个思路，我们在第 9 章中首先讨论了“从内向外”的方法，也就是先理解敏捷理念，再执行敏捷实践。此外，我们还讨论了单团队单迭代和多团队多迭代的敏捷核心实践。敏捷理念是“内核”，敏捷实践是“规定动作”，这是实施敏捷的起点，任何组织都需要从这个起点开始，进入“敏捷生态圈”。

接下来，组织需要审视自己所处的环境的特点，寻找将敏捷实施引入和推广的策略和步骤。在这个过程中，组织需要采取许多适应性措施，同时会遇到许多挑战，需要灵活地进行检视和调整，坚定不移地“戴上护目镜”，把“敏捷洋葱圈”顺利地放到“装满水的容器里”，逐渐找到适合自己组织的恰当的方法，形成自己的敏捷实施案例。

如图 10-1 所示，在敏捷实践的外围主要有三个方面的影响因素。

- 组织环境：需要打造敏捷文化。
- 人员因素：需要引入敏捷教练。
- 应用场景：需要总结敏捷案例。

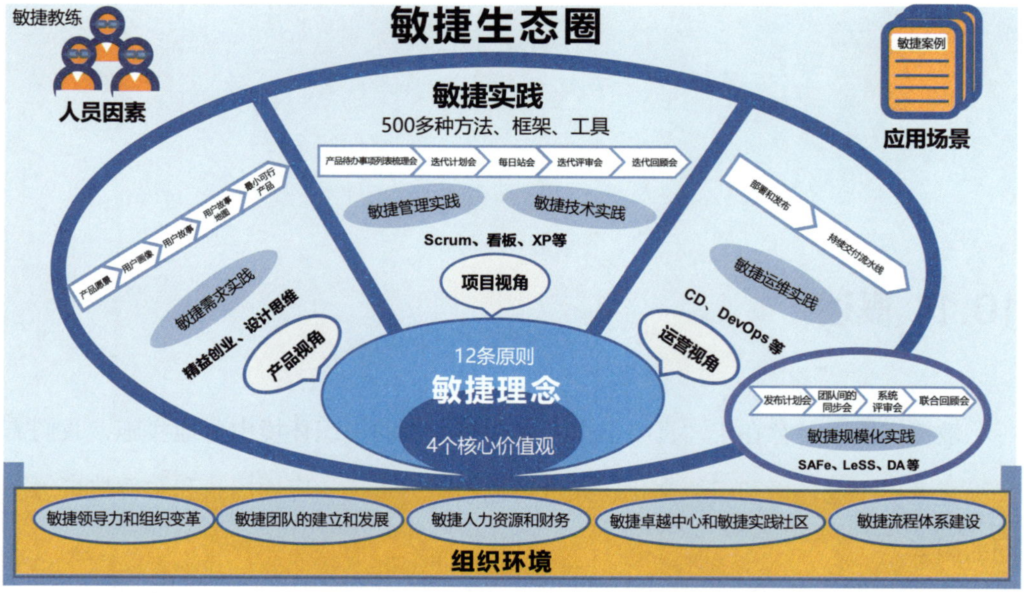

图 10-1　敏捷生态圈的外部环境

10.2　敏捷组织管理

10.2.1　敏捷团队的建立和发展

敏捷团队是敏捷实施的基本单元，也是交付价值的载体。通常，敏捷团队是一个由 5 ~ 11 人组成的跨职能小组，包括产品负责人（PO）1 人，Scrum Master 1 人，开发人员 3 ~ 9 人。他们遵循迭代节奏，共同计划、执行、评审、回顾，设有共同的愿景和目标，制定有效的流程和规则，决定要交付的内容和发布日期，持续地改进和提高。他们是一个自组织团队。

在敏捷团队中，这三种角色各有侧重，他们之间不是职级汇报的关系，而是相互依赖、相互合作的关系。

产品负责人（PO）

通常，在需求管理实践中，会由一个人或者一组人收集客户或者业务方的输入信息，负责对需求价值进行分析，以及决定需求的优先级排序等。在敏捷实践的 Scrum 框架中，我们把这个角色称为 PO，其核心工作就是建立、澄清及维护产品待办事项列表。关于 PO 的具体角色和责任，可以参考肯·施瓦伯（Ken Schwaber）和杰夫·萨瑟兰（Jeff Sutherland）所著的《Scrum 指南》（*The Scrum Guide*）。

在传统的工作方式中，如果是一个产品导向型的组织，一般会设立产品经理岗位，负责在市场中定义和定位产品，其具体职责包括进行客户和市场研究、制定产品愿景和战略决策、与外部进行合作与联盟、对产品研发的全生命周期进行管理等。如果是一个项目导向型的组织，一般会设立业务分析师（Business Analyst）岗位，负责推动完成业务目标，其具体职责包括制定业务规划、获取和分析需求、管理和实现需求、进行需求验证和评估等。在敏捷工作方式中，如果团队的规模较小，将由 PO 承担产品经理和业务分析师的相关职责。

Scrum 联盟创始人迈克·科恩（Mike Cohn）在其著作《Scrum 敏捷软件开发》（*Succeeding with Agile: Software Development Using Scrum*）中描述了一个优秀的产品负责人的五种特质，并将其简称为“ABCDE”：

- 始终都在（Available）；
- 懂业务（Business-savvy）；

- 会沟通（Communicative）；
- 能决断（Decisive）；
- 有授权（Empowered）。

“始终都在”是指当团队有问题等待 PO 解决时，PO 应该及时出现并积极投入；“懂业务”是指 PO 要知晓产品开发的业务背景、市场状况、客户和用户的情况和需求等；“会沟通”是指 PO 能够恰如其分地把信息传递给干系人；“能决断”是指 PO 有能力果断地做出决策，解除团队的疑虑；“有授权”是指 PO 拥有与其职位相匹配的权力，并为其决策负责。

除此之外，我认为应该再补充一个特质——“T”，即测试能力（Test），也就是 PO 还需要培养与测试相关的能力，比如，思考和制定需求的验收标准，并与团队进行讨论；执行用户验收测试用例，并提供针对用户体验的反馈等。

PO 对于敏捷实施的成功至关重要，他为团队指出正确的目标，回答了为什么（Why）的问题；团队成员努力前行，执行具体的工作，主要解决怎么做（How）的问题；PO 和团队成员重合的区域代表他们最终共同解决了什么、实现了什么（What）成果的问题，具体如图 10-2 所示。

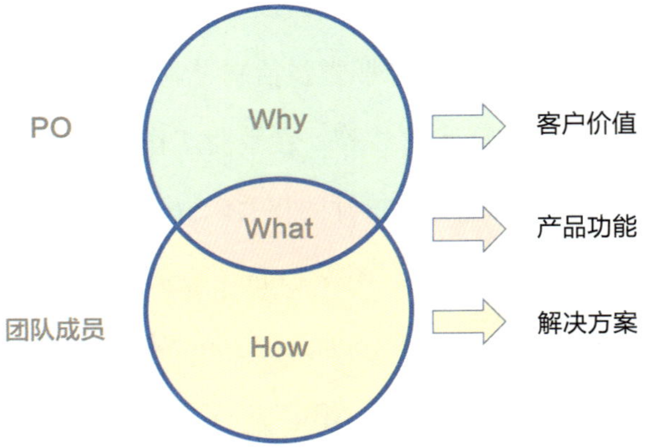

图 10-2　PO 与团队关注的区域

当团队规模扩大，尤其是在开发大型系统和解决方案的组织中，无法由一个

PO 承担所有职责时，通常组织会建立一个产品管理团队，把 PO 的相关职责分散到这个团队之中。在这种情况下，我们需要注意以下几点。

- **PO 的分层。**组织通常会将 PO 分为两层：产品版本发布层，任务主要包括前往客户现场、讨论需求、进行用户访谈、制定产品路线图、管理产品发布等；团队迭代开发层，任务主要包括梳理产品待办事项列表，澄清和回答团队问题，参与迭代执行中的计划会、每日站会、评审会、回顾会等。
- **每个团队只有一个 PO。**虽然在大型产品中存在多个层级的 PO，但是对每个团队而言，仍要保持唯一的 PO，这样有助于团队获得一致性的信息，尤其是关于产品价值和需求优先级方面的决策。肯·施瓦伯（Ken Schwaber）和迈克·比德尔（Mike Beedle）在其著作《Scrum 敏捷软件开发》（*Agile Software Development with Scrum*）中曾提到："PO 不是委员会，只是一个人。"也就是说，虽然一个产品管理团队对整个产品负责，但是当具体到团队层面时，要保证每个团队只有一个确定的决策者。
- **PO 和敏捷团队的人员配比关系。**在理想情况下，PO 和敏捷团队是一对一的关系。但是，当产品规模扩大时，可能需要 PO 兼顾更多的团队，在一般情况下，一个 PO 同时支持的团队不超过 3 个。而且，随着敏捷团队能力的提升，他们可能会有更快的迭代速度，所以，PO 投入的时间也可能会更多。

Scrum Master（SM）

Scrum Master 是指精通 Scrum 框架，能够指导团队实施 Scrum 流程的"大师"。Scrum 框架的创始人之一，肯·施瓦伯（Ken Schwaber）在其著作《Scrum 敏捷项目管理》（*Agile Project Management with Scrum*）中指出，之所以要选择"Scrum Master"这样一个奇怪的名字来定义协调 Scrum 项目的人，其目的是强调 Scrum Master 与传统项目经理职责方面的巨大差异。这意味着项目经理必须对其工作方式做出重大改变，如此才能有效地管理 Scrum 项目。

Scrum Master 不是团队的管理者，其权力是间接行使的，他们需要维护团队对敏捷理念的认知，以及在敏捷实践中所遵循的原则，从而确保团队在实施 Scrum 时，能够遵循这些理念和原则。Scrum Master 是项目执行的引导者和赋能者，起到教练的作用，使 PO 有能力管理产品待办事项列表，使团队成员有能力交付产品功能并实现客户价值。

Scrum 专家肯尼思·鲁宾（Kenneth Rubin）在其著作《Scrum 精髓：敏捷转型指南》（*Essential Scrum*：*A Practical Guide to the Most Popular Agile Process*）中描述了 Scrum Master 的 6 项主要责任：

- 成为教练；
- 成为服务型领导；
- 确保过程权威；
- 成为“保护伞”；
- 成为“清道夫”；
- 成为变革代言人。

“教练”是指 Scrum Master 使用教练技术，对团队进行赋能，鼓励团队成员自己探索和解决问题；“服务型领导”也被称为“仆人式领导”，是指 Scrum Master 作为一名服务者，为团队提供支持和所需的资源；“过程权威”是指 Scrum Master 要确保团队实施并遵循 Scrum 的价值观和实践，持续帮助团队进行过程改进和提高；“保护伞”是指 Scrum Master 保护团队免受外部干扰，使其聚焦于每个迭代中的工作；“清道夫”是指 Scrum Master 为团队清除障碍，帮助团队达到更高的工作绩效；“变革代言人”是指 Scrum Master 必须积极推动变革，帮助团队成员转变思维，深化敏捷实践的落地执行。

企业在实施 Scrum 的过程中，可以根据不同的组织环境和团队规模，设置全职或兼职的 Scrum Master。具体来说，需要注意以下几点。

- **全职的** Scrum Master。在理想情况下，每个团队都有自己的 Scrum Master，由其履行相应的职责。当敏捷团队逐渐成熟，可以达到自组织的状态时，Scrum Master 投入的精力可以逐渐减少。Scrum Master 与敏捷团队的配比关系是，一个全职的 Scrum Master 最多可以支持 3 个敏捷团队。
- **兼职的** Scrum Master。在大多数组织中，尤其是当一家大型企业正在建立较多的敏捷团队（如 100 个）时，如果设置 100 个专职的 Scrum Master 或者让 100 个专职的开发人员完全转型成为 Scrum Master，这显然是不可行的。所以，通常的解决办法是让团队中的开发人员兼职成为 Scrum Master，在有经验的敏捷教练的指导下，履行 Scrum Master 的职责。随着敏捷实施的推进，可能会涌现出对 Scrum 感兴趣，并且能够积极主动承担 Scrum Master 职责的人，这时，组织可以再决定是否将这些人培养成为全职的 Scrum Master。

开发人员（Dev）

敏捷团队中的成员来自不同的职能领域，具备交付产品增量所需的各种必要的技能，他们协同工作，遵循稳定的迭代节奏，交付潜在的可发布产品。这些团队成员可能包括设计师、程序员、测试工程师，以及其他所需的角色，他们被统称为“开发人员”（Developers，简称 Dev），以表示所有的团队成员都在进行新产品、新功能的研制、修建、开拓和发展。

一般来说，开发人员具备自己所在领域的专业知识，虽然他们拥有深厚的专业背景，但是往往缺乏对其他领域的了解，这些人员被称为“I 型人才”（有深度，但缺乏广度）。在敏捷团队中，开发人员被鼓励发展成为“通才型专家”，也就是在具备一项擅长的专业技能的同时，还拥有其他多个领域的技能和经验，从而可以更好地完成相互协作。这种“一专多能”的人员被称为“T 型人才”（有广度，也有深度）。

敏捷团队是价值交付的载体，需要团队成员之间的紧密协作。如果每位开发人员都能够在具备一个专业领域技能的同时，具备其他多个领域的技能，就可以提高团队整体的交付能力。与此同时，“T 型人才”也可以在彼此高效协作的过程中，培养跨领域的兴趣和技能，在多个学科中积累广博的知识和深厚的经验，逐渐发展成为“E 型人才”（有广度，而且会在几个专业领域都有深入研究）。在《敏捷实践指南》一书中，PMI 描述了一种“破梳齿型”人才，即开发人员掌握了多种深浅程度不同的技能，像一把梳齿长短不规则的梳子那样。这种人才也可以被称为“颜料滴洒型人才”。总之，敏捷团队的开发人员要能做到“多专多能”，彼此之间形成互补，成为一个可以独立交付价值的高绩效团队。

此外，敏捷实施的一个重大挑战是，敏捷团队中的开发人员往往会在多个项目之间进行任务切换，而无法百分之百地专注在一个项目上开展工作。如果一位开发人员在 A 项目上投入 40% 的精力，在 B 项目和 C 项目上各投入 30% 的精力，那么一定会带来高昂的任务切换成本，而且工作效率也会受到极大的影响。针对这个问题，最佳的解决方案是，将 A、B、C 三个项目排定好优先级，按照串行的方式顺序执行，当敏捷团队致力于同一个项目时，每个人都会更加专注，进而获得更加高效的团队产出。

图 10-3 展示了敏捷团队与外部人员的协作关系。图中右上角是一个敏捷团队，包括 PO、Scrum Master 及 Dev 三种角色；图中左下方是敏捷团队以外的关键人员，包括客户、管理者及用户。

PO 的两个重要关注点是产品方向（包括业务和需求）和投资回报。PO 要建立企业家的思维，也就是要考虑将产品价值最大化，并产生商业回报，所以，PO 要与客户进行紧密的联系。

Scrum Master 的两个重要关注点是遵循敏捷实施的流程、确保团队提高生产率。Scrum Master 是一位服务型领导者，帮助团队清除障碍，保护团队免受外部干扰。所以，Scrum Master 要与企业中的管理者进行沟通，确保获得足够的资源，并让管理者理解敏捷理念，从而支持团队的敏捷实践。

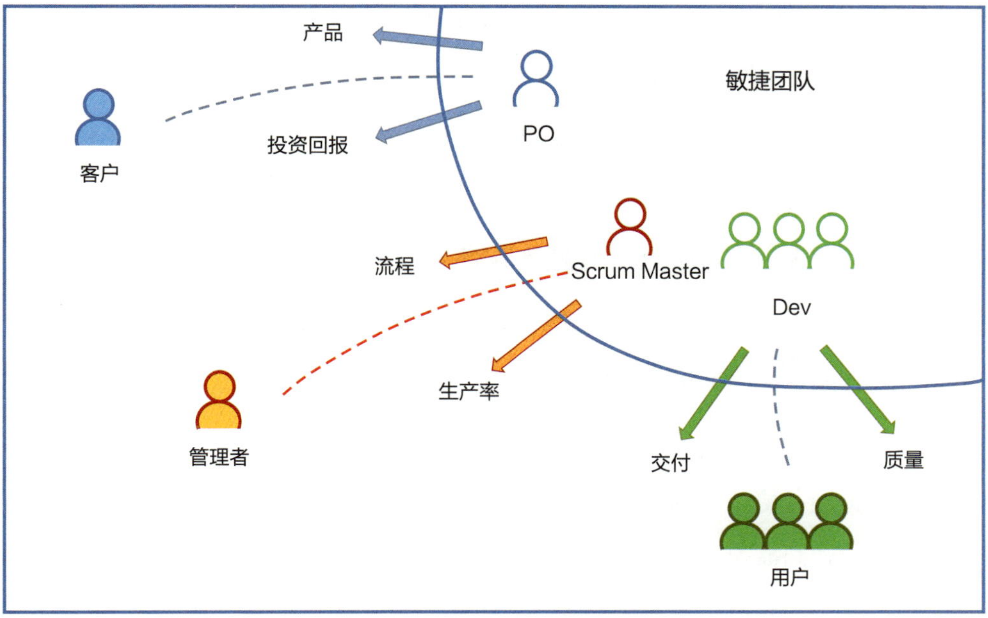

图 10-3　敏捷团队与外部人员的协作关系

Dev 的两个重要关注点是交付产品成果、确保交付物的质量。Dev 是系统和解决方案的构建者，需要理解真正的用户期待和痛点，如此才能将用户需求转化成技术实现。所以，Dev 要与产品的最终用户进行协作，从而确保敏捷团队交付的产品能够实现价值。

敏捷团队的建立和发展是动态的，会遵循塔克曼（Tuckman）模型（相关内容参见本书 5.2.2 节）。当敏捷团队逐渐趋于成熟，往往会展现出一些共同的特征和属性（相关内容参见本书 5.2.1 节）。

10.2.2　敏捷卓越中心和敏捷实践社区

敏捷实施是一项系统工程，开展单团队单迭代的敏捷实践固然可以取得一些成果，但是对整个组织来说，这些成果是有限的，所以，大多数组织都会开展多团队多迭代的规模化敏捷实践，期望从整体上获得敏捷实施的收益。但是，随之而来的就是如何解决敏捷团队在组织层面的协同，如何保持敏捷团队成员能力的持续提升等一系列问题。通常，组织会通过引入敏捷卓越中心（Agile Center of Excellence，

ACoE）和敏捷实践社区（Agile Community of Practice，ACoP）来解决这些问题。

ACoE 是组织内部建立的一个正式机构，旨在发掘和探寻业界优秀的实践，并向组织内部进行赋能，通过发起变革和实施组织协同，创建并保持组织的卓越性，从而可以更好地实现商业成果。

在组织实施敏捷转型伊始，往往是在各个业务部门或者技术团队中进行团队级敏捷实践。但是为了获得更大的收益，组织需要建立一个专门的领导团队——ACoE，由其站在整个组织的层面，进行敏捷转型的战略规划，支持多团队的敏捷协同，并且在必要的时候提供培训、辅导、工具等方面的支持。ACoE 的成员一般都是有能力推动敏捷变革的人，如中高层管理者和资深敏捷教练，他们的首要任务就是帮助组织顺利地实施敏捷转型。

ACoE 的主要职责包括：

- 制定和传达敏捷转型的愿景；
- 创建实施敏捷转型的待办事项，制订实施计划并跟踪进展；
- 确立敏捷实施的衡量指标，提供敏捷工具支持；
- 提供与敏捷相关的培训课程，或者协调外部敏捷教练进行培训；
- 指导敏捷实施，提供专业化的咨询和教练服务；
- 促进内部社区的学习和与外部社区的交流；
- 提炼和形成敏捷实施的案例，鼓励敏捷实践的创新；
- 支持敏捷人员能力的建设发展，包括招聘、人员定岗、能力评估等；
- 扩大敏捷方法在组织内的影响范围，如市场、销售、财务、人力资源等。

许多组织设立了敏捷项目管理办公室（Agile Project Management Office，APMO），用于驱动价值交付和实践创新，同时承担了敏捷卓越中心的职责。此外，有些组织还建立了敏捷转型办公室（Agile Transformation Office，ATO）或者敏捷工作组（Agile Working Group，AWG）等，这与 ACoE 的职能都是相似的。

敏捷实践社区是一个非正式的机构，一般都是由对某个特定领域感兴趣的人自发组成的团队，他们定期组织活动、分享经验、提升能力、积极推进该领域中通用知识的传播和演进。

敏捷实践社区的提出者瑞士学者埃蒂纳·温格（Etienne Wenger）在其著作《实践社区》（*Communities of Practice*）中描述了敏捷实践社区的三个特点（见图 10-4）。

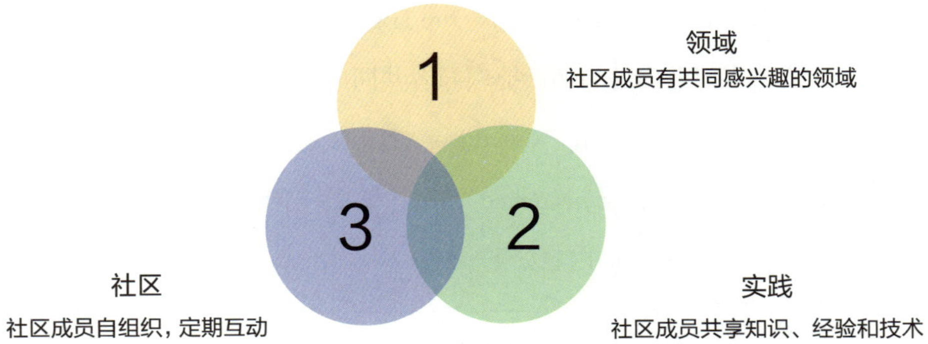

图 10-4　敏捷实践社区的特点

通常，大部分敏捷实践社区可以基于人员的角色进行组建，比如，组织内部由 PO 组成的敏捷实践社区、由 Scrum Master 组成的敏捷实践社区、由 Dev 组成的敏捷实践社区等，从而促进承担相同角色的团队成员的共同学习和成长。此外，有些敏捷实践社区也可以基于某种主题进行组建，如人工智能、DevOps、网络安全等。这些社区的成员角色可以更加多样化，从而促进就某一特定主题的深入学习和研讨。

敏捷实践社区是开放的，任何感兴趣的人员都可以参与其中；敏捷实践社区是自组织的，社区成员共同参与管理和运营。当然，敏捷实践社区也是有生命周期的。一般来说，当敏捷实践社区的核心成员和积极分子有了新的想法时，便开始组建社区，并逐渐进入运营阶段；如果敏捷实践社区成员认为已经实现了目标，或者社区已经不再提供价值了，那么社区就会关闭，从而结束其生命周期。

对实施敏捷转型的组织而言，如果能够有效地利用敏捷卓越中心和敏捷实践社区，并将二者加以融合，相辅相成，就能够使其产生最大的价值，从而确保敏捷实施的顺利推进，塑造敏捷文化，最终打造一个响应力很强的敏捷组织。

10.2.3 敏捷领导力和组织变革

敏捷开发起源于软件行业，《敏捷宣言》站在软件开发人员的角度诠释了敏捷的核心价值观（相关内容参见本书 2.2.1 节）。作为团队的领导者，更需要理解敏捷理念，参与敏捷实践，并在敏捷组织转型中展现出卓越的敏捷领导力。

2005 年，敏捷专家吉姆·海史密斯（Jim Highsmith）邀请了阿利斯代尔·科克伯恩、大卫·安德森等业内著名的敏捷领导者共同成立了一个名为“敏捷项目领导力网络”（Agile Project Leadership Network，APLN）的联盟组织，签署了《相互依赖声明》（*Declaration of Interdependence*），站在敏捷领导者的角度诠释了敏捷的核心价值观。《相互依赖声明》的内容如下。

相互依赖声明

敏捷和适应性，用以连接人、项目和价值。我们是一个由项目领导者组成的社区，在交付成果方面非常成功。为了达到这些结果，我们做了以下事情：

- 我们通过关注价值的持续流动，来提高投资回报；
- 我们通过让客户频繁参与互动和共享所有权，来交付可靠的结果；
- 我们通过迭代、预见和适应，来尊重和管理不确定性；
- 我们通过承认个体是价值的最终来源，并创造使他们有所作为的环境，来激发他们的创造力和创新力；
- 我们通过集体负责制对团队交付的成果共同承担责任，以此来促进团队绩效；
- 我们通过因地制宜的具体战略、流程和实践，来提升交付成果的有效性和可靠性。

《相互依赖声明》体现了在敏捷实施环境中，敏捷领导者、团队成员、业务干系人及客户，共同组成了一个相互依赖的整体。吉姆·海史密斯在其著作《敏捷项目管理：快速交付创新产品》（*Agile Project Management: Creating Innovative Products*）中分析了传统领导者和敏捷领导者的区别：传统领导者强调按计划执行，尽量做到和计划没有出入；敏捷领导者则聚焦于如何成功地适应那些不可避免的变化。敏捷领导者应该具备以下三个核心价值观：

- 交付价值 胜过 满足约束；
- 领导团队 胜过 管理任务；
- 适应变化 胜过 遵循计划。

从本质上来说，敏捷组织转型是一场由领导者发起的自上而下的变革。敏捷领导者需要创造和促进一种“自组织”的环境，让敏捷理念在组织中得到正确的理解和传播；敏捷领导者需要建立和管理一个“自适应”的系统，让敏捷实践在团队中得到正确的采纳和演进；敏捷领导者需要赋能和发展一批“自管理”的个人，让敏捷团队成员持续地获得能力提升和个人成长。

敏捷领导者在引领敏捷实施时，可以遵循变革管理专家约翰·科特（John Koter）在其著作《领导变革》（*Leading Change*）中提出的变革管理的八个步骤（相关内容参见本书 5.3.1 节）。

此外，还有一个更加轻量化的变革模型，也可以供敏捷领导者采纳，它能起到不错的变革效果。这个模型就是敏捷专家迈克·科恩（Mike Cohn）在其著作《Scrum 敏捷软件开发》（*Succeeding with Agile: Software Development Using Scrum*）中提出的“ADAPT”变革管理模型，具体如表 10-1 所示。

表 10-1 “ADAPT”变革管理模型

活动	说明
意识（Awareness）	是指与组织变革相关的早期沟通，即认识到变革的原因，认识到当前的工作方式已经不再有效，认识到可以通过收集数据来证明变革势在必行
渴望（Desire）	是指对参与变革的强烈意愿，团队迫切希望通过实施敏捷，获得一种有效的解决方案
能力（Ability）	是指有足够的技能来实现期望的变革结果，领导者或变革推动者要为团队成员培养新技能，同时也要放弃一些旧技能
推广（Promotion）	是指通过分享经验来推广敏捷，从而让团队看到敏捷实施成功的案例，增强团队对实施敏捷的信心
传递（Transfer）	是指把实施敏捷带来的收益扩大到整个公司的各个职能部门，包括市场部、销售部、财务部、人力资源部等，这对于敏捷实施的成功有着深远影响

敏捷组织转型不是一朝一夕的事情，需要敏捷领导者和变革推动者坚持不懈的努力。只有各个职能部门都参与进来，并从敏捷实施中获益，才不至于被“企业重力”拉回；只有在整个组织范围内形成敏捷文化，才能实现真正的敏捷组织转型。

10.2.4 敏捷多学科领域的融合

随着数字化时代的到来，软件应用的场景越来越多，可以渗透到社会化组织的各个方面；敏捷软件开发方法也得到了广泛的应用，帮助大量的研发团队成功地交付了产品，敏捷实施的价值也得到了广泛的认可。敏捷理念和敏捷实践已经逐渐突破了软件应用的限制，扩展到了多学科领域，组织中的项目管理部、产品管理部、运营管理部，甚至人力资源部、财务部、销售部、市场部、采购部等，都开始探索如何理解敏捷、引入敏捷、应用敏捷，从而持续保持在本领域中的领先地位和创新能力，并将敏捷融合到更大范围的敏捷组织转型之中。

敏捷组织、敏捷人力资源管理、敏捷财务管理是敏捷实施的“一体两翼”（见图 10-5）。

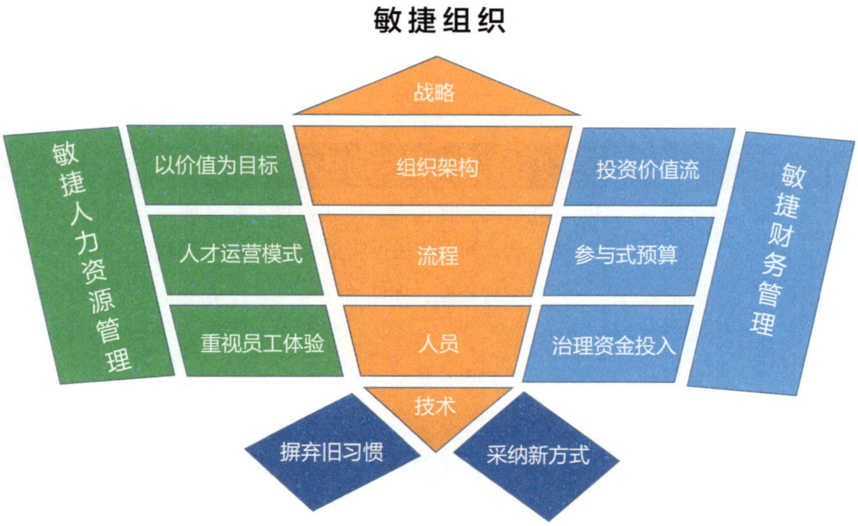

图 10-5 敏捷实施的“一体两翼”

“一体两翼”中的主体是敏捷组织。全球著名咨询公司麦肯锡在 2018 年发布了一份报告，通过对 23 家企业的调查分析，从战略、组织架构、流程、人员和技术五个方面，总结出了敏捷组织的五大显著特征。

- **战略方面：“北极星”模式。**敏捷组织将客户和利益相关方的关注点放在北极星的核心位置上，将其作为共同的目标和愿景，感知并抓住机会，通过灵活的资源配置和执行力强的战略指导来实现价值创造。
- **组织架构方面：赋能的团队网络。**敏捷组织保持稳定的顶层架构，同时建立灵活和可扩展的团队网络，用扁平化的结构代替传统的等级结构，从而建立起强大的社区和积极的伙伴关系，形成自适应的生态系统。
- **流程方面：快速决策和学习循环。**敏捷组织在思维和行动上建立快速循环的工作方式，在企业层面加速战略思考，在团队层面进行快速迭代和实验，从而促进整个组织快速、高效和持续地制定决策与执行。
- **人员方面：动态管理模式，点燃员工的激情。**敏捷组织的文化将员工放在中心位置，重视员工的体验和个人成长，通过赋能和授权，激活员工的内在动机和追求卓越的精神，让员工与组织共同成长。
- **技术方面：下一代技术赋能。**敏捷组织认为技术不仅仅是一种支撑性的工具或平台，而且是一种需要演进的数字化赋能力量，其作用在于为不断变化的客户和竞争条件提供适应性的产品和服务。

当然，敏捷组织的五个特征不是孤立存在的，而是需要相互融合，共同发挥作用，如此才能实现从传统的“机器型组织”向敏捷“生物型组织”转型。敏捷组织能够像一个生物体那样，针对外部变化做出快速的响应，并能灵活地付诸行动，从而适应持续演进的生态系统，具体如图 10-6 所示。

“一体两翼”中的两个动力装置，分别是敏捷人力资源管理和敏捷财务管理。

关于敏捷人力资源管理，敏捷人力资源专家纳塔尔 · 丹克（Natal Dank）和瑞

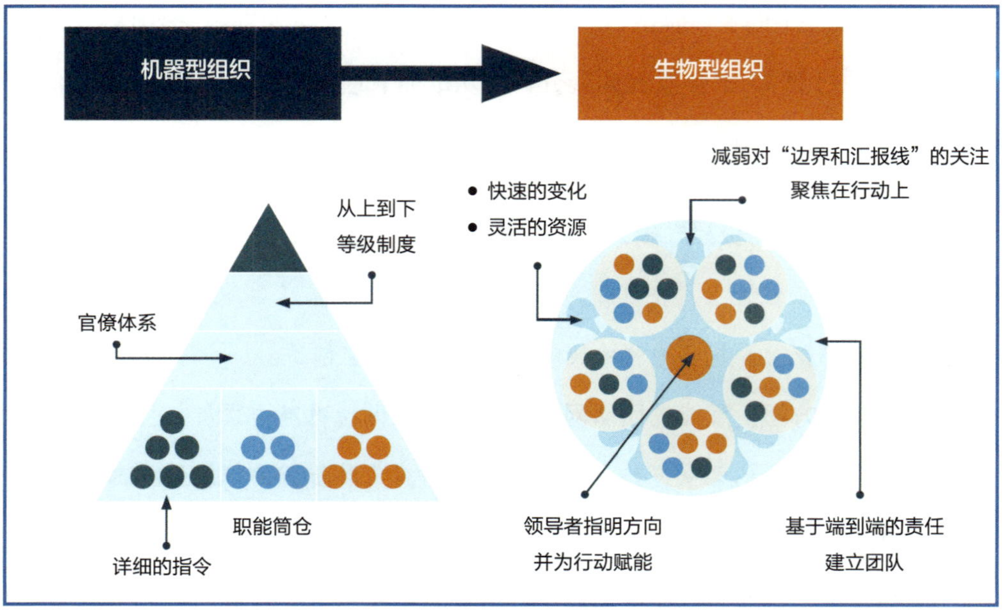

图 10-6 敏捷“生物型组织”

资料来源：麦肯锡公司。

娜·赫尔斯特罗姆（Riina Hellstrom）在其著作《敏捷人力资源》（*Agile HR*）中，提出敏捷人力资源需要建立一种以价值为目标、以人为中心的新型运营模式，并从两个角度分析了敏捷和人力资源的关系。

- 面向人力资源的敏捷（Agile for HR）：着眼于如何将敏捷引入人力资源领域，在人力资源团队和项目中，应用敏捷思维和各种敏捷实践。
- 面向敏捷的人力资源（HR for Agile）：着眼于如何发挥人力资源的作用，来应对多变的业务环境，从而帮助组织进行敏捷转型。

关于敏捷财务管理，敏捷财务管理专家比亚特·伯格斯尼思（Bjarte Bogsnes）在其著作《实施超越预算》（*Implementing Beyond Budgeting*）中介绍了超越预算圆桌会议，以及如何将敏捷应用于财务领域的原则和流程（相关内容参见本书 6.3.2 节）。

此外，在规模化敏捷框架（SAFe）中，提供了一种参与式预算制定的方式，一般由 4 ~ 8 人参与制定预算，大家遵循一定的规则，基于当前的解决方案和拟定实施的新业务举措，为价值流分配预算。通常，这种参与式预算制定会议是按季度召开的，预算也是按季度滚动执行的，具体如图 10-7 所示。

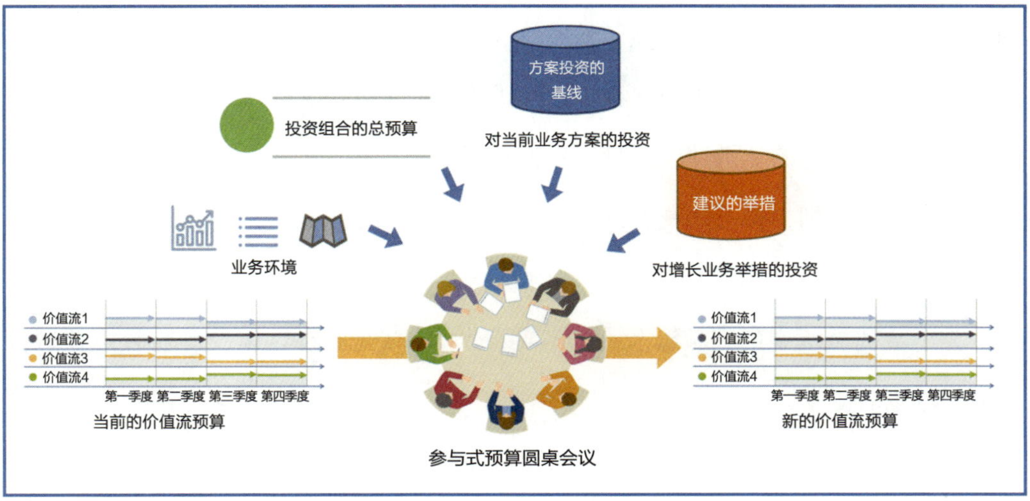

图 10-7　一种参与式预算制定方式

资料来源：Scaled Agile 公司。

当然，除了“一体两翼”之外，组织中的其他相关部门（如销售部、市场部、采购部和生产部等）也会遵循敏捷理念，开展不同程度的敏捷实践。敏捷是“生长”出来的，当组织建立起敏捷文化，就会逐渐找到适合自身发展的敏捷实施方法，生成自己的敏捷实施案例。

10.3　敏捷教练

当组织启动敏捷转型时，往往会遇到许多前所未有的挑战，需要具有丰富敏捷实践经验的人提供支持。他们深刻理解敏捷理念，娴熟地掌握敏捷方法、框架、流程、技术和工具，经历过敏捷实施的成功与失败；他们保持开放的心态，赋能团队的成长，与敏捷组织共同创立新的工作方式。他们就是敏捷教练（Agile Coach），即敏捷实施的引领者和陪伴者。

10.3.1 敏捷教练的角色

敏捷教练的职责包含两部分内容，即“敏捷”和“教练”，也就是需要将“硬”的敏捷知识（专家身份）和“软”的教练技术（非专家身份）进行有机的融合，从而促进成果的实现（敏捷实践）和心智模式的转变（敏捷文化）。

关于敏捷教练的“敏捷”部分，我们可以沿着“敏捷洋葱圈”的思路来理解敏捷的价值观和原则，执行敏捷实践，建立“知识、技能、经验”的循环，并持续地改进和提高。

关于敏捷教练中的“教练”，首先需要理解什么是教练，以及专业教练领域及其适用范围。

专业教练（Professional Coach）完美地体现了英文单词“Coach”的原意：“四轮大马车把重要的人送到他想去的地方。”专业教练是在商业和生活领域中，与客户建立伙伴关系，陪伴客户参与一个引发思考和创新的过程，激发他们发挥个人和职业上的潜能。

国际教练联盟（International Coach Federation，ICF）是全球最大的教练组织，通过培训和认证，促进教练的职业化发展。专业教练针对个人的自我觉察和成长，其适用范围比较广泛。根据不同的应用场景，专业教练可以分为企业教练（Business Coach）和人生教练（Life Coach）：企业教练在商业环境中为企业带来成果和收益，常见的主题有提升领导力和团队绩效、协调组织变革和组织关系等；人生教练在日常生活环境中为个人提供指导，常见的主题有改善家庭关系、个人与社会的关系、生活和健康等。

专业教练与培训师、咨询顾问、引导师等职业有一定的相关性，但是也存在显著的差异。我曾经与一位获得 ICF 认证的大师级的教练（Master Certified Coach）讨论过这些职业之间的关系，并且总结出一张关系图，具体如图 10-8 所示。

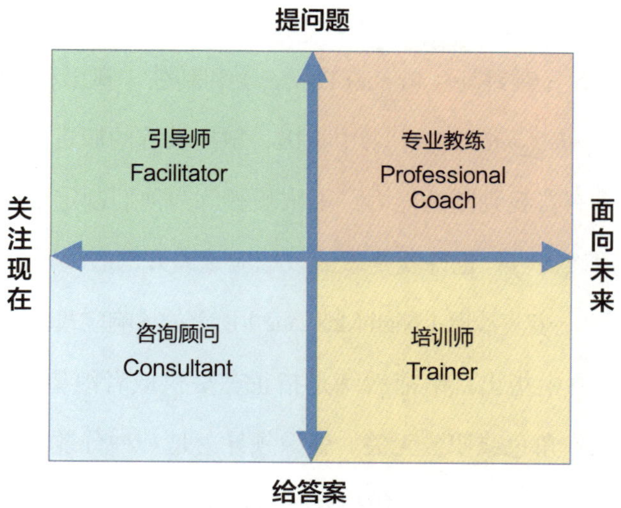

图 10-8　教练与相关职业的比较

- 培训师的主要职责是传授知识，通过设定课程学习目标，讲授课程内容，解答相关问题，确保学员清晰地理解所学的知识。
- 咨询顾问是某个特定领域的专业人士，通过为客户提供专业的解决方案或策略，帮助客户解决某个具体问题或者处理某个特定的事件。
- 引导师的工作方式是基于引导的工具和技术，按照设计好的流程，带领客户交流和讨论，完成既定的任务。
- 专业教练不教授知识、不提供答案，也不引导客户，而是将空间留给客户，以对话的方式，通过提问，引发客户觉察，让客户发掘自身潜力并得到成长，进而达成目标。

由此可以看出，敏捷教练在工作过程中，只有综合运用培训、咨询、引导、教练等多种技术，才能帮助敏捷组织获得收益。对于敏捷教练的角色，以下三本书和一份报告给出了非常有价值的定义和分析。

第一本书是丽萨·阿金斯（Lyssa Adkins）所著的《创建敏捷团队》（*Coaching Agile Teams*）。书中指出，敏捷教练是一种复合型角色，即导师、引导师、培训师、问题解决者、冲突领航员、协作指挥者等，而且需要在恰当的时机，进行恰当的角色切换。

第二本书是瑞秋・戴维斯（Rachel Davies）和利兹・塞德利（Liz Sedley）所著的《敏捷教练》(*Agile Coaching*)。书中指出，敏捷教练的职责是培养出高绩效的敏捷团队，使团队具有自我判断的能力，不依赖教练为他们制定敏捷规则。当团队已经能够有效地应用敏捷时，也许就是敏捷教练应该离开的时候了。

第三本书是尼尔・麦克沙恩（Niall McShane）所著的《响应式敏捷教练》(*Responsive Agile Coaching*)。书中指出，敏捷教练是指正在提供或者渴望提供敏捷实施的人，这与他们实际的工作角色或职位无关。就像领导力是一种分散的责任一样，敏捷教练也可以体现在其他多种职位上，敏捷教练本身也是一种技能。

此外，由业务敏捷力学院（Business Agility Institute）和 Scrum 联盟在 2021 年发布的《敏捷教练报告》(*Agile Coaching Report*）中指出，敏捷教练帮助组织、团队和个人应用敏捷方法，同时导入敏捷价值观和思维方式。敏捷教练不再仅仅负责帮助技术团队，还帮助公司引入敏捷文化变革。敏捷教练并不主张某种特定的方法一定优于其他方法，而是让人们能够更聪明、更快地在低风险下完成工作。

业界关于敏捷教练的这些深刻洞察和精彩论述显示出，从事敏捷教练工作的价值和意义已经得到了充分的证明和广泛的认可，敏捷教练正在从一个新兴角色转变成推动敏捷组织转型的中坚力量。

10.3.2 敏捷教练的能力

在敏捷组织转型中，敏捷教练是一个变革推动者、一个团队赋能者。所以，敏捷教练需要培养的基础能力是建立敏捷理念，培养响应变化的心态。

通常，大部分人对变化的反应是厌恶和抗拒的，而后才会逐渐发展为接受和适应变化，最终只会有一小部分人可以主动地去引领变化。具体来说，应对策略可以分为以下三个阶段。

第一阶段：反应（React）。人们在情绪上表现为拒绝和排斥；在应对策略上，则是保守和被动的。人们对自己的第一反应往往是无法控制的。比如，我们见到蛇的第一反应就是跑。但是，反应并不是应对变化的终点，它会继续向前发展到第二阶段。

第二阶段：适应（Adapt）。人们在情绪上有所调整并趋于平和；在应对策略上，一般会保持客观和冷静。人们对自己的适应性是可以控制的，比如，审视自己所处的环境，调整自己的心态。同样，适应也不是应对变化的终点，它还可以继续向前发展到第三阶段。

第三阶段：响应（Respond）。人们在情绪上表现为积极和乐观，在应对策略上保持开放和主动。响应的本质是拥抱变化，追求探索未知的可能性，它是应对变化的最佳状态。有时，我们也可以把响应变化称为“领导变化”（Lead Change）或者“塑造变化”（Shape Change）。

如图 10-9 所示，应对变化的三个阶段不是线性发展的，而是来回摇摆的，就像一个钟摆在左右晃动，随着地心引力的影响愈摆愈慢，最终到达最低点保持静止状态。在这个应对变化的钟摆里，“反应”和“响应”处于钟摆左右的两个最高点，是两个不稳定的状态；“适应”处于中间的最低点，是一个平衡状态。钟摆的幅度大小，或者摆动的角度、停留的位置，就是应对变化的“灵敏度”，也就是“敏捷力”（Agility）。

图 10-9　应对变化的三个阶段

敏捷教练通过调整“灵敏度”和培养“敏捷力”，可以走出“反应”的泥潭，不让变化成为困难，而是让目标成为着力点，从而找到适应性和创造性的解决方案，实现价值。从本质上来说，培养响应变化的心态，就是从关注任务转向关注目标，进而实现价值的演变过程。

图 10-10 结构化地呈现了敏捷教练需要掌握的核心能力，我们可以称之为“敏捷教练能力屋”。其中，最下方是根基——“Do Agile”，意思是敏捷教练不能脱离实践，敏捷教练首先是一个持续的敏捷实践者；最上方是屋顶——“Be Agile”，意思是敏捷教练要做到知行合一，把敏捷理念和敏捷实践有机地融合到一起，形成一种自然的状态。“敏捷教练能力屋”的中间部分，是由三项核心教练技术（提问、倾听、反馈）和三类主要的敏捷实践（产品业务、工程技术、组织管理）所构成的三大稳定支柱。总之，敏捷教练的能力培养过程，就是融合敏捷实践和教练技术，从“Do”到“Be”的过程。

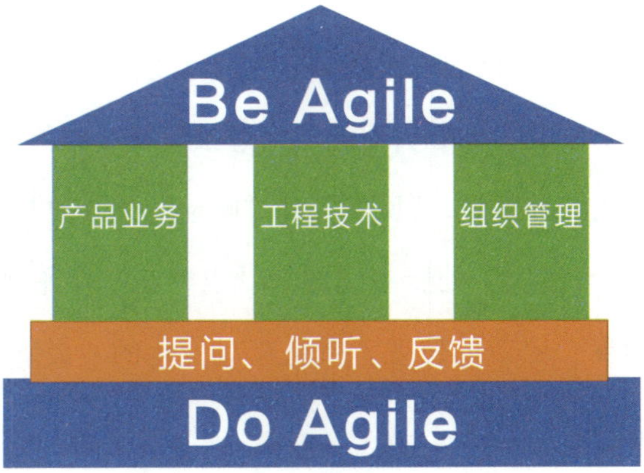

图 10-10　敏捷教练能力屋

10.3.3　敏捷教练的成长

要想成为一名合格的敏捷教练，必须经历工作角色的逐步转变，具备扎实的敏捷知识，积累丰富的敏捷实践经验。敏捷教练的成长是一个不断进步和永无止境的旅程。

敏捷教练丽萨·阿金斯（Lyssa Adkins）在其著作《创建敏捷团队》（*Coaching Agile Teams*）中分析了从 Scrum Master 到敏捷教练的常规转变过程，具体如表 10-2 所示。

表 10-2　从 Scrum Master 成长为敏捷教练

步骤	内容
1	接受过扎实的 Scrum Master 的认证培训
2	参与过多个团队的组建，并具有担任 Scrum Master 的经验
3	接受过更有经验的敏捷教练的指导
4	从相关学科中引入新的思想和观点
5	指导团队之外的其他人，而不是将他们排除在外
6	处理组织中产生的、与团队相关的其他问题

敏捷教练在成长的过程中，还可以根据敏捷教练的能力模型（相关内容参见本书 5.4.3 节），使用敏捷教练能力评估雷达图，对自己的各项能力进行综合评估，识别出优势和劣势，以便采取相应的改进措施，具体如图 10-11 所示。

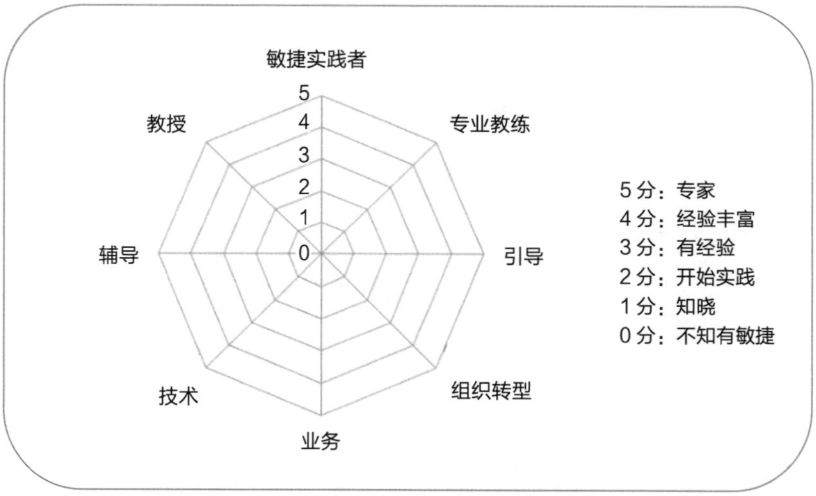

图 10-11　敏捷教练能力评估雷达图

在组织中，敏捷教练的职业发展路线大致可以分为三级，分别是团队级的 Scrum Master、多团队级的敏捷教练和组织级的企业敏捷教练，具体如图 10-12 所示。

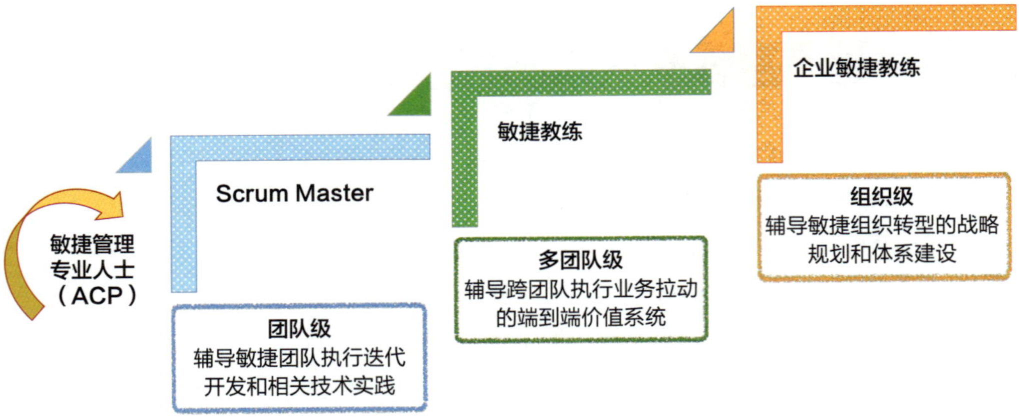

图 10-12　敏捷教练的发展路线

- 团队级的 Scrum Master：侧重于对敏捷基础理论知识及实践的应用，辅导敏捷团队进行产品或服务的交付，提升团队的能力和绩效水平。
- 多团队级敏捷教练：侧重于跨团队、跨部门的敏捷推进，辅导团队进行端到端业务流程的优化，通过推动跨部门的敏捷执行，提升团队规模化敏捷执行能力。敏捷教练具备更加丰富的敏捷经验和教练技术，可以辅导团队级的 Scrum Master 进行能力提升。
- 组织级的企业敏捷教练：侧重于站在组织层面规划和设计变革战略，制定敏捷组织转型的方向，建立敏捷流程体系。企业敏捷教练具备大师级的敏捷经验和教练技术，可以对领导者进行辅导，指导技术部门和非技术部门实现业务敏捷。有时，企业敏捷教练也被称为商业教练或高管教练。

在深入理解“敏捷生态圈”的外部环境后，不难发现，敏捷教练就是一群戴着“护目镜”，把“敏捷洋葱圈”放置到不同组织环境中的人。有了“护目镜”（也就是敏捷经验和教练技术），敏捷教练就不会流泪，他们知道哪里是坦途，哪里是深坑，并且能够不断探索更加有效的敏捷实施方法。敏捷教练像一位音乐指挥家，引领敏捷组织演奏出和谐的交响曲，并带领组织持续向前发展和演进。

10.4　敏捷应用场景

敏捷不是“银弹”，每个组织的情况各不相同，没有一种放之四海而皆准的敏捷实践。所以，当敏捷教练带领团队进行敏捷转型时，会遇到多种多样的场景，产生相应的故事，从而形成各个组织自己的案例。

10.4.1　团队级敏捷试点

企业实施敏捷转型会面临很多不确定性因素，如果企业直接启动全面的敏捷转型，将会遭遇很大的风险，在产品研发、项目交付、组织结构方面都可能会失败，从而影响到企业的营销策略和市场定位。尤其是一些大型企业，具有很高的组织复杂度，稍有马失前蹄都可能会导致整个企业遭受重创，失去领域优势，甚至土崩瓦解。

正如进行物理、化学、生物实验那样，只有获得了更加丰富和精确的数据，才能采取进一步的行动。敏捷转型亦然，在进行组织级敏捷转型之前，先在团队做小型试验，以便取得经验，借助敏捷团队自身的实践揭示敏捷转型的本质和规律。开展敏捷试点项目是通向企业级敏捷实施的必经之路。

选择恰当的敏捷试点项目，并确定合适的敏捷试点团队，是非常关键也是极具挑战的，在很大程度上影响着敏捷试点的成败。敏捷专家迈克·科恩（Mike Cohn）在其著作《Scrum 敏捷软件开发》（*Succeeding with Agile: Software Development Using Scrum*）中提出了选择敏捷试点项目的四个标准，具体如图 10-13 所示。

- 项目周期：不宜过长，也不宜过短，接近公司常规项目的中值。
- 项目规模：只需要一个团队就能完成。
- 项目重要程度：具有较高的重要性，对公司的业绩非常关键。

- 业务方参与度：业务发起人需要保持较多的参与时间和精力投入。

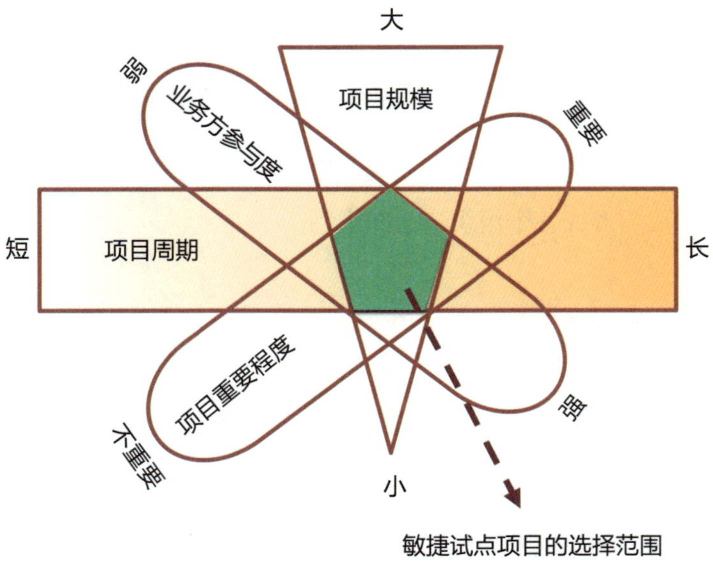

图 10-13　选择敏捷试点项目的标准

选定了敏捷试点项目之后，就需要做好敏捷实施的准备，主要包括以下两个方面的工作。

- 组建敏捷团队：高层领导支持团队进行敏捷开发，并愿意参与相关的重要活动；团队经理理解敏捷开发理念，并愿意对团队进行适当的授权；团队成员具备较高的意愿，人员相对稳定，没有并行任务，团队规模在 10 人以内，角色（如 PO、Scrum Master、Dev）定义清晰。
- 开展敏捷导入培训：敏捷试点团队参加敏捷导入培训，学习敏捷理念与核心实践。通常，导入培训的时间控制在 2 天内，其主要目的是在较短的时间内学习有关敏捷的基本知识和方法，建立统一的语言，为即将开展的敏捷试点项目打好基础。

除了以上两个方面的准备工作之外，还需要确保团队的工作环境、设备及其他相关物资都准备就绪。接下来，团队就可以启动敏捷试点项目了。通常，团队都是从基于 Scrum 框架的敏捷迭代执行开始的，具体的实施工作可以参照典型的迭代活动（见图 10-14）。

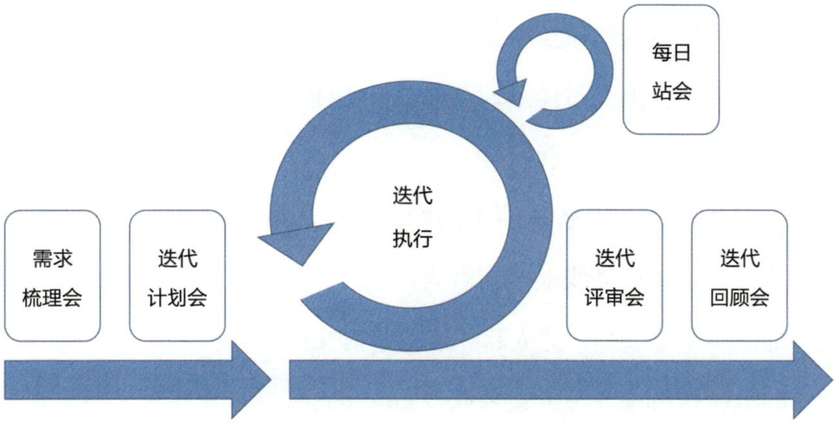

图 10-14　敏捷迭代执行的典型活动

通常，敏捷试点的持续时间是 3 ~ 6 个月，执行 4 ~ 6 个迭代，完成 1 ~ 2 个发布。因为一次成功的敏捷试点不仅要有成功的敏捷项目交付、敏捷流程落地，而且更重要的是让团队对敏捷有正确的理解，让企业真正认识到在自身的环境中如何实施敏捷。

敏捷试点结束后，团队要及时进行经验与教训总结，对团队执行的成果类指标（如发布版本、交付质量等）和过程类指标（如迭代速度、用户故事个数等）进行定量的统计和分析；同时，收集团队反馈的意见和问题，以及相关建议，并进行定性分析，最终综合形成敏捷试点总结报告，用于向敏捷试点项目发起人（高层管理者）进行汇报和沟通，从而生成系统化的敏捷试点案例。

敏捷试点是企业首次在团队中，将敏捷实践应用到真实的项目中。通过敏捷试点，可以培养团队的管理和技术能力，找到并制定合适的敏捷流程和方法，逐渐理解和吸收敏捷理念和文化。当敏捷实施的成效在项目环境中得到验证时，组织也就建立起了实施敏捷的信心，可以开始考虑下一步的策略，将敏捷实施扩展到更大的组织规模了。

10.4.2 产品级敏捷扩展

在团队级敏捷试点取得成功后，就可以向更大规模的产品级敏捷进行扩展。所谓产品级敏捷，是指站在产品全生命周期的视角上，建立“需求获取—开发测试—上线运维”的端到端价值交付体系，全面提升敏捷产品交付能力，将敏捷的收益从项目视角扩展到产品视角和运营视角。

产品级敏捷扩展首先要解决两个问题：第一，面对企业中多产品线并行的情况，找到并聚焦在一条产品线上实施敏捷；第二，面对企业中多职能部门并存的情况，打破“部门墙”等壁垒，建立跨职能的敏捷交付团队。

在具体的敏捷执行中，一般会采取多团队多迭代的敏捷实施模型（相关内容参见本书 9.3.2 节）。除此之外，在实际的产品级敏捷扩展场景中，还有以下三个重要措施。

- **建立一个核心小组。**高层管理者（如产品总监或业务负责人）作为发起人和出资方，对商业论证负责；产品经理作为产品负责人，对产品的定义和验收全权负责；项目经理作为首席 Scrum Master，对产品团队的敏捷流程及沟通和协作负责。除此之外，还会有负责技术的架构师加入核心团队。核心团队成员每周召开 2~3 次同步会议，根据各敏捷团队的进展情况，做出必要的决策。
- **实施两级产品负责人机制。**产品经理作为首席产品负责人（CPO），要时刻关注市场和业务领域等外部变化，收集需求并生成初始的用户故事；各团队的产品负责人（TPO）负责进行用户故事的细化和拆分，及时澄清和解答团队关于用户故事方面的问题。两个层级的产品负责人每天同步更新信息，确保彼此之间对于产品进展情况的信息对齐。图 10-15 显示了两级产品负责人机制下的工作聚焦领域。
- **使用一份产品待办事项列表。**尽管有许多敏捷团队参与其中，各自的领域和专长有所不同，但是都在共同开发同一个产品，所以 CPO 维护一份统一的产品待办事项列表，每个团队都从中选取迭代中待完成的工作事项，并制订各自的迭代计划，这样就可以保证所有团队的步调协调一致。

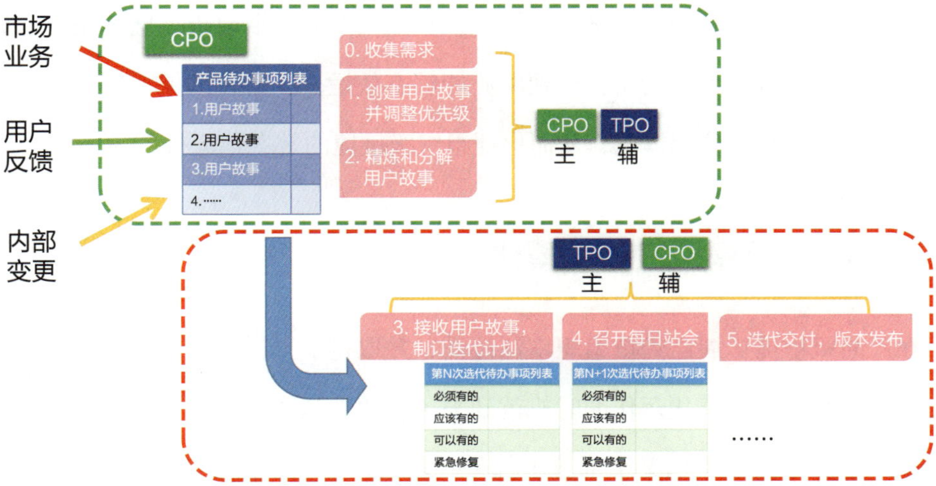

图 10-15 两级产品负责人机制下的工作聚焦领域

我们可以将以上三个措施统称为产品级敏捷扩展的“1—2—1”原则（见图 10-16）。

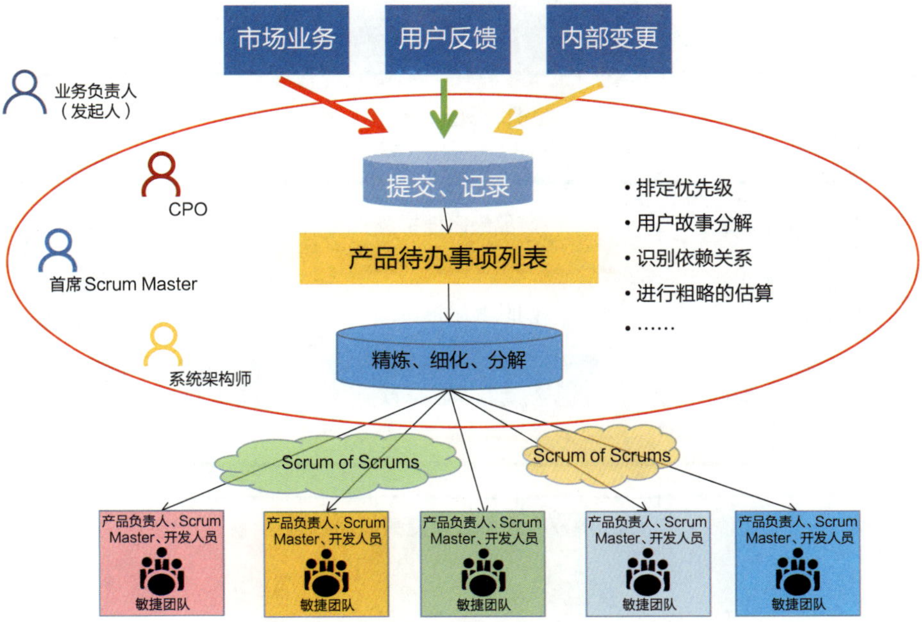

图 10-16 产品级敏捷扩展的“1—2—1”原则

通常，产品级敏捷扩展的持续时间与企业环境、组织架构、业务领域等多种因素有关，至少需要 1～2 年的时间，才能将产品级敏捷扩展机制建立起来。随后，企业还需要根据不同产品类型的特点，对敏捷实施流程、方法、工具等进行调整，并从定量和定性两个方面收集和分析数据，识别问题并采取改进措施，逐步形成更大范围的敏捷实施案例。为了让敏捷实施能够有效运行，并持续保持创新，组织需要考虑建立规范化的流程体系，从而保证组织级敏捷的常态化运行。

10.4.3 组织级敏捷规模化

在产品级敏捷扩展已经被组织广泛接受，并取得了真正的业务收益之后，将敏捷实施推向组织级规模化运作的时机就到来了。软件和数字化进入了各行各业，每个组织（至少是组织中的某个部分）都是一家软件公司，需要将人力资源、财务、销售、市场、采购等众多领域连接在一起，建立基于敏捷工作方式的价值交付体系（相关内容参见本书 10.2.4 节）。

那么，如何将敏捷实施从产品级演进到组织级呢？可以遵循企业级敏捷实施路线图（见图 10-17）。

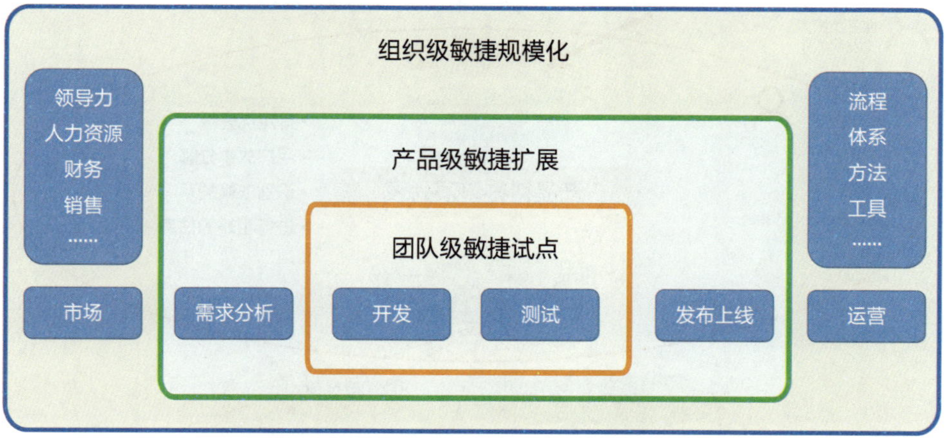

图 10-17 企业级敏捷实施路线图

- 首先，在团队级敏捷试点中将开发和测试打通，执行迭代开发、增量交付，以及相关的技术实践，从而建立起敏捷能力。

- 其次，将敏捷实施扩展到产品发布层级，向前后两端分别扩展到需求分析和发布上线，建立端到端的需求拉动价值流，从而提升产品交付的效率。
- 最终，向整个组织层级进行规模化敏捷，将多领域（领导力、人力资源、财务、销售等）包含进来，建立整个组织的流程体系和工具方法，通过快速反馈闭环及持续改进机制，打造响应力强的敏捷组织。

一般来说，任何组织在完成从团队级敏捷试点，到产品级敏捷扩展，再到组织级敏捷规模化的过程中，都会把握三个“抓手”，也就是敏捷实施的三个要点，具体如表 10-3 所示。

表 10-3　敏捷实施的三个要点

	要点 1：管理敏捷	要点 2：业务敏捷	要点 3：技术敏捷
团队级敏捷试点	组成开发、测试一体化的团队，统一采用 Scrum 框架、看板方法等敏捷管理实践	进行用户故事实践，完成产品功能设计和需求实现	搭建持续集成的环境，通过自动化测试确保交付质量，做到质量内建
产品级敏捷扩展	建立多团队协同的敏捷发布火车，采用共同的节奏，保持步调协调一致	通过业务人员的深度参与，建立基于价值工程的敏捷需求管理体系	从持续集成扩展到持续部署，建立持续交付流水线
组织级敏捷规模化	形成敏捷教练培养体系，赋能团队，全面打造敏捷组织文化	聚焦客户洞察和场景化原型设计，驱动商业设计和创新	基于 DevOps 平台和数据驱动，加速反馈验证和价值交付

此外，组织级敏捷能力还体现在建立一套完整的体系，确保多团队协同和持续创新，从而形成规范化的敏捷流程，并能保持不断演进和提升。图 10-18 是一个组织的敏捷流程指南示例。

关于组织级敏捷规模化的流程体系建设，有一点怎么强调都不为过，那就是敏捷流程体系与传统的流程体系有着显著的不同。

组织建立流程体系的目的是能够对有效的工作活动进行提炼总结，形成固定的流程和模型，确保“关键动作”得到落实，从而可以复制以往的成功经验。传统的流程体系是面向组织管理的，通过制定政策和流程，定义详细的工作细节、工具模版，基于岗位明确个体责任，确保所有活动具有合规性，来建立流程体系。敏捷流程体系是面向价值交付的，通过将抽象的敏捷理念变成具象化的敏捷实践，提供框架层面的指导，而不是任务和活动细节，并能让团队在具体场景中结合自身特点灵活加以应用，从而不断优化和演进这些流程。

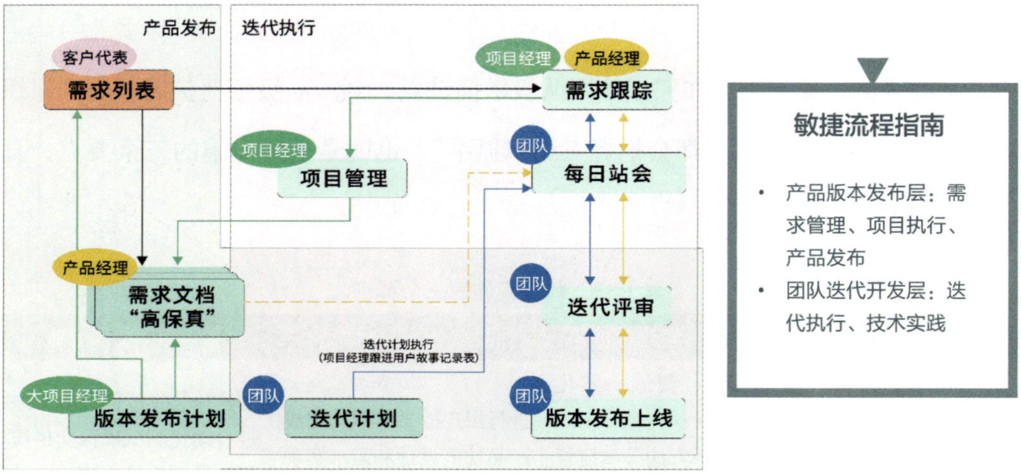

图 10-18　敏捷流程指南示例

传统的流程体系是规定性的（Prescriptive），往往容易导致组织按照职能进行划分，形成职能筒仓，不利于协同和价值交付。敏捷流程体系是生成性的（Generative），允许团队在实践中持续适应和演进，其目的是平衡组织的管理效率和业务效果。

10.5　小结

本章介绍了敏捷实施的环境，结合第 9 章的内容，我们可以看到一个完整的“敏捷生态圈”，以及学习和应用敏捷的基本逻辑，即遵循对数螺旋，由内向外，从收敛到发散的过程，具体如图 10-19 所示。

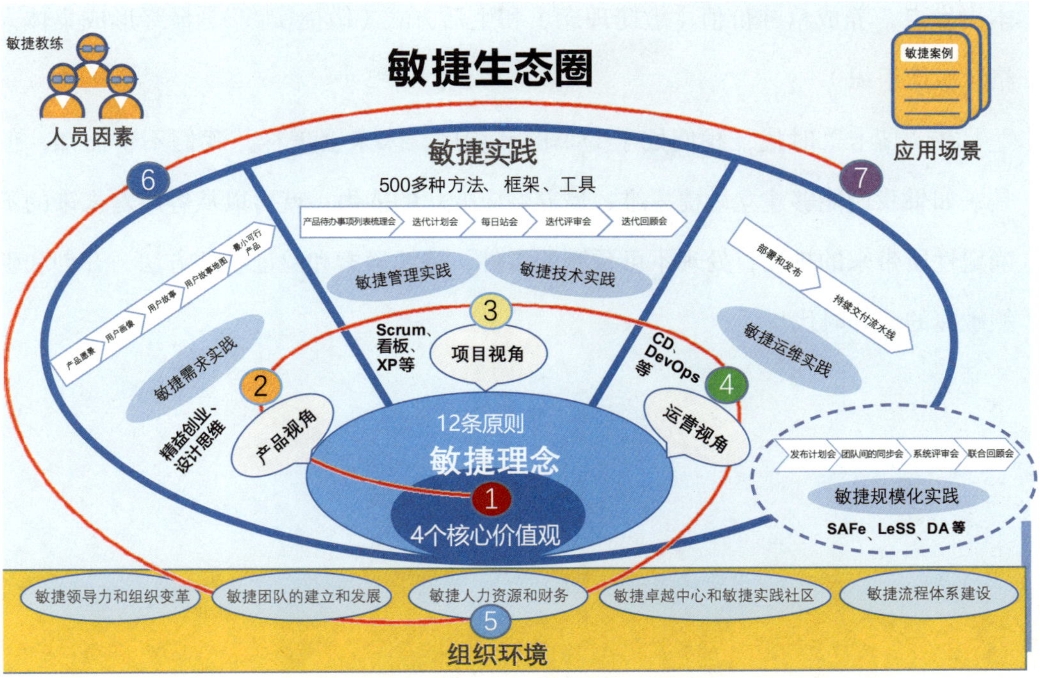

1. 核心能力：响应变化
2. 产品视角：快速验证
3. 项目视角：迭代交付
4. 运营视角：阵型流动
5. 组织环境：敏捷变革
6. 人员因素：敏捷教练
7. 应用场景：敏捷案例

图 10-19　“敏捷生态圈”的对数螺旋

“敏捷生态圈”的核心是“响应变化”的敏捷理念。围绕敏捷理念的是从产品、项目和运营三大视角开展的各种敏捷实践，即对产品构想的“快速验证”、对价值增量的“迭代交付”，以及保持发布和运维的“阵型流动”。我们可以系统化地学习这些敏捷实践，因为它们是敏捷理念具象化的体现。

“敏捷生态圈”的外围环境呈现出发散的特点，组织环境不同，团队成员不同，引入“敏捷变革”的策略和实施路线就会有所不同。敏捷教练作为敏捷转型的变革推动者和团队赋能者，带领组织基于不同的应用场景形成各自的敏捷案例和精彩故事。

“敏捷生态圈”是知行合一的完美体现，诠释了敏捷文化——以响应变化为基本出发点，养成精神价值（敏捷理念）和生活方式（敏捷实践），最终形成集体人格（敏捷组织）。

在“乌卡”时代，我们处于变革的环境中，未来会怎样，我们不得而知。但是，如果我们能够建立敏捷思维，培养响应变化的能力，就可以从容应对未来的不确定性所带来的挑战，处理不可预测的事件，持续探索和验证新的方法，开创和引领敏捷的美好时代！